부산의 발견

권 민 수 著

에듀컨텐츠·휴피아
ECH Educontents·Huepia

에듀컨텐츠·휴피아
ECH Educontents·Huepia

책을 내면서

이 책은 부산에 관에 관한 이야기다. 부산이 발전하면 좋겠다는 내용이다. 저자의 주변에 한 때 부산중심적인 사고로 살고 있는 사람을 보았다. 그는 서울에 갈 때 '서울에 내려간다'고 하고 부산에 올 때는 '부산에 올라간다'고 할 정도로 부산위주로 생각과 말과 행동을 하는 것을 보았다. 부산사람이 부산에 대한 긍지를 갖고 살아가는 모습이다. 이러한 부산 사람이 한 두 사람이 아닐 것이고 부산에 대한 발전적 사고와 아이디어를 가진 개인이나 단체 또한 많을 것이다. 그러나 '구슬이 서 말이라도 꿰어야 보배다'라고 하지 않았던가. 부산에 대한 체계적이고 부산의 정체성을 찾아 응집력이 있는 콘텐츠 개발이 요구되는 시점(始點)이고 사안이라 할 것이다. 부산에 대한 볼게 있어야 하고 먹을 게 있어야 하고 어떤 이에게는 체험도 있어야 하고 어떤 이 에게는 인간과의 괜찮은 교류도 있으면 더 좋을 것이다. 머물고 싶어도 관광콘텐츠가 없으면 잠깐 스쳐가는 곳 밖에 되지 않는다. 결국, 이 책의 내용은 부산의 정체성을 확립하자는 내용이다, 이 정체성은 부산다운 콘텐츠를 개발하고 정착시켜 더욱 가치 있게 육성하여 미래세대에 제대로 된 자산으로 물려주자는 것이다.

서울에는 궁중 문화가 있다면 부산에는 서울에 없는 부산의 해양문화가 있다. 인식제고가 필요하다. 세계의 도시 중에서는 바다를 끼고 있는 도시가 나라의 수도가 있는 곳보다 더 발전된 곳도 있다. 미국의 수도는 워싱턴이다. 허드슨강과 바다가 있는 뉴욕, 호주의 수도는 캔버라이나 시드니, 중국의 수도 베이징이지만 상하이가 더 발전된 도시로 알고 있다. 이들의 도시 공통점은 배가 드나들 수 있는 항구가 있다는 것이다. 우리가 살고 있는 부산도 바다가 있고 세계적인 항만이 있다. 수도 서울보다 더 발전된 도시로 만들 수 있다는 인식의 전환이 필요하다.

본문의 내용은 총 6개의 장으로 구성되어 있으며, 간단하게 그 내용을 살펴보면 다음과 같다.

Ⅰ은 부산의 발견에 대한 배경으로 문제제기와 목적으로 구성되었고, Ⅱ는 필자가 부산광역시축제위원의 2회 평가위원으로 있을 때 보고서 형식의 2012년, 2013년, 2014년의 축제를 평가 한 내용에 대하여 서술하였다. 부산의 축제가 성공하기 위해서는 문화상품으로의 관광객에게 좋은 호응이 있어야 한다. 부산에 산재한 해당지역의 축제가 성공하고 문화가 발전함은 지역경제의 도움과 지역의 단합 및 화합, 지역 문화의 발전과 보존뿐만 아니라 시민의 교육과 교양의 향상은 물론 수준 높은 문화를 향유한다는 것에도 의의가 있다고 보았다.

Ⅲ은 한국전통 · 민속의 발견으로 한국 전통가옥기술을 활용한 전통조립부스와 전통곡예 · 묘기의 복원 및 4D기술기반의 융복합(convergency) 첨단(high-tech)의 실증공연에 대한 것으로 콘텐츠진흥원의 R&D과제 내용을 구상해 보았다.

Ⅳ은 부산의 발견에 대한 것으로 국제신문 칼럼리스트로 활동할 때 부산의 발견 '법

고창신’ 기고문에 대한 필자의 소견을 담은 것이다.

Ⅴ는 부산의 놀이와 부산의 먹거리로 부산의 먹거리로 기념품인 오복목걸이인 ‘파형동기’와 군것질용 ‘부산갈매기빵’에 대하여 간략히 살펴보았고, 부산의 놀이는 ‘공연 널뛰기’에 대하여 정리하였고 부산의 놀이 널뛰기의 문헌자료는 문헌에 나타나는 것들을 대상으로 조사하여 약간의 의견제시하는 것으로 정리하였다. 또 필요에 의한 한자(漢字)가 필요하다고 본 것은 한글(한자)표기를 하였다. 이해를 돕기 위하여 사진도 넣기도 하였다. 그리고 널뛰기 공연에 필요한 자료는 실제 공연 내용의 동작을 그린 것으로 독자의 이해를 돕는 편으로 구성되어 있다. Ⅵ은 ‘부산’이라는 지명에 대하여 유래와 일제강점기의 지명 개편에 대한 내용도 담았다. 필자가 480여 가지의 민속품을 제작하고 복원하는 현장에서 느끼고 생활에 있었던 것들은 추후에 연구과제로 남긴다. 무엇보다도 부산의 새로운 모습을 발견하는 것에는 여러 가지 부족한 점이 많으리라 생각되나 이 분야에 관심을 가진 분들에게 차후에 연구 과제를 위한 새로운 영역의 이해와 기반연구로서 의미를 두고자 한다.

필자가 이 직(職)에 종사하도록 한 것은 선친 권재희, 조부이신 권우용님이 하던 일을 세월이 지나고 보니 지금 저자가 이어서 하고 있는 것이다. 필자의 선조에 대한 이야기를 경성대학교 정경주 교수[1], 지금은 고인이지만 부산대학교 국어교육학 유탁일 교수의 도움말과 글을 소중히 생각하지 않을 수 없었고, 경상대학교 도서관 남명학 고문헌을 통하여 늦게나마 알게 되어 다소 부끄러울 뿐이다.

사랑하는 나의 딸 권영(만예: 萬藝), 바라건대 권영은 우리나라의 사람들이 먹고 살 ‘세계 최고의 상징물’을 한국에 만들어 줄 것을 숙제로 남긴다. 너의 증조할아버지 각수(刻手) 권우용[2], 너의 할아버지 권재희[3]도 각수를 하였고 모두 서당도 하였다. 나 또한 같은 일을 하고 사랑하는 내 딸 권영이도 이 길을 이어주길 바란다. 나와 주변에서 도와주겠지만 다 못하면 다음 사람에게 과제로 남기면 된다. 이 책을 발간되도록 파형동기 자료에 도움을 준 부경대학교 이근우 교수, 『부산의 역사와 문화』의 책을 선물해 준 부경대학교 박화진 교수, 우수아이아 사진을 제공 해준 동서대학교 이효경 교수, 그리고 필자와 같이 해 온 사진 속의 단원들과 인터뷰에 응해주신 중국의 김광천 선생 외에 많은 분들, 정리에 도움 준 박은혜에게 감사드린다. 끝으로 이 책의 발간을 위해 도움을 주신 에듀컨텐츠휴피아 임직원 여러분께도 감사의 말을 전한다.

사랑하는 딸 (萬藝) ‘권영’의 돌을 기념하며

저자 권 민 수

---

1) 경상대학교 도서관 남명학 고문헌 자료집과 부산대학교 국어국문학 진병권 교수, 부산대학교 문헌정보학 송정숙 교수를 소개

2) 부산대학교 국어교육학과 유탁일 교수 논문 영안지방 현존 목활와 그 인쇄용구, 경상대학교 도서관 문천각 ‘권우용’ 문집 외 다수

3) 유탁일 교수 논문「韓國木活字 印刷術에 對하여」

목 차

저자 : 권민수

❖ 저자 약력 및 주요 활동

- 외교통상부 전문가 자문위원 2006~ 2010
- 부산축제조직위 축제 평가 위원 2012~2014
- 부산광역시문화재단 이사 2015~2016
- 국제신문 전통문화칼럼위원(법고창신) 2013
- 문화체육관광 R&D 과제기획 전담위원 2012~2013
- 부산경상대학교 겸임교수 2005~2016

❖ 주요 저서

- ToolBookⅡ Instructor 7.0(진영사). 2005
- 짚풀의 발견(에듀켄텐츠). 2010
- Puzzle. 정육면체의 비밀(논문). 2004
- KBS, MBC 9시뉴스에 대통령관련기사의 현황과 뉴스가치에 관한 연구(논문)

❖ 주요 작품

- 2012국제 라이온스 대회 전통민속(우리가락 우리민요) 공연, 공연 널뛰기, 각종 무대 공연 등 100여회 총괄 감독
- 조선시대 궁중투호, 弥生時代(코훈시대 포함) 및 가야시대 파형동기, 조선시대 통신사 왕의 국서 가마 등 복원 및 민속 그네 등 설치
- 정관박물관삼국시대 초가 시공 등 전국박물관 400여 전통·민속품 복원 및 제작
- 민속 공연널뛰기 및 그네뛰기 공연단 운영 2008~2016

에듀컨텐츠·휴피아
ECH Educontents·Huepia

부산의 발견

권 민 수 著

에듀컨텐츠·휴피아
ECH Educontents·Huepia

Ⅰ. 배경

지금의 세계화의 추세가 빠르게 진행되어가고 문화현실은 TV나 잡지와 Internet 등을 통하여 무분별하게 들어 온 외래문화가 한국의 대중문화로 자리하고 있다.

대중매체가 우리도 모르게 들어오는 바람에 한국의 정체성은 어디에서 찾아야 하는지도, 어떻게 되어 있는지도, 어떻게 가야 하는지도 모를 상황이고 또, 아직도 국가나 사회구조는 우리 전통민속문화에 대하여는 경제보다는 당연히 후 순위로 생각하는 구조에 머물게 되어 안타까운 현실이다.

이러한 현실에서 부산에서도 당면한 것이 부산의 정체성 확보가 요구되고 부산의 문화상품 개발의 새로운 방향 모색으로 지속가능한 문화 상품이 필요하다고도 할 수 있다. 정체성 확보는 부산의 전통민속문화에서 부터 출발한다고 하여도 과언이 아닐 것이다. 이 출발을 위하여 우리에게 대상화되고 단절되었던 부산의 역사와 문화적 소재를 새로운 각도와 창의적인 시선이 필요하다. 우리 부산에는 전통민속문화자원이 많이 남아 있다. 이는 부산의 정체성 확보에 중요한 부분에 해당 된다. 금정산성과 자성대 등의 유형자산과 수영야류 등 무형의 자산이 그것이다. 그러나 꼭 이름이 알려져 있는 곳만 훌륭한 문화상품이고 부산의 발전에 중요한 토양이라고 볼 것이 아니라 대상화되고 단절되었던 부산의 역사와 문화적 소재를 새로운 각도와 창의적인 시선에 더하여진 그 바탕에서 필요하다면 첨단과 융합을 함으로서 지속가능한 문화상품이 되고 결국 부산 발전의 토양과 훌륭한 문화상품이 될 것이다. 이것이 바로 '부산의 발견'이 될 것이다.

현재의 부산의 여건은 부산이 인천에 비하여 발전이 빠르다고 할 수 없다고 하는 사람이 있고 부산이 국가연구개발(R&D)사업도 부진을 면치 못하다. 이 책은 '부산의 발견'이라는 제목에서 나오는 글의 내용을 통하여 '세계인이 찾는 부산을 만들자는 것'이 목적이다. 결국 좋은 부산을 만들어 세계 각국의 방문객이 부산에 방문하여 그들의 지갑을 열게 하여 부산사람이 잘 먹고 잘살자는 뜻이 담긴 부산의 먹거리 창출이라는 화두를 던지고 싶다는 것이다. 좋은 부산을 만들기 위해서 다양한 분야에 여러 가지 일들이 있겠지만 저자의 쓴 글의 내용도 이 부분에 한 초석이 될 수 있으면 좋겠다는 바람이며 우리는 천 년도 넘은 우리나라의 다보탑이나 팔만대장경과 같이 위대하게, 아니 그 보다 더 엄청난 우리의 창조물을 내 놓아야 한다. 선조들의 유산과 미래세대의 약속에 부합할지에 대한 고민 위에 내 놓아야한다. 엄청난 우리의 창조물을 내 놓기 위해서는 우리의 전통 민속에 대한 가능성을 무시하면 안된다. 오래된 문화로 미래 문화를 창조하는 가장 현대적인 분야이자, 문화의 세기에 각광받는 연구 관심분야이기 때문이다. 또 지리적으로도 5천 년의 역사가 있고 외래와 교섭이 많았던 대륙의 관문 바다로 가는 해양의 관문 부산은 역사가 짧은 다른 나라와 타 지역에 비해 담대하고 유리한 위치라고 본다.

부산의 현대 생활 속에 전승되고 있는 민중들의 전통민속문화를 조사하고 연구하여 고유성을 주체적으로 밝혀 부산다운 문화를 가꾸어 세계문화 속에 새로운 부산문화의 전통을 만들어가는 창조적고 미래지향적인 부산의 발견이 필요하다고 본다. 더불어 부산의 전통민속문화와 새로운 것과 융합 등을 통하여 믿을 수 있는 변화와 중심성의 확보를 위해서도 부산시민의 지속적인 관심과 노력이 필요하다. 그래서 이제부터라도 좋은 전통민속문화가 부산의 경제를 이끄는 시대가 되어야 한다.

이 책은 저자가 작업을 하였던 내용으로 실증적 사실을 바탕에 둔 내용이고 일부 내용은 문헌적 내용을 추가하였다. 실증적 사실은 저자의 부산 사랑과 관련이 있지만 어디까지나 부산적인 소재를 담았고 문헌적 내용은 부산에서 활용할 수 있다면 좋겠다는 의지를 담은 내용이다. 특히, 부산의 놀이에 대하여 문헌적 연구는 '다이나믹한 부산(부산과역시의 슬로건)'의 여성성과 선조들의 여성놀이의 널뛰기에 대한 보는 관점이 상품화를 위한 기초적인 자료를 위해서는 필수 통과의례로 보았다. 이는 크루즈선이 2016년 219회나 입항[1]하고 외국인 많이 찾는 부산의 지형적 요소와 우리 것에 대한 충분한 이해의 바탕 이후에 관광상품화이 가능하다는 상황론적 방법[2]을 통해 접근한 것에 가깝다.

이 책의 주요 용어는 부산의 발견, 부산의 축제, 조선시대, 널뛰기를 선정하였다. '부산의 발견'에서 부산의 전통 민속문화 관광자원 및 기념품, 먹거리, 경관, 역사적 주요인물, 부산의 시민성, 건축물, 예절 등 다양한 자원이 있고 그 내용에 대하여 부산박물관이나 부산광역시청 자료에 나와 있는 것으로 대신하고 그 현황에 대한 것은 지면 관계상 부산의 축제를 제외하고는 이 책에서는 범위 밖으로 보았다.

이 책은 부산에 대한 것으로 첫 번째로 부산의 축제를 살펴보았고, 한국전통 · 민속의 발견에서 전통가옥기술을 활용한 전통조립부스와 전통 곡예 · 묘기의 복원 및 4D기술기반의 융복합(convergency) 첨단(high-tech)의 실증공연을 영화의 전당에서 실시하면 좋겠다는 내용이 두 번째로 소개된다. 세 번째로 '부산의 발견'은 우리 부산의 곳곳에 잠들고 있는 지역 특색을 좀 더 고민하여 새로운 가치창조에 역점을 두었다. 네 번째로 부산의 놀이와 부산의 먹거리에 대하여 기념품인 파형동기(오복날개)와 부산 갈매기빵과 부산의 놀이 공연 널뛰기를 제시하였고 다섯 번째로 '부산'에 대하여는 부산의 지명유래와 일제강점기의 지명개편에 대하여 살펴보았다.

부산의 축제(잔치)를 통하여 부산 지역 문화 상품을 제대로 만들기 위하여 부산지

---

1) http://www.bta.or.kr/(부산광광협회)
2) 상황론적 방법은 민속자료를 둘러싸고 있는 여러 가지 상황을 자료와 아울러 연구하는 총괄적 관점. 임재해, 『民俗研究의 現場論的 方法』, 정신문화연구, 봄호 1984, P66

방의 고유한 독창성과 차별성을 확보하여야 한다. 부산이나 전국의 각지에서 축제를 새로운 축제를 개발한다는 미명과 지자체 장의 넘치는 관심으로 새로운 축제가 우후죽순처럼 생겨나고 있는 것도 문제가 아닐 수 없다. 차라리 있는 축제를 제대로 기획하거나 지역특색에 맞게 가치를 부여 넣는데 더 고민이 필요하다고 할 것이다. 있는 축제에 제대로 된 문화상품화는 일과성이나 거쳐 가는 곳을 떠나 체류형의 축제가 될 수 있을 것이다. 부산은 그래도 아래에 보이는 것처럼 40여개의 축제가 2016년에는 30개로 줄여서 운영하는 것으로 보인다.

연번	시도	시군구명	축제명	개최기간	축제주요내용
1	부산	시자체	제6회 낙동강유채꽃 축제	4.9~4.17 (9일간)	○ 유채꽃 관람, 체험 및 공연프로그램 등
2	부산	시자체	제15회조선통신사 한일문화교류축제	5.6~5.8 (3일간)	○조선통신사행렬재현,통신사야,놀자! ○한일뮤직콘서트,조선통신사의밤등
3	부산	시자체	제21회 부산바다축제	8.1~8.7 (7일간)	○개막행사(물의난장) ○공연및시민참여체험프로그램등
4	부산	시자체	제11회 부산국제매직페스티벌	8.4~8.7 (4일간)	○국제마술경기대회,매직gala쇼,매직프린지 ○마술체험및일반인교육프로그램
5	부산시	시자체	제17회 부산록페스티벌	8.26~8.28 (3일간)	○국내외록밴드라이브공연 ○시민록밴드경연대회(영스타)
6	부산	시자체	제4회 국제코미디페스티벌	8.26~9.4 (10일간)	○개막식및소극장코미디공연 ○야외무료공연,코미디포럼및시민참여프로
7	부산	시자체	제12회 부산불꽃축제	10.21~10.22 (행사3일)	○전야콘서트및부대행사 ○첨단멀티불꽃쇼등
8	부산	시자체	제7회부산크리스마스 트리축제	11.26~'17.1.1 (37일간)	○개막식,점등식,문화공연 ○사랑나눔행사
9	부산	시자체	제2회 원도심활성화 축제	12월중 (3일간)	○원도심활성화를위한축제(컨셉미결정) ○원도심관광명소탐방등관광활성화프로그램
10	부산시	중구	제25회 부산자갈치축제	10.6~10.9 (4일간)	○거리퍼레이드,불꽃놀이, ○회요리경연,맨손으로물고기잡기등체험
11	부산	중구	제15회보수동책방골목 문화행사	10월중 (3일간)	○개막식,음악공연 ○1가게1이벤트,그림그리기대회
12	부산	서구	제9회 부산고등어축제	10.14~10.16 (3일간)	○고등어홍보관,공연(경연),체험및전시 ○청소년사생및글짓기대회,부대행사
13	부산	동구	제2회 초량골목축제	5월중 (3일간)	○황금프로포즈및학창시절장기자랑 ○추억의놀이마당,구슬치기대장선발대회등
14	부산	동구	제18회 좌천동가구축제	10월경 (5일간)	○개막시고객사은감사퍼포먼스 ○가구만들기체험
15	부산	동구	제13회부산차이나타운 특구문화축제	10.14~16 (3일간)	○변검,경극등한중문화예술공연,거퍼레이드 ○중국문화체험관운영

16	부산	영도구	제24회 영도다리축제	9.2~9.4 (3일간)	○개막공연,영도다리가요제 ○축제주제관,야간도개등
17	부산	동래구	제22회 동래읍성역사축제	10.7~10.9 (3일간)	○동래부사행차길놀이,동래성전투실경뮤지컬 ○동래세가닥줄다리기,동래온천용왕제길놀이등
18	부산	남구	제20회 오륙도평화 축제	10월경 (3일간)	○축하공연,개막식,문화예술마당 ○주민자치경연대회,박람회등
19	부산	북구	제5회 낙동강 구포나루 축제	5.20-5.22 (3일간)	○밀사리,국수마당등밀관련프로그램 ○뮤지컬(추억!낙동강),나루터활용체험프로
20	부산	사하구	제6회감천문화마을 골목축제	5월초 (3일간)	○프린지페스티벌,아트체험,골목갤러리등 ○물지개등부대행사
21	부산	금정구	제6회 금정산성역사문화축제	5.27.~5.29. (3일간),예정	○금샘합수식,금어승천식 ○금어 · 전통 · 병영체험,막걸리동창회등
22	부산	강서구	제2회강서낙동강변 30리벚꽃축제	4월중 (3일간)	○전야제,무대행사및부대행사 ○전시체험행사등
23	부산	강서구	제16회 명지 전어축제	8월중 (3일간)	○구민건강걷기대회 ○불꽃쑈및은빛가요제
24	부산시	연제구	제10회 연제한마당축제	2016.4월 (예정)	○채수식,채화식,개막행사, ○축하공연,문화공연,동아리발표회,구민노래
25	부산	해운대구	제12회 해운대모래축제	5.27-5.30 (4일간)	○세계모래조각전,모래미로,거리퍼레이드 ○도전나도모래조각가,날아라샌드보드
26	부산	수영구	제16회 광안리어방축제	4.22-4.24 (3일간)	○어방그물끌기,진두어화 ○경상좌수사행렬,어방민속마을운영
27	부산	사상구	제16회 사상강변축제	10.8~10.9 (2일간)	○거리퍼레이드,제3회삼락강변대학가요제 ○제6회사상나가수경연,주민자치박람회
28	부산시	기장군	제20회 기장멸치축제	4월중 (3일간)	○멸치회시식및판매,수산물경매, ○특산물판매등
29	부산	기장군	제7회 기장미역다시마축제	5월중 (3일간)	○미역다시마홍보관및직판장운영, ○각종체험및공연프로그램등
30	부산	기장군	제10회 철마한우불고기축제	10월중 (3일간)	○한우체험행사 ○지역농특산물판매,축하공연

두 번째로 한국전통 · 민속의 발견에서 전통가옥기술을 활용한 전통조립부스와 전통 곡예 · 묘기의 복원 및 4D기술기반의 융복합(convergency) 첨단(high-tech)의 실증공연(이 단락에 한하여 나의 업무를 도와서 용역 업무를 한 홍모씨가 작성함)에 있어서 예산에 대한 한계는 있다. 그러나 언젠가는 누군가에게 밀알 같은 작은 도움이라도 되기를 바란다. 먼저 전통가옥을 활용한 전통조립부스는 벡스코나 지역축제에

사용되는 부스는 외국의 것이다. 특히, 몽고텐트나 캐노피, 옥타늄 등의 외국에서 들어왔는지도 모르고 그냥 사용하는 추세다. 이에 대한 우리 전통문양을 사용하여 한류와 더불어 우리 전통형 부스를 만들면 어떨까 고민한 내용이다. 전통 곡예 · 묘기의 복원 및 4D기술기반의 융복합(convergency) 첨단(high-tech)의 실증공연은 영화의 전당을 좀 더 적극적으로 활용하여 외래 관광객 유치를 목표로 기획한 내용이다. 고려시대에 많이 놀았던 우리의 전통 곡예 · 묘기인 농검[3], 농환[4], 물구나무서기의 도립, 땅재주, 솟대타기의 간희, 나무다리 걷기, 주삭[5], 정간희[6], 접시돌리기, 칼재주부리기, 정강, 무륜[7], 충협[8], 마상재, 수인농사, 절요, 유술[9] 등을 캐나다의 태양의 서커스와 미국의 아메리칸 서커스처럼 4D기술기반의 융복합 공연물을 전화의 전당에서 실현하자는 것이 주요 골자다. 결국 우리전통의 것과 첨단으로 우리 부산에서 경쟁력있는 문화상품을 만들자는 것이다.

세 번째로 '부산의 발견'은 부산의 '법고창신'에 관한 내용이다. 『문명의 충돌』 저자 새뮤얼 헌팅턴은 文化가 중요하다는 책 머리말에서 최근 30년 사이에 한국이 놀라울 만한 경제성장을 한 것은 한국문화에 원인이 있다고 하였다. '문화적 가치가 인류발전을 결정한다'는 사실을 깨닫고 "文化가 정말중요하다"는 사실을 강조한 것이다. 문화의 세기가 무르익고 세계화가 진전될수록 세계 각국의 전통민속문화가 인류문화 유산으로서 주목을 받을 뿐 아니라, 미래의 문화산업 자원으로 각광을 받을 것이다. 이것들은 다 우리 전통민속문화가 경제를 이끄는 한 단면이고 우리의 전통민속과 정체성이 세계에서 인정받고 있는 작은 부분일 것이다.

그러나 이렇게 세계적인 문화유산이 아니더라도 우리의 것을 가꾸고 즐긴다면 세계는 우리의 것으로 더욱 더 다가올 것이다. 그렇다고 과거의 것에만 집착해서도 안 되고 과거와 현재 그리고 미래에 관한 우리의 창조적인 노력과 열정을 우리 땅에 우뚝 세워야 한다는 취지로 부산지역의 몇 곳 동래, 금정, 강서, 수영 등에 대하여 언급하는데 주저하지 않았다.

네 번째로 '부산의 먹거리와 놀이'는 부산의 시조(市鳥)가 갈매기이다. 각 지역에는 '경주빵'처럼 각 지역 색깔의 빵이 있다. 갈매기빵을 만들어 보았고, 기념품으로는 부산 복천고분에서 소장되어 귀족들의 수호품인 파형동기를 만들어 보았다. 파형동기는 한국 드라마와 K-Pop 등 한류의 영향으로 한국 패션에 대한 선호도가 높

3) 농검 : 칼을 여러 개 공중에 던졌다가 받는 곡예
4) 농환 : 방울을 여러 개 공중에 던졌다가 받는 방울받기
5) 주삭 : 줄타기
6) 정간희 : 머리나 이마에 장대를 세우고 그 위에 사람들이 올라가서 하는 솟대타기
7) 무륜 : 작은 수레바퀴를 쳐서 공중에 올려 돌리는 묘기
8) 충협 : 칼이 꽂혀 있는 좁고 긴 장애물을 통과하는 묘기
9) 유술 : 뼈가 없는 사람처럼 몸을 자유자재로 구부리는 재주

아지면서 남녀 의류 및 패션 액세서리에도 적용될 수 있고 목걸이 등도 가능하여 타 지역에서는 출토되지 않았고 부산이나 김해에서 출토되어 기념품 제작이 가능하여 '오복목걸이'라는 이름을 걸고 제작 해 보았다. 기념품에는 늘 명품화 세계화가 뒤 따른다는 것을 알고 부산의 의미지를 넣고 상품화요소와 디자인화 요소에 대하여 검토가 약한 것이 한계라는 것에 추후에 과제로 남겨둔다.

'부산의 놀이'는 중국의 사신이 한국에 들어올 때 '모화관(慕華館)'에 머물렀고 조선은 이들을 위해 놀이판을 벌였다. 부산에 크루즈선이 들어오는 곳이나 용두산, 시민공원이나 누리마루 같은 곳에 상시공연하면 부산에서의 컬리티 높은 문화상품이 될 것이라는 점과 부산의 슬로건이 '다이나믹부산'이기 때문에 부산의 여성이 활달하게 공연 할 수 있는 놀이로 '공연 널뛰기'의 필요성에 공감을 더 했다.

뉴욕은 가장 세계적인 도시이라는 것에 의문을 가지지 않고 많은 사람들이 한번쯤 가보고 싶은 도시라는 것이다. 오래 전에 방문하였던 필자도 다시 찾고 싶은 것은 왜 일까? 뉴욕에 사는 사람들은 스스로를 '뉴요커'라 부르며, 강한 자부심을 지닌다고 한다. 이러한 뉴욕이 최근 도시브랜드 가치를 한층 높이기 위해 시민과 시가 하나가 되어 함께 나선다는 것이다. 연필과 T셔츠에도 'I ♥ New York'이 새겨져 있다는 것에 눈여겨 볼만하다. 에펠탑이 있는 프랑스나 역사도시 로마도 그리워지는 것은 그곳의 나름대로 확실한 도시색깔이 있기 때문이다.

다섯 번째로 '부산'에 대한 것은 관광부산의 자랑거리, 부산의 볼거리, 부산의 먹거리. 부산의 상징, 부산의 인물, 부산의 슬로건에 대하여 알 수 있지만 이것만으로 부산의 색깔이나 정체성이 완벽하게 갖추어져 시민들의 자존감이 높아지는 것이 아니라 부산의 유래와 일제강점기의 지명개편에 대하여 살펴보는 것도 부산의 색깔의 찾는 방법이고 부산의 발견이라 할 것이다.

이상에서 제시할 내용에 대하여 대략적인 것을 소개하였고 앞으로 제시될 구체적인 내용은 부산의 발견에 대한 내용이다.

부산에 대한 정체성은 부산의 역사와 문화적 소재를 새로운 각도에서 시선을 던지는 것에서 출발하여도 좋을 것이다. 또 이를 첨단과 융합함은 부산다운 문화산업을 진흥시키고 지속 가능한 문화상품이 창출되는 시금석이 될 것이다. 결국, 부산의 역사와 문화적 소재를 새로운 각도에서 시선을 던지고 제대로 된 결과물에 시민의 마음을 담아야 하고 어떤 것은 첨단과 융합하는 것도 부산의 정체성 확보와 부산에 대한 사랑의 방법이고 부산의 발견이라는데 주저함이 없다는 중요한 단서를 제시하고자 한다.

Ⅱ. 부산의 축제

2014년 기준으로 대한민국 부산광역시에서 열리는 축제 중 평가대상 축제는 2014년 2월 현재는 모두 41개다. 그 내용을 정리 하면 다음과 같이 2014년 축제 현황의 표로 나타낼 수 있다. 저자는 부산광역시의 축제 평가 위원으로 활동하면서 몇 곳의 축제를 암행 평가하여 정리 한 것이다. 축제에 대한 평가의 점수는 공개하지 않고 평가 내용 위주로 축제의 발전성, 축제의 개선점, 축제의 운영, 축제의 성과에 대하여 보고서 형식으로 정리 한 것이다. 또한 축제에 대한 평가 기간은 2012년부터 2014년까지의 내용임을 밝혀 두고 보고서의 정리는 평가 날짜 별로 나열하였다.

부산의 축제 유형에는 크게 3가지로 나눌 수 있다. 그 지역의 역사와 민속을 이용한 축제가 있고 특산물에 관련된 축제, 해당 지역의 자연 환경에 관련한 축제가 있다. 역사와 민속을 이용한 축제로 동래구의 동래읍성 축제, 중구의 40계단문화축제, 금정구의 금정산성 역사문화축제, 조선통신사 한일문화교류축제 등이 있고 특산물 관련 축제는 기장군의 멸치 축제, 강서구의 대저토마토 축제, 철마한우 불고기 축제, 서구의 고등어 축제 등이다. 자연환경 관련 축제는 남구의 오륙도 축제, 동구의 차이나타운 특구 축제, 해운대의 달맞이 언덕 철학축제, 부산 바다축제, 중구의 자갈치 축제 등이 이에 속한다. 그렇지만 이 유형에서 한가지로만 가지고 축제가 운영되지 않고 보통은 두 가지이상의 유형이 혼재하고 유기적으로 어우러져 축제가 구성된다.

축제의 평가 목적은 객관적이고 공정한 평가체제 구축과 평가결과 환류를 통한 축제의 질적 수준 제고하고 축제별 전문 컨설팅을 통한 새로운 축제 콘텐츠 개발을 유도함에 있다. 또 평가결과를 토대로 부산지역축제의 개선과 발전방향모색에 주안점이 있으며 나아가 우수축제를 적극적으로 지원하고 미진한 축제는 구조조정이나 퇴출을 추진한다는 것이 목적이라 할 것이다.

궁극적으로 축제 평가는 축제의 성공을 위해서다. 부산의 축제가 성공하기 위해서는 평가서만 내는 축제보다는 축제가 문화상품으로의 관광객에게 좋은 호응이 있어야 한다. 부산에 산재한 해당지역의 축제가 성공함은 지역경제의 도움과 지역의 단합 및 화합, 지역 문화의 발전과 보존뿐만 아니라 시민의 교육과 교양의 향상은 물론, 수준 높은 문화를 향유한다는 것에도 의의가 있다고 할 것이다.

2014년 평가대상 축제현황[10](기준 :'14. 2월)

연번	구군	축제명	2013년도 개최기간	주요내용
1	시자체	조선통신사 한일문화교류축제	5.2~5.4 (3일간)	조선통신사 행렬재현, 통신사야, 놀자!, 한일 뮤직콘서트, 조선통신사의 밤 등
2	시자체	부산항축제	5.30~6.1 (3일간)	부산항.터미널항만투어,국제교류행사,항만관련교육프로그램운영
3	시자체	부산바다축제	8.1~8.7 (7일간)	개막행사, 국제공연 및 체험 등 42개행사
4	시자체	부산국제매직페스티벌	8.7~8.10 (4일간)	국제마술경기대회, 매직gala쇼, 매직프린지 등
5	시자체	부산국제록페스티벌	8.8~8.10 (3일간)	국내외 록밴드 라이브공연
6	시자체	부산불꽃축제	10.24~25 (2일간)	전야제, 첨단멀티불꽃쇼 등
7	시자체	해맞이 부산축제	12.31~1.1 (2일간)	시민의 종 타종식, 해맞이 행사
8	중구	부산항빛축제	2014. 11월중	개막식, 빛조형물, 빛체험전경관조명 등
9	중구	부산자갈치축제	2014.10.9. ~ 10.12	길놀이,개막식,불꽃놀이 4개마당 3개프로그램
10	중구	보수동책방골목 문화행사	2014.10.18 ~ 10.20 (3일간)	개막식, 1가게1이벤트 "책빛마실"발간
11	중구	부산크리스마스 트리축제	2014.11.29 ~ 2015.1.4 (37일간)	개막식,점등식,문화공연 사랑의 나눔행사
12	중구	40계단문화축제	2014.10.17. (목)	개막식, 40계단가요제
13	서구	제16회 구덕골문화예술제	5.10~5.11 (2일간)	무형문화재 공연, 문예창작경연대회, 주민자치발표회 등
14	서구	부산고등어축제	10.24~10.26 (3일간)	축제주제관,고등어체험관, 고등어전문요리관등,공식공연,참여,체험,경연, 전시,특별부대행사등
15	동구	제11회부산차이나 타운특구문화축제	5월9일- 11일 (3일간)	한중 문화예술 공연 홍등 터널 설치 한중문화 체험 전시 지역자원 연계투어 프로그램

10) 부산광역시 2014년 축제조직위원회 자료

연번	구군	축제명	2013년도 개최기간	주요내용
16	영도구	영도다리축제	9.5~7 (3일간)	공연,체험,전시등 개막공연, 가요제, 영도다리가요제, 축제주제관,이산가족찾기등
17	영도구	행복영도희망의 빛축제	11월 ~15.1월 (40일간)	거리공연, 빛조형물설치등
18	부산진구	우리문화체험축제마당	4.12~13 (2일간) 예정	동래학춤공연및배우기 마당놀이공연 아리랑공연,시집가는날 전통혼례복체험 전통탈만들기
19	동래구	동래읍성역사축제	10.10~12 (3일간)	동래부사행차, 동래성전투재현, 뮤지컬공연, 동래줄다리기, 동래온천, 용왕제길놀이, 동래장터재현등
20	남구	제18회 오륙도축제	5.3~4 (2일간)	축하공연,체험마당 문화예술회작품전시회 주민자치회경연대회등
21	북구	제4회낙동강 1300리 구포나루대축제	10월중 (3일간)	대표프로그램(수상공연, 뮤지컬),참여체험, 전시공연등
22	북구	제22회낙동민속 예술제	10월중 (2일간)	당산제,길놀이,구포지신 밟기재현,민속놀이굿한마당
23	북구	제6회 화명와석골축제	10월중	길놀이, 국악한마당, 합창단 공연 등
24	해운대구	해운대달맞이 온천축제	2.14. (1일간)	길놀이,민속경연대회,전통먹거리장터월령기원제, 달집태우기 등
25	해운대구	해운대모래축제	6.6.~6.9. (4일간)	모래작품전,비치발리볼,씨름왕선발대회,샌드클럽 등
26	해운대구	달맞이언덕 인문학축제	9월중	학술·포럼(저자와의만남, 북-도크쇼,주제토론회등) 공연행사(축하공연등)
27	해운대구	고운최치원 문화축제 및 동백섬문화관광축제	10월중	다례제(최치원추념헌공다례제,기로연진다례,두 리차회),문화행사(시낭송회,학춤 등)
28	사하구	감천문화마을 골목축제	4.25~4.27 (3일간)	공연, 전시, 체험행사 등
29	사하구	다대포어항 문화축제	10.18~20 (3일간)	축하공연, 활어판매 등

연번	구군	축제명	2013년도 개최기간	주요내용
30	금정구	금정산성 역사문화축제2014	6.13(금)~ 6.15(일)	·공연프로그램 샌드아트"금어신화" 산성이야기뮤지컬(2회) {동문체험마당} ·병영체험 호패제작체험
31	강서구	명지시장전어축제	8.26~28 (3일간)	전야제,개막식,걷기대회, 무료시식,은빛가요제등
32	강서구	가덕도 숭어축제	4.25~26 (2일간)	맨손숭어잡이,육소장망어업시연,갈맷길걷기대회, 기타 각종무대행사 등 숭어회무료시식회, 치어방류행사
33	강서구	제14회 대저토마토축제	4.5~6 (2일간)	풍년제,개막식,체험, 전시행사,공연,가요제등
34	연제구	연제한마당축제	하반기 (3일간)	개막행사,문화공연,체험 프로그램,자매도시농특산 품판매코너,먹거리장터, 부대행사(백일장,전통혼례)
35	수영구	광안리 어방축제	4.25-27 (3일간)	후릿그물끌기, 진두어화뮤지컬,수영어방민속마을 등 18종
36	수영구	광안리 생선회 축제	9월중 (1일간)	회비빔밥,생선회시식회 등10종
37	수영구	광대연극제	8.15~17 (3일간)	광안리야외연극,소극장연극, 광안리해변로 연극존 구성
38	사상구	제14회 사상강변축제	10월 둘째주	지역산업소재특화소재활용 주민공모거리퍼레이드경연대회 제4회사상나가수경연대회 제6회사상평생학습축제연계 주민참여형프로그램등
39	기장군	기장멸치축제	4.24~27 (4일간)	멸치털이체험,스템프랠리등
40	기장군	기장붕장어축제	10월경	붕장어맨손잡기,노래자랑등
41	기장군	철마한우불고기축제	10월중 (4일간)	한우먹거리장터운영,각종 체험,참여 프로그램운영, 지역특산물 홍보장터운영등

제1장. 2012년 축제평가

1. 2012. 연제한마당 축제

□ 축 제 명	2012. 연제한마당 축제
□ 축제기간	2012. 4. 13(금) ~ 4. 15(일) 3일
□ 평가기간	2012. 4. 13(금) ~ 4. 15(일)
□ 개최장소	온천천 시민공원 및 배산일원
□ 주최/주관	"문화와 자연의 어울림"
□ 축제등급	
□ 축제분류	① 전통역사 ② 문화관광 ③ 지역특산물 ④ 자연생태 ⑤ 기타

2012년 축제 평가 보고서

□ 축제 발전성(분야별로 구체적으로 지적하여 작성)

○ 축제 프로그램(콘텐츠), 특이성, 차별성 등

▷ 잘된 점

○ 배산 산신령께 "소제" 지내고 선녀의 채수와 채수기 내빈께 전달 및 개막식 중 온천천에 합수제의 거행, 연제구 관내 초,중학교 대상으로 온천천 환경을 사랑하고 보존하는 소재로 글짓기•그림그리기와 '조선왕조실록과 함께하는 국가기록문화체험', 평양 예술단 행사 등은 행사장을 찾은 방문객들에게 독특한 흥미와 신선함과 풍성함을 제공함

○ 자연과 어울려진 공간속에 뿌리내린 명품 축제문화 조성과 대중성과 예술성이 결합된 다양한 프로그램 구성으로 도심 속에서 축제의 품격을 향상시키고 남녀노소 누구나 즐기고 참여할 수 있는 다양한 프로그램으로 운영하였음

○ 평생학습도시에 걸맞는 청소년의 체험학습장 운영(앞전의 축제 때 18개 부스 운영에서 22개개 부수 운영) 등을 통하여 과학, 생태 및 자연환경을 배우고 체

험하는 계기 마련

○ 온천천과 시민공원을 배경으로 '여는 마당', '열림 마당', '문화마당', '어울 마당'으로 체험과 역사과학·생태환경·문화예술이 융·복합된 전통문화와 평생학습 분야 대상 구로서 지역을 홍보하고 가족문화교육 공간을 조성하였음

○ 수준 높은 프로그램 운영과 적극적인 홍보를 통해 축제가 구민 화합과 자긍심 고취는 물론 지역경제 활성화에 약간 기여함

○ 연제구 관내 초,중학교 대상으로 온천천 환경을 사랑하고 보존하는 소재로 글짓기 · 그림그리기, 청소년 우주체험 등 학습 과학 체험 행사에 학생들의 많은 참여로 행사 목적을 달성에 기여함

○ 2500개의 '소망등'에서 한 등의 가격은 1만원이지만 그 퍼포먼스는 세병교↔안락교까지의 참여도가 높았음(1,500개 재활용)

○ 부산지방법무사회(회장 배종국)는 지난 13~15일 개최된 '2012 연제한마당축제'에서 시민들을 대상으로 총 110건의 무료법률상담을 실시하여 부산법원이 관내에 있어 개최 장소가 좋음

▷ 부족한 점

○ 부산의 중심부이지만 대표 프로그램이 해마다 관습적으로 반복되고 문화아이콘, 문화상품으로는 발전하고 못하고 테마가 있는 대표 프로그램 개발이 부족함

○ 연제구관련 특산품이나 기념품 및 패키지상품과 체류형 관광상품이 부재

○ 축제의 기간이 타 축제와의 독특한 차별성이 없는 일반적인 주민 화합을 위한 축제임

- 축제 프로그램들과 지역 산업들 간의 연계, 축제 지역 공간과의 조화로운 연계를 위해 프로그램의 내용, 규모, 운영 등을 새로운 관점에서 확대 및 발전시켜야 할 것으로 보임
- 좁은 지역 내 많은 부스가 설치되어 혼잡도가 심하고 허가받은 부스와 연제구가 원치 안은 부스가 구별되어 연제구가 원치 않은 부스의 경우 무질서하여 향후 적절한 고려가 있는 배치가 필요

- 연날리기 대회는 부산광역시의 도심에서 장소적으로 어울리지 않다는 의견과 연날리기 대회가 타 지역에도 많은 관계로 식상함

○ 온천천이라는 생태 환경 중에서 특히, 겨울에 볼 수 있었던 갈대숲지역이 전혀 보존 되지 않고 축제를 운영하여 오래 만에 온천천을 찾는 겨울에 보았던 그 마음의 공간을 전혀 배려하지 않음

○ 부스운영자의 쓰레기나 설거지물을 온천천에 버리는 행위를 잘 지키고 있었으나 무단점거 부스운영자(노점상)의 환경의 존엄성을 상실한 무단 음식 설거지물 투기와 쓰레기 수거에 문제가 있었음

▷ 개선할 점(발전성 포함)

○ 온천천의 6개 대형 조형물(유등)은 남루하고 자주 등장하는 컨텐츠라는 중론과 식상하다는 평가가 있음

○ 메인 무대가 온천천을 따라 설치되어 햇빛이 날 때 관객의 자석이 비었고 대신 나무 그늘 계단에는 사람들이 많아 동선이 맞지 않았다. 따라서 이에 적당히 기존의 계단식 스탠드를 활용하면 좋겠음

○ 연제축제한마당의 기간에 먹거리와 교육적 프로그램이 주류를 이루어져 기념품 등의 지출의 한계를 보일 수 있고 실제 지역주민의 경제적 성과는 미미하다고 할 것임

○ 연제구에 대한 역사적 연구를 통하여 더 나은 축제 아이템의 확보가 필요해 보임

○ 도심의 연날리기보다는 추억의 민속그네를 설치하여 '전국 그네뛰기'나 온천천을 활용한 아이템이 필요하고 나룻배 노 젖기, 물방개 잡기 등 온천천도 활용할 필요가 있어 보임

○ 축제 운영의 적절성

▷ 잘된 점

○ 축제 프로그램별 특성을 잘 고려하여 부스를 배치하고 방문객들의 이동 동선에 적합하게 행사 공간과 범위를 확대하여 행사 공간의 특성에 맞는 프로그램을 배치

- 행사 공간 접근, 행사 팜플렛, 사전 홍보, 안내서비스, 연제구 문화 이해, 체험 프로그램 등과 전시, 체험, 참여, 관람 및 놀이 진행 등 전체적인 운영

이 원만하게 진행되었음

- 연제구 관내의 일상적인 주민자치 활동과 평생학습 및 문화예술 참여활동들을 구민 화합 행사로 적절하게 연계하였으며 다양하고 풍부한 체험 부스를 운영한 점이 돋보였음

○ 행사장 진입로 차량통제 및 우회도로 확보와 봉사단체의 교통질서 계도참여(청년회, 해병동지회 등) 및 불법주·정차 단속으로 행사장 인근도로 교통체증 해소에 노력함이 나타남

○ 주차장 확보를 위해 동래세무서 주차장, 연서초등학교 운동장활용과 내빈 및 출연진 차량은 동래세무서(협조공문 발송), 행사진행차량은 연서초등학교 운동장(협조공문 발송) 등의 나름 최선을 다한 운영의 묘가 돋보임

▷ 부족한 점

○ 축제 관련 부스가 축제기간(낮) 중임에도 불구하고 일부 문이 닫혀있어 무슨 사연일까? 또는 눈을 의심하게 하여 운영상 미숙함이 보임

○ 온천천 시민공원내 노점상 진입 원천차단을 위해 건설과 인력배치 및 노점상 진입차단과 중앙대로 1226번길, 온천천 공원길, 온천천 남로상 불법 노점상 행위 단속 등 인력 36명을 배치한다고 하였지만 실제는 온천천을 따라 세병교 위나 안락교 아래쪽의 초청하지 않은 노점상들의 부스 운영은 축제장의 연장으로 볼 수가 있고 오수와 쓰레기 투기 등의 대책이 원만히 마련되지 않았음

○ 행사장 전체에 안전유도원이 너무 적었고 무대, 배경, 음향, 조명, 트러스, 발전시설, 특수효과, 부대시설 등에서 규모와 수준은 온천천의 특수성을 감안하지 않은 것으로 보임

○ 온천천강가에서 악취와 각종 쓰레기와 부유물, 그중에는 죽은 잉어까지 있어 온천천 축제는 자연과 함께하는 생명의 축제에 훼손되어 보임

○ 평양예술단의 공연 15가지 중 고도의 예술성과 기술성이 요구되는 핵심 3종목이 제외되고 다른 것으로 대체 공연이 됨[11]

11) 핵심 3종목의 대체에 대하여는 평양예술단 관계자가 알려주었으며, 실제 공연의 빠진 이유는 비가 그친 뒤

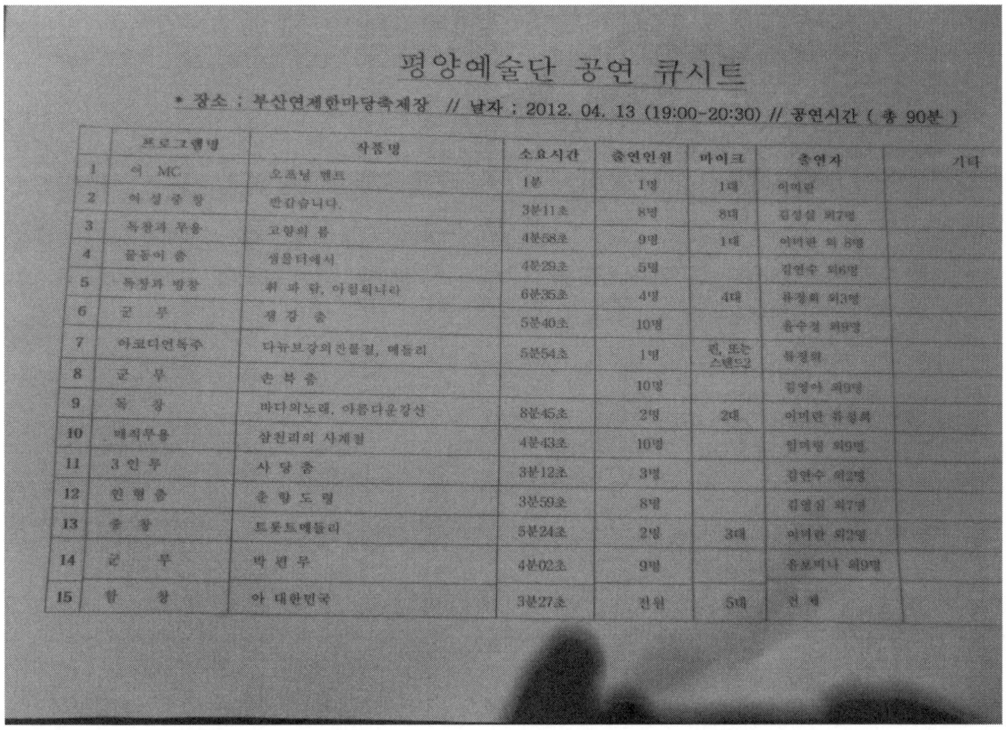

평양예술단 공연 큐시트

* 장소 : 부산연제한마당축제장 // 날자 : 2012. 04. 13 (19:00-20:30) // 공연시간 (총 90분)

	프로그램명	작품명	소요시간	출연인원	마이크	출연자	기타
1	여 MC	오프닝 멘트	1분	1명	1대	이미란	
2	여성중창	반갑습니다.	3분11초	8명	8대	김성실 외7명	
3	독창과 무용	고향의 봄	4분58초	9명	1대	이미란 외 8명	
4	물동이 춤	샘물터에서	4분29초	5명		김연수 외6명	
5	독창과 방창	휘파람, [illegible]	6분35초	4명	4대	유정희 외3명	
6	군무	쟁강 춤	5분40초	10명		윤수경 외9명	
7	아코디언독주	다뉴브강의잔물결, 메들리	5분54초	1명	핀, 또는 스탠드2	류정희	
8	군무	손북춤		10명		김영아 외9명	
9	독창	바다의노래, 아름다운강산	8분45초	2명	2대	이미란 유정희	
10	패찌무용	삼천리의 사계절	4분43초	10명		임미령 외9명	
11	3인무	사당춤	3분12초	3명		김연수 외2명	
12	인형춤	춘향도령	3분59초	8명		김영실 외7명	
13	중창	트롯트메들리	5분24초	2명	3대	이미란 외2명	
14	군무	박편무	4분02초	9명		윤보미나 외9명	
15	합창	아 대한민국	3분27초	전원	5대	전체	

○ 발전시설과 평양예술단의 출연진의 무대 출입구 옆에 규격이 조명용(200kw), 음향의 트러스용(75k) 등 전선이 혼재된 곳으로 입•퇴장을 하여 위험스러움이 보임

▷ 개선할 점(발전성 포함)

○ 행사 장소의 활용에 탄력적 적용을 위해 온천천을 사이로 관할 구(연제구와 동래구)가 달리하더라도 일부구간의 사용 협조를 통하여 축제의 장소적 집중화가 필요해 보임

○ 연제한마당축제는 지역문화의 전통과 정체성을 살리는 행사로 부산광역시, 법원 등의 접근성으로 인하여 싱가포르의 '강변 문화공간'으로 발전시키면 충분히 발전 가능성이 있을 것으로 평가됨

○ 온천천에 전시되고 있는 다양한 대형 조형물인 유등 6점(백두산호랑이, 사물놀이(장고), 수렵무사, 씨름, 운무비룡(용), 삼족오 보다는 연제를 상징하는 한 가지의 상징물이 더 필요해 보임

한참 뒤이지만 진행자들이나 자원봉사자들 어느 누구도 무대의 물기 정리를 하지 않아서였다.

○ 행사 공간의 효율적 이용을 위해 현재보다는 좀 더 넓게 온천천 일부의 물위를 메인무대로 활용하는 등 축제 공간의 재편이 필요함

○ 온천천을 찾은 많은 사람들이 다양한 프로그램에 참여할 수 있게 시간을 탄력적 조정하여 가족 단위뿐만 아니라 도심의 직장인들도 함께 쉬며 즐길 수 있는 공간으로 행사 운영의 폭을 넓혀 장기적인 차원에서 부산도심의 휴식공간화 노력이 필요함

○ 축제의 성과

▷ 잘된 점

○ 축제의 시기 및 장소, 온천천이라는 자연환경, 시민공원 및 배산 일원의 산책코스와 연제문화원, 야외 공연장 등 휴식 프로그램이 가능한 문화적 환경 등 가족단위의 적극적인 참여를 유도함으로써 문화예술 및 평생교육 중심의 특성화된 축제로 발전할 수 있는 가능성이 많음

○ 연제구와 자매결연도시인 보성군과 봉화군을 초청하여 자치특상품 부스운영이 보기가 좋았음

○ 축제의 주최측인 연제문화원과 연제구 담당직원의 축제에 임하는 열의는 매우 높아 보임

▷ 부족한 점

○ 연제한마당축제 주체의 관광상품화에 대한 의지나 외래 관광객 유치 전략 등에 대한 심각한 노력이 보이지 않음

○ 주변 직장인들도 함께 참여할 있는 방안과 연제구 관할 지역주민의 참여도를 높이려는 노력이 필요해 보임

○ 다양한 프로그램을 통해 학생, 일반인 뿐 아니라 많은 시민과 관광객이 찾아와 발전할 수 있는 기반 조성되었지만 더 많은 시민과 외국인들도 찾는 축제를 만들기 위해서는 '진정한 연제구를 찾기'의 연구용역이 필요해 보임

○ 연제구의 전통과 문화예술, 온천천의 자연과 환경, 역사와 지리, 연제구의 특산품 등을 고려하여 다양한 분야의 축제 기념품 및 상징물 개발로 축제 이미지 정형화 노력이 부족함

○ 축제장을 찾는 것은 어렵지 않으나 주차장이 분산되어 주차장을 찾는 관광객에게 혼선을 줄 우려가 있음

○ '행사진행'의 명찰을 찾고 있음에도 진행자의 태도는 축제참여 시민들에 대한 서비스정신 결여로 불친절함이 엿보임

▷ 개선할 점(발전성 포함)

○ 추최와 참여자인 연제구민 전체가 어우러지는 축제는 '너'와 '나'의 벽을 허물고 '우리'라는 결집된 하나를 만드는 축제로 거듭날 필요가 있음

○ 축제의 현대적 성격은 '유희와 제의'다. 이 두 가지 속에는 연제구민 뿐만 아니라 많은 관광객이 참여하여 삶의 풍요와 재생산의 목표로 한 투자의 효과를 제대로 발휘할 수가 있는 축제의 장이 되도록 하는 노력하는 모습이 필요해 보임

○ 체험 프로그램에 대한 다양화와 충분한 소재와 재료를 확보, 필요 예산확보 등이 필요해 보임

○ 지역 경제의 활성화 부분에 있어서 축제의 규모에 비하여 지역주민 이외의 관광객 참여가 전반적으로 저조하고 연제구 관련 기념품과 문화상품 부족으로 지역 경제의 파급효과는 많지 않을 것으로 판난됨

○ 연제구 지역에 관련된 관광상품의 개발이 요구되고 소규모의 공연을 상설화 가능성이 대두

□ 전년도 대비 개선점

▷ 축제프로그램(콘텐츠), 축제운영 적절성, 성과 등

○ 전년도에 비하여 공연행사 재즈패스티발과 매직오페라 갈라쇼, 전시에는 유등, 체험행사로 청소년우주체험이 변경되고 청소년학습체험부스가 4개 늘어

났으며 부대행사로 사회적기업홍보와 취업정보 나눔터가 생겨 점진적 노력함이 엿보이지만 프로그램 개수(MQ텐트 3×3, 5×5의 약 88동 정도)가 너무 많아 집중도가 저하되는 측면을 검토할 필요가 있음

○ 연제문화원 뿐만 아니라 지역대학(부산경상대학교), 학교 동아리팀 등의 자발적 참여 프로그램 발굴로 지역민 참여도 확대

○ 지역상가 등과 연계하여 축제 프로그램을 개발하고 연제구 관련 관광상품을 개발하는 등 축제의 실제적인 내실화 필요

○ 주최 측과 관변단체의 참여도보다는 연제구주민의 긍지가 발현되고 향후에도 축제 발전의 밑거름이 될 수 있는 주민의 자발적 참여가 요구됨

▷ 축제의 재정 자립도

○ 현재, 자치단체 등에서 지원하는 사업 컨셉이 적절하며 소요예산은 15,057만원(구비 104백만원, 자치비 22백만원, 소망등 25백만원)으로 더 나은 축제를 기대하기 위해서는 협찬 등 예산 증액에 노력이 필요해 보임

○ 수익 창출형 축제 프로그램 개발로 자체 예산 확보 필요

▷ 독립적 조직체

○ 축제의 주최가 독립된 조직이기보다는 연제문화원·연제구가 운영하였고 연제문화원이라는 단체가 잘 운영하였고 더 나은 행사 운영 등에 대한 발전적인 협력 방안이 필요하고 지금 당장은 별도의 조직이 필요하지 않아 보임

○ 몇 번의 축제를 거치면서 축적된 노하우와 다양한 축제 및 문화예술행사 추진 경험을 바탕으로 시민들의 자발적인 참여를 이끌어 내려는 노력이 보임

○ 자원봉사자 확보에 어려움이 있는지 행사장 주변에 적극적인 안내 서비스를 제공하는 자원봉사자가 보이질 않았고, 보이는 인원도 한 곳에 몰려 있고 그 인원도 얼마 되지 않음

2. 제16회 기장멸치축제

□ 축 제 명	제16회 기장멸치축제
□ 축제기간	2012. 4. 19(목) ~ 4. 23(월) ⇨ 5일 (21일 비(雨)로 23일 순연)
□ 평가기간	2012년 4월 20. 21. 22일
□ 개최장소	기장읍 대변항 일원
□ 주최/주관	기장멸치축제추진위원회(위원장 : 배성대)
□ 축제등급	
□ 축제분류	① 전통역사 ② 문화관광 ③ 지역특산물 ④ 자연생태 ⑤ 기타

2012년 축제 평가 보고서

□ 축제 발전성

○ 축제 프로그램(콘텐츠), 특이성, 차별성 등

▷ 잘된 점

○ 기장의 지역적 특성을 살린 기장멸치축제는 기장 특산물을 홍보하는 먹을거리 축제로 기장지역의 대표적인 수산물인 기장멸치라는 단일 어종을 중심으로 다양한 프로그램으로 진행되었음

- 축제의 소재는 멸치를 주테마로 되어 나름의 먹거리가 많이 있음
- 기장멸치 등 기장특산물에 대한 우수성 발굴 및 홍보 강화를 통해 부산지역에서 특화할 수 있는 계기와 수산물 소비를 촉진하고 시민, 어업인, 국내외 방문객의 화합 한마당을 마련하였음
- 기장멸치축제를 통하여 지역 상인과 주민들이 중심이 되어 먹을거리 행사를 열어 기장과 멸치의 우수성 홍보로 기장수산물의 판매촉진, 국내외 방문객의 유입을 통해 지역경제를 활성화하고 기장과 기장멸치의 브랜드화를 통하여 지역주민을 중심으로 화합의 장을 마련하였음
- 해양문화도시 기장군 홍보와 산과 바다가 어우러진 천혜의 환경을 활용하

여 경쟁력 있는 지역 특산물을 널리 알릴 수 있고 지속적인 관광객 유치의 기회가 되었음

○ 기장의 문화적 배경을 활용한 "通通 튀는 생생멸치! 정 넘치는 기장으로~"의 Slogan과 신선함 그리고 맛과 멋으로 통하는 기장멸치 축제의 Concept으로 기장 대변항의 향취를 볼 수 있게 제공하고 있음

- '동해안 별신 굿' 등으로 관광객에게 볼거리를 제공하였고 기장 '멸치 회 무료시식' 등이 좋은 프로그램으로 보임
- 시민을 대상으로 한 '멸치 판박이', '기장미역채취체험(미역축제가 아니지만)', '멸치털이 체험'으로 즐길거리 제공
- 기장멸치 축제에 사용된 젓갈용 멸치의 가격이 45000원에서 40000원으로 기획 활인 등 축제조직위와 참여업체의 노력이 엿보임
- 기장멸치 축제가 앞으로는 예산과 규모, 그리고 프로그램 등이 더 나아지고 좋아질 것이라는 마음을 참여자 모두가 가지고 있음이 느껴짐

▷ 부족한 점

○ 기장군은 바닷가 아기자기한 천혜의 절경과 좋은 입지 조건으로 축제장소로도 강점을 가지고 있다. 기장바다와 멸치를 소재로 한 문화상품과 프로그램 및 지역주민의 멸치에 관련한 상품개발의 필요성이 제기되고 기장만의 주민화합과 향토문화의 창달이 요구됨

○ 비와 강한 바람으로 '어선해산퍼레이드'와 '대변항 스타킹'을 운영하지 못한 것은 이해가 되나 전통민속놀이이 부분에 바다관련 놀이 개발이 보이지 않고 특히 투호놀이 1식, 굴렁쇠 1개, 팽이치기 2식으로 만 운영되어 가족단위 참가자들의 배려, 특히 어린이들의 관심꺼리가 없어 타 지역축제에 비해 아쉬움이 있어 보인다. 투호도 고증이나 실체 없는 투호로 사용하였음

경복궁의 투호-추천

실체없는 투호

○ 기장멸치관련 기념품과 선물할 정도의 멸치관련 특화된 상품이 없음

▷ 개선할 점(발전성 포함)

○ 기장바다의 지형적 강점을 활용한 프로그램 개발(바다위의 야간 해상공연, 시민다수 이용 가능한 축제기간 동안의 해상공원화)이 필요

○ 기장지역에서서 구할 수 있는 상품개발(멸치를 분말, 가공 등 다양하게 활용하여 상품개발), 멸치관련 작업자의 문화상품 및 스토리텔링이 포함된 관광상품의 개발이 요구됨

○ 기장특산물을 중심으로 기장을 키울 수 있는 기장지역의 특성을 살린 공연 및 콘텐츠를 개발하는 것이 필요함

- 기장멸치축제는 멸치라는 기장특산물을 중심으로 하는 먹을거리 축제로 멸치를 이용한 다양한 형태의 체험 프로그램을 체계적으로 개발할 필요가 있어 외국의 사례, 학술 세미나 등을 검토 할 필요가 있음
- 관람객들에게 화제를 불러일으킬 수 있는 킬러 프로그램이 없어 여타 축제에서 볼 수 있는 가요제, 대회, 축하공연 등의 일반적인 프로그램 일색으로 지역 특산물 축제로 인식되고 있음
- 관람객들에게 화제를 불러일으킬 수 있는 멸치관련 Character나 Mascot 등에 대한 주최자의 관심이 요구됨(예, 멸치의자, 멸치분수대 등)
- 기장 멸치축제에 기장에서 400~500Ton이 준비되었고 '구이용'으로는 외부에서 준비하였다는 것에 대한 고민과 기장멸치축제의 확실한 입지를 세우기 위해서는 기장지역의 멸치 실명제, 멸치의 어획량이 많을 즘의 축제일 조정 등 기장에서 특화된 축제가 필요(실제 올해는 윤달이 있기에 바닷물의 낮은 수온 때문에 생멸치의 첫 출하는 제주도에서 2월에 1번 나왔고 5월 8일에도 제주도에서 나왔기에 이 부분에 대한 검토가 있어야 될 것으로 봄)[12)]

○ 멸치축제 참가자들이 기상변화(우천)에 적극적으로 대처할 수 없는 것은 운영자의 운영에도 문제가 있다는 것을 의미하기 때문에 이에 대처할 수 있는 기본적 menual의 개발이 필요함(4월 21일 토요일 우천으로 월요일로 대체일로 정함-일요일프로그램을 그대로 진행)

○ 기장지역의 축제를 찾은 방문객들에게 기장멸치, 기장미역, 기장붕장어와 천

12) 수산물중계사의 조언(5월 8일)

혜의 자연경관과 연계된 지역경제 활성화 차원의 지속가능한 경제창출 상품과 문화상품 개발필요

○ 축제 운영의 적절성

▷ 잘된 점

○ 운영에 있어서 자원봉사자(25명), 모범운전자회, 기장멸치축제추진위원(위원장 : 배성대), 참여경찰, 기장군청의 노력하는 모습이 보였음

- 멸치를 활용한 다양한 행사가 진행되었음
- 축제 시작 전에 준비한 홍보 영상물을 축제 중에 계속 방영해서 방문객들의 주의를 환기를 시키고 있음
- 부스 운영 및 진행, 부스운영자의 판매가 질서정연하고 체계적인 노하우를 가지고 운영되고 있음
- 해운대역과 행사장까지의 셔틀버스운행 등 관광객 유치 및 편의를 위하여 노력하였고 특히, 주차 공간 2곳의 확보를 위한 노력이 엿보이고 전반적으로 주최자, 주민, 교통경찰 및 자원봉사자들의 세심한 안내로 운영되었음

○ 21일 비바람으로 하루를 쉰 축제를 4월 23일 월요일에 대체하였고 '4대의 멸치잡이 어선이 만선으로 들어오고 있다'는 안내 방송 등은 좋은 축제분위기를 연출하는 계기로 보임

▷ 부족한 점

○ 많은 사람들이 참여한 축제였으며 운영 면에서 무난한 행사였음.
- 21일은 비가 내려, 비올 때를 대비한 프로그램 개발 필요(다른 지역 축제도 공통사항이 될 수 있음)

○ 기장멸치축제에 부스운영 참여자 중 먹거리 운영자의 설거지물을 바다에 바로 버려 해양오염 유발시켜 폐수처리 시설 설치가 필요

○ 축제장의 공간 일원에 곡선으로 길게 늘어선 축제장으로 좁은 체험공간을 감안하면 대변초등학교를 활용한 체험 프로그램 등이 필요할 수도 있을 것으로 보임

○ 축제 전문 기획사(기장군 관내업체)를 선정하여 행사 진행에 만전을 기하고자 행사제안서를 공모를 하여 '(주)0오'를 선정하였지만 다시 하도급으로 기존에 하던 업체인 '주)0인'의 업체에 넘겨서 운영함으로서 주위 업체로부터 좋은 평가를 기대하기 어려움이 있음

행사장 주차장으로 내려오는 길에 작고 위험하게 설치된 철사다리

○ 일부 부대행사는 부실한 진행과 우천으로 관람객들의 호응이 적었고 행사 프로그램 운영에 대한 관심을 끌지 못하는 등 무질서한 느낌도 들었음

○ 축제기간 중에 우천으로 관광객이 62만정도 내방하여 나름대로 성과를 거뒀다고 보나 멸치가 남해멸치를 많이 알고 있는데 기장멸치에 대한 홍보가 필요하다고 봄

▷ 개선할 점(발전성 포함)

○ 운영에 대한 부족한 점에서 지적된 폐수처리 시설 설치와 관련된 기장멸치 축제 운영부스 입점업체의 오수 무단방류(다만 찌꺼기는 마대에 분리하고 있었음)와 부스참여자의 오수에 대한 경각심이 없어 환경보호에 대한 사전 교육이 필요

○ 기장멸치축제조직위에서 운영부스의 1부스당 1백만원 등(부스 임대료는 차등화 되어 있었음)임대료를 징수하였고 이에 대한 전기세, 수도세 등 사용 내역의 투명화가 필요하다고 보임

○ 축제장이 구조상 길게 자리하여 축제의 응집력이나 폭발력 찾아보기 어려웠음

○ 멸치의 식품적 가치를 홍보할 수 있는 다양한 프로그램을 개발하여 운영하는 것이 필요하고 다양한 지역 연계 상품을 개발하고 지역적, 수산적 특수성을 감안하여 축제의 사전에 지역주민이 일부 참여하는 프로그램 개발이 필요해 보임

○ 축제의 성과

▷ 잘된 점

○ 축제의 컨셉, 시기 및 장소 등과 이에 관련된 여러 환경들이 국내외 방문객들의 적극적인 참여를 유도하고 기장의 특화된 이미지에 대한 홍보를 극대화할 수 있는 축제로 발전할 가능성이 있음

○ 지역주민의 자원봉사나 축제 참가 등과 같은 축제 참여도가 높은 편임

○ 특히 바다 관련 행사에도 지역주민의 적극적이고 높은 관심과 참여

○ 다른 지역의 축제보다 기장 대변항은 천혜의 환경과 지역주민의 참여 열의로으로 축제의 발전성 매우 높아 관광객 유발 효과가 기대됨

▷ 부족한 점

○ 기장멸치 축제의 홍보도 중요하지만 기장의 붕장어 축제와 기장미역축제 등도 유기적 홍보부족

○ 기장멸치 축제는 가족단위의 관광객의 방문이 많은 편으로 보이는데 어린이들을 위한 프로그램이 부족하였다고 보임

○ 기장뿐만 아니라 부산 관련 기념품 코너(부스)가 운영된다면 어린이에게는 교육자료가 되고 외국관광객에게 좋은 부산홍보에 도움이 될 것으로 봄

▷ 개선할 점(발전성 포함)

○ 국내외 방문객을 고려하면서 시민이 함께 하는 부산의 대표 축제행사로 거듭나기 위해 연계 해양관광 프로그램을 개발하고 홍보 수단을 더욱 강화할 필요가 있음

- 기획사 선정, 공모 기간 확대, 웹서버 홈페이지 매체 적극 활용, 파워 블로그와 같은 뉴미디어 매체 연계 시스템 구축 등을 다각적으로 활용하여 기장바다와 기장 특산품을 소재로 한 홍보를 확대할 필요가 있음
- 축제와 연계된 체류형 관광 상품(쇼핑, 음식, 숙박)의 개발이 필요함
- 행사장 내 외국인을 위한 다양한 안내책자 필요
- 바다환경에 더 세심한 관심이 필요함
- 외부 관광객들의 참여와 지출을 유도하기 위한 멸치축제 제품의 다양화, 축제 캐릭터개발 및 상품화와 같은 다양한 콘텐츠의 개발이 필요함

○ 기장군민의 연대감과 자긍심을 고양하고 축제의 애정을 높이기 위해서 기장문화원과 관내 문화•예술단체, 학교, 부녀자 동아리팀 등의 자발적 참여 프로그램 발굴로 지역민 참여도 확대가 요구됨

□ 전년도 대비 개선점

▷ 축제프로그램(콘텐츠), 축제운영 적절성, 성과 등

○ 행사장 주변 주·정차 계도와 무엇보다도 새로 정비한 주차장 확보 등으로 접근성·공간배치 등 행사장 환경 및 주차장·화장실 등 편의시설 구축으로 축제운영의 개선된 모습이 보임

○ 기장군의 축제는 붕장어축제, 미역축제, 멸치축제가 있는데 계절적, 장소적 사안을 고려하여 축제운영의 비용 예산 및 효율성과 응집력, 장기적 발전성을 위하여 일부 통합이 필요 해 보임

▷ 축제의 재정 자립도

○ 기장멸치 축제의 예산은 기장군에서 130,000천원(군비 130,000)전액 지원하는 것으로 중 · 장기적인 차원에서 협찬, 시비, 기타 등 더 많은 예산 지원에 무게를 둘 수 있음

○ 2011년에 일본의 대지진과 그에 따른 일본의 원자력발전소 참사로 방사능에 대한 우려로 기장멸치축제가 중단되어 올해 제14회 기장멸치축제로 거듭남에 따라 예산은 모두 기장군비로 충당함

○ 축제의 재정자립도를 장기적인 안목에서 접근하려면 스폰스십 유지와 기장 멸치 관련 기념배지, T샤스 기념품 등 개발과 판매가 필요해 보임

▷ 독립적 조직체

○ 독립적인 축제조직체 구성

- 기장군의 축제에 대한 지원이 적극적으로 이루어지고 있어 육성의지가 돋보임
- 예산과 행정지원 등 축제를 발전시키고자 하는 육성의지가 큼
- 제14회 기장멸치축제 추진위원회의 자치 조직체가 구성되어 축제운영에 원활함을 보임

3. 2012 기장붕장어 축제

□ 축 제 명	**2012 기장붕장어축제**
□ 축제기간	2012. 10. 13(토) ~ 10. 14(일) ⇨ 2일간
□ 평가기간	2012. 10. 13(토) ~ 10. 14(일) ⇨ 2일간
□ 개최장소	기장군 일광면 칠암항 일원
□ 주최/주관	기장붕장어축제추진위원회(위원장 : 박용주)
□ 축제등급	
□ 축제분류	① 전통역사 ② 문화관광 ③ 지역특산물 ④ 자연생태 ⑤ 기타

2012년 축제 평가 보고서

□ 축제 발전성(분야별로 구체적으로 지적하여 작성)

○ 축제 프로그램(콘텐츠), 특이성, 차별성 등

▷ 잘된 점

- 기장붕장어축제는 기장 특산물을 홍보하는 먹을거리 축제로 해운대와 기장지역의 대표적인 수산물인 붕장어라는 단일 어종을 중심으로 소박하고 다양한 프로그램으로 진행됨
- 기장붕장어 등 기장특산물에 대한 우수성 발굴 및 홍보 강화를 통해 브랜드화와 해양문화를 부산지역에서 특화할 수 있는 무대를 연출하고 기장의 수산물 소비를 촉진하고 시민, 어업인, 방문객의 화합 한마당을 마련함
- '큰 기장 넉넉한 기장 따뜻한 기장'이라는 슬로건을 걸고 붕장어 철을 맞아 기장 칠암항 지역 상인과 주민들이 중심이 되어 먹을거리 행사를 열어 기장을 홍보하고 붕장어의 대중화에 노력하는 모습이 엿보였고 타 지역에서 찾아 볼 수 없는 기장만의 축제장이 됨
- 산과 바다가 어우러진 천혜의 환경을 활용하여 경쟁력 있는 지역 특산물을 널리 알릴 수 있는 기회가 되었고 축제행사, 홍보행사, 체험행사를 동시에 개최하여 지역 먹거리 축제의 차별화된 이미지 확립함

- ‘만원의 행복’과 ‘붕장어추어탕+공기밥 3000원’ 등으로 저렴한 가격으로 부담 없이 붕장어를 맛 볼 수 있게 제공하고 있음

부담없이 붕장어 맛 볼 수 있는 부스

▷ 부족한 점

- 기장 칠암항의 주변의 넓고 좋은 장소가 있음에도 불구하고 사전에 준비성이 부족하여 축제장의 공간 활용이 미흡하였다고 볼 수 있었음
- 축제의 전체적인 내용이 지방방송사의 프로그램 운영으로 허접한 종합선물세트와 같은 컨텐츠로 차별성이 보이지 않고 여느 축제나 마찬가지의 축제장으로 보였음
- 붕장어 관련 자체 상품과 연계된 상품이 없었고 캐릭터의 상품과 붕장어관련 관광시설물도 보이지 않아 아쉬움이 남았음
- 가족과 어린이에게도 맞는 프로그램 개발이 필요하다고 보임

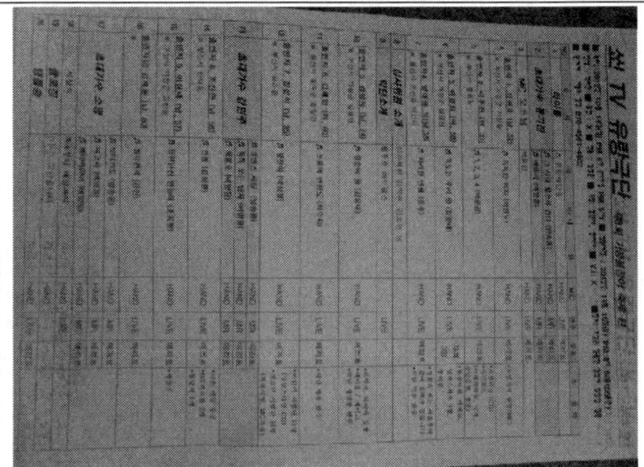

주인없이 비어 있는 부스	방송사의 녹화 스케줄

▷ 개선할 점(발전성 포함)

- 기장의 붕장어 관련 축제에 걸 맞는 지역적 특색이 묻어나고 붕장어의 먹거리 관련 프로그램이 나와야 할 것으로 보임
- 기장군과 인근 해운대구 등과 연계된 관광상품화가 시급
- 대표프로그램(Killer Contents)의 완성을 위해 붕장어와 칠암리 및 연하리 관련 스토리텔링이 있어 깊이있는 기장 지역 축제로 거듭나야 한다고 보임

쓰레기가 어지럽게 자리하고 있다.

○ 축제 운영의 적절성

▷ 잘된 점

- 지역주민의 자발적인 자전거 등의 경품 협찬으로 기장 칠암 지역적 인심이 나타나 보기가 좋았음
- 축제장 진입로의 공사로 주변이 난해하였지만 대체적으로 안전관리 및 교통대책이나 칠암항 주변 및 신평·문동항 이용 1,500대 등으로 주차관리에 노력이 엿보였음

방문자의 즐거운 붕장어 먹거리	경품 자전거

▷ 부족한 점

- 축제의 운영자의 친절도가 떨어져 방문객이나 문의자가 혼선을 빚게 하여 방문객의 눈살을 펴지 못하게 하였음에 찬동이 감
- 축제 운영 장소를 칠암항 일부를 활용함으로써 관광객의 이동 동선이 좁고 혼잡함과 맥빠진 컨텐츠와 부족함이 여실히 드러나 보임

공간 활용을 적절히 하지 못함을 보여줌	방치된 쓰레기 더미

- 버스정류장이 근처에 없어 대중교통을 이용하여 행사장을 찾기가 불편함
- 축제 행사장 입구에 안내소가 설치되어 있지 않아 찾기 불편했으며, 설문조사나 안내에 대한 의지가 미숙하여 보임

▷ 개선할 점(발전성 포함)

- 몽골텐트가 운영본부3동 포함 42개동으로 운영하였으나 비어 있는 곳이 있었고 이에 따라 동선 할용에 자연스러움이 없어 약간의 문제가 보임
- 축제장 주변의 정리정돈이 되지 않아 청결정도 낮았음
- 기장 붕장어 축제 행사 규모에 비하여 방송사 개입으로 지역전문 행사업체의 고사 우려됨
- 기장붕장어 축제가 2011년에는 기장군 연하리에서 진행되었고 올해는 칠암에서 격년제로 진행하다가 보니 축제의 운영감각이 흐려보임
- 기장붕장어 축제의 안내 카다로그가 일찍이 동이 났는데, 그 이유는 카다로그 일부에 경품응모권이 들어 있어 한 사람이 많은 수의 카다로그를 챙겼고 지역주민이 어떤 경우에는 11장을 가지고 가는 바람에 진정으로 축제를 알려고 하는 방문자에게는 1장도 구할 수가 없었음

한 사람이 11장의 카다로그를 챙김(경품 응모권이 있음)

○ 축제의 성과

▷ 잘된 점

- 지역주민의 화합과 기장 칠암의 인지도를 높이고 주민과 화합하는 모습을 보여 줌으로써 더 발전된 기장을 보여주었음

주민화합의 장

▷ 부족한 점

- 관내 기관(원자력 발전소, 주민단체 등)에서 축제를 지원의 확대가 필요하고 지역주민의 참여도를 높일 필요가 있음
- 외국인도 행사에 참여하는 모습이 보이지 않아 안타까웠고 향후 많은 외국인들의 참여를 위한 노력을 찾아야 할 것으로 보임
- 관광객의 참여가 다소 미흡하여 지역경제를 활성화하는 큰 역할을 기대하기는 어려울 것 같음
- 적극적인 홍보를 위해 타 지역 관람객의 관람객 유치에 심혈을 기울여야 할 것으로 판단됨

▷ 개선할 점(발전성 포함)

- "큰기장, 넉넉한 기장, 따뜻한 기장"의 대표적 축제로 자리 매김한다고 되어 있지만 '기장'이라는 지명의 단순한 기장축제라면 몰라도 '붕장어축제'라는 단어에 맞는 슬로건이 아닌 듯 보임. 예컨대, '따뜻한' 보다는 붕장어의 상태나 맛에서도 찾아 낼 수 있어야 할 것임
- 붕장어에 대한 요리, 체험에 대한 세미나 및 연구의 필요성과 그에 따른 먹거리 상품과 특화된 관광 상품개발이 필요해 보임

□ 전년도 대비 개선점

▷ 축제프로그램(콘텐츠), 축제운영 적절성, 성과 등

- 기장지역의 대표적인 특산물인 붕장어를 홍보하고 판매하는 축제의 특성을 잘 살려가고 있어 붕장어를 중심으로 먹을거리 축제로서의 발전가능성은 있다고 볼 수 있음
- 붕장어를 테마로 한 전국 유일의 수산 문화축제로 자리함
- 붕장어를 활용한 다양한 체험행사로 산업과 문화를 결합시킨 특화된 산업문화축제 장을 제공함으로써 관람객들의 기대감과 만족도를 충족시켜 줌
- 체계적인 준비, 홍보로 시민들의 관심과 참여로 기장의 멸치, 미역, 붕장어 등 수산문화 축제로 명성을 높임

▷ 축제의 재정 자립도

- 기초단체의 예산 행정 지원 규모가 점진적 올리거나 기장지역에서의 멸치, 미역 및 붕장어가 분리된 축제를 일부 연계하여 실시해 예산의 효율화가 필요해 보임

▷ **독립적 조직체**

- 기장붕장어축제추진위원회(위원장 : 박용주)가 있지만 운영위원회 총무가 예산의 규모를 잘 몰라 전문성이 떨어져 보임
- 축제의 내용에 있어서도 축제추진위원회의 의지보다는 진행 방송사의 흐름에 편성되어 독립적 조직체의 역할이 약해 보임

4. 2012 제14회 달맞이 언덕 인문학축제

□ 축 제 명	2012 제14회 달맞이언덕인문학축제
□ 축제기간	2012년 10월 19일~2012년 10월 21일
□ 평가기간	2012년 10월 19일~2012년 10월 21일
□ 개최장소	해운대구 추리문학관2층
□ 주최/주관	해운대 포럼
□ 축제등급	
□ 축제분류	① 전통역사 ② 문화관광 ③ 지역특산물 ④ 자연생태 ⑤ 기타

2012년 축제 평가 보고서

□ 축제 발전성(분야별로 구체적으로 지적하여 작성)

○ 축제 프로그램(콘텐츠), 특이성, 차별성 등

▷ 잘된 점

- '인문학-지친 심신을 치유하다'라는 주제로 부산의 대표적인 관광지이자 해운대의 보배이고 천혜의 절경을 갖춘 자연환경과 추리문학관 및 화랑가의 문화예술 공간과 더불어 해월정 · 문탠로드 등 다양한 문화관광 콘텐츠를 가지고 인문학의 대세라는 현 시대의 정서를 대변하는 축제라고 볼 수 있었음
- 달맞이언덕인문학축제는 다른 축제와의 차별성 및 독특성과 국내 참여자의 적극적인 참여로 인하여 발전성이 높음
- 올해 진행된 내용으로 무용, 행위예술, 살풀이(치유) 공연, 영국문학, 러시아문학, 영상상영(장 · 단편), 문학치료, 재즈, 선비정신 등으로 축제의 내용이 다양하면서도 출연진의 질과 참여자의 수준이 높았고 분위기가 진지하였음
- 추리문학관 개관 이후 화랑, 카페 등 문화공간이 태어났는데 의미를 크게 둘 수 있다는 면에서 해운대의 문화적 자산이라고 볼 수 있음
- 해운대 지역의 문화예술계인사 및 각 분야의 전문가들을 중심으로 치러진 달맞이 언덕 인문학 축제는 지역의 문화예술진흥과 달맞이언덕의 문화예술 활성화와 해운대에 문화적 브랜드라는 문화이미지 구축

- 달맞이언덕인문학축제는 철학과 다양한 프로그램을 통하여 바쁘게 살아가는 현대 도시인들에게 축제의 주제처럼 '지친 심신을 치유하다'라는 것과 같은 정신건강에 큰 선물이 될 것임

▷ 부족한 점

- 달맞이언덕인문학축제는 다른 축제에 비하여 적은 예산과 축제 전문기획자의 부재와 축제의 특성에서 나타나는 다수의 즐김보다는 일부 지적욕구가 필요한 매니아 중심의 참여로 소규모 축제라는 한계성이 나타남
- 최근 점점 인문학의 바람은 일고 있지만 전국적이고 전체적인 대중의 관심을 모으는 것에는 인문학 축제의 한계가 있어 보임

▷ 개선할 점(발전성 포함)

- 부산 해운대 달맞이 언덕 지역 고유의 문화예술자원을 활용한 축제는 지역문화예술의 발굴보존, 독특하고 새로운 지역문화 창출, 또한 지역 내부적으로 지역주민들의 자발적인 참여를 유도하여 매니아와 지역주민뿐만 아니라 외래관광객들을 많이 유치함으로써 지역 이미지 개선이 필요함
- 달맞이언덕인문학축제에 대한 대중의 관심과 언론의 관심을 올릴 필요가 있고 새로운 변화가 요구됨
- 달맞이언덕인문학축제는 천혜의 달맞이언덕의 자연적 아름다움과 인문학이 연결된 스토리텔링을 발굴하여 진정한 자연과 인간의 연출 축제로 거듭나야 함

○ 축제 운영의 적절성

▷ 잘된 점

- 일반적인 축제에서 볼 수 있는 지나친 의전, 치사 등 저명인사(특히 국회의원)의 인사말이 없어 실질적 참여자를 국한하여 축제를 운영함이 잘된 부분으로 평가 됨
- 달맞이언덕인문학축제는 대중가수 등의 초청으로 지출되는 비용대비 인문학 강사 초빙으로 질 높은 축제라 할 수 있음

초빙교수의 강연모습

▷ 부족한 점

- '해운대카페'와 '해운대문화회관'에 홍보를 통하여 저예산에 비하여 홍보를 잘 하였지만 달맞이언덕인문학축제의 보다 적극적인 홍보를 위해 지금의 현수막 6막보다는 더 늘려야 하고 팜플렛 1500장 보다는 더 많아야 하고 다양한 매체를 통한 홍보전략 능력이 요구됨

축제 현수막

- 축제장의 알림 현수막의 부족과 지리적 공간의 접근성이 대중적이지 못하여 찾기가 쉽지 않았음

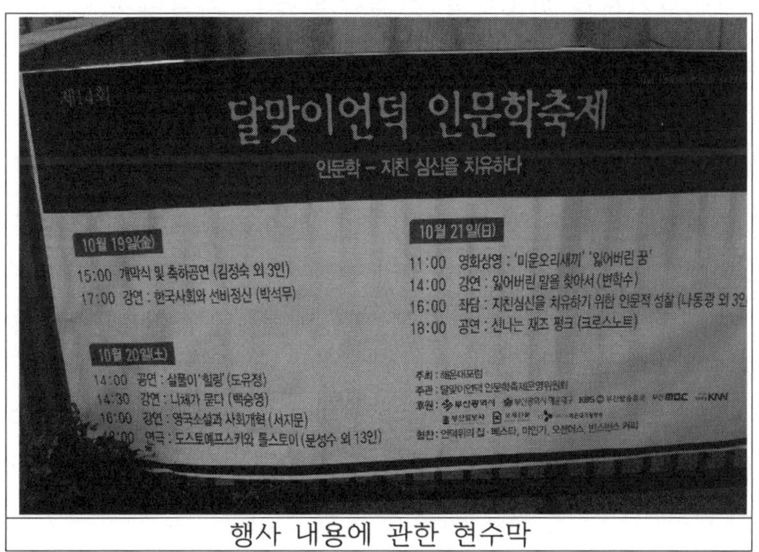

행사 내용에 관한 현수막

- 축제의 발전을 위해서 공적 기금(시비, 구비)등 수입재원의 다변화를 꾀해야 할 것임

▷ 개선할 점(발전성 포함)

- 축제 소재의 독특성 및 고유성은 지역축제 핵심성공요인 중 가장 기본적인 요소임을 고려 할 때 장•단기적 계획에 따른 축제를 준비가 요구됨
- 이에 따라 장기적으로 참여자로 철학자 후꾸야마나, 건축가 안도 다다오 등의 근거리 외국 저명인사의 초빙이나 모델축제로 일본도교의 '간다' 고서점 축제, 뉴욕의 책 축제(작가와 대화), 새로운 시도로 '아시아(중국, 일본 등)문학 대회' 등을 염두 해 볼 필요가 있음
- 해운대 지역축제들의 공동 홍보를 위한 축제 간 연계체계 구축이 필요
- 축제 리플렛간 연계하여 공동 홍보 및 지역축제 소개를 위한 지역 언론의 협조
- 해운대 달맞이 언덕 브랜드화 하기 위해서는 달맞이언덕 고유성의 스토리텔링을 통한 콘텐츠 개 발이 준비되어야 인문학 축제에도 특성화의 지름길이라 봄

○ 축제의 성과

▷ 잘된 점

- 인문학뿐만 아니라 행위예술, 살풀이, 영화(에니메이션), 음악(성악), 무용, 연극 등의 다양한 공연과 문텐로드 걷기을 통한 문화체험의 장을 제공함으로써

관람객들의 호기심과 만족도를 충족시켜 주는 가을의 달맞이 언덕 인문학 축제는 성공적으로 개최되었음

▷ 부족한 점

- 달맞이 언덕인문학축제는 천혜의 자연 경관의 장소이고 국내외 각지에서 찾아오는 방문객으로 많은 관심 유발지역이지만, 달맞이 언덕 중 극히 일부에 국한된 축제장소라는 것이 장기적 차원에서 '언덕'이라는 전체영역의 확대접근의 시각이 필요하다고 봄
- 달맞이 언덕 도로나 정상 주변까지의 방문자는 많으나 접근성이 떨어지는 외진 곳(?)에서의 축제와 저예산 축제로 축제 관련 기념품이 전혀 없어 보임

▷ 개선할 점(발전성 포함)

- 달맞이 언덕축제 행사장의 비효율적 공간적 한계를 타파하기 위해 축제공간의 영역을 확대 할 필요가 있음
- 현재 운영되는 장소적 접근함에 있어서 축제기간 동안이라도 '알랙산더'라는 업소에서부터 '추리문학관'까지의 거리에 기념품이나 홍보부스 등을 운영하여 축제의 장소 상기에 노력이 필요
- 달맞이 언덕축제는 '보수동책방골목문화행사'와 축제의 성격은 달라도 홍보나 행사일정 등을 연계하는 방안도 고려해 볼 필요가 있고
- 축제의 규모가 크지 않기 때문에 인근 해운대구 축제와 연계함을 고려할 필요가 있음

□ 전년도 대비 개선점

▷ 축제프로그램(콘텐츠), 축제운영 적절성, 성과 등

- 해월정 옆에는 토요일과 일요일에 운영되는 공예인들의 장터부스가 운영되어 있었고 현수막도 있었지만 정작 행사장을 안내하는 표식 간판이나 현수막은 찾아볼 수가 없었고 행사장 관련한 어떤 안내도 이루어지지 않는 점은 개선이 필요함
- 축제공간과 주변 환경과 적절히 조화와 공간의 축제장소의 영역이 확대되도록 주변 지역 상가와 지역주민의 협조가 필요해 보임
- 관객들의 공간적 접근성을 높이기 위한 자원봉사팀 운영의 확대가 필요

해월정 옆 토·일요일 공예가들의 운영부스

▷ 축제의 재정 자립도

- 예산의 다변화 방안으로 제14회 달맞이언덕인문학축제는 협찬금을 600만원을 확보하는 등 회원들의 노력이 돋보임
- 장기적이고 안정적 예산 확보 노력 필요

▷ 독립적 조직체

- 제14회 달맞이언덕인문학축제는 사무국의 유기적인 역할분담과 지속적인 논의를 통해 13명의 해운대포럼회원이 품앗이로 운영하여 대규모 축제에 비하여 단출하지만 내실(內實) 있고 매끄럽게 운영되었다고 평가할 수 있음

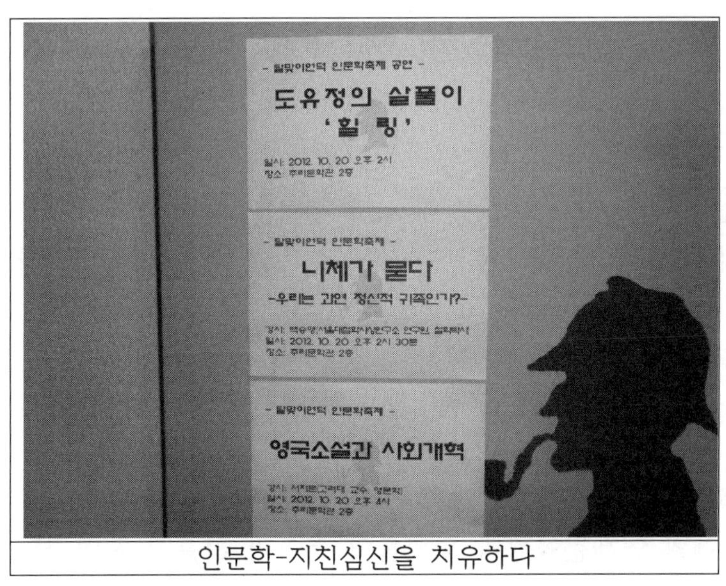

인문학-지친심신을 치유하다

제2장. 2013년 축제

1. 2013 연제한마당 축제

□ 축 제 명	2013. 연제한마당 축제
□ 축제기간	2013. 4. 5(금) ~ 4. 7(일), 3일간
□ 평가기간	2013. 4. 6(토) ~ 4. 7(일), 2일간
□ 개최장소	온천천 시민공원 및 배산일원
□ 주최/주관	연제문화원·부산광역시 연제구
□ 축제등급	
□ 축제분류	① 전통역사 ② 문화관광 ③ 지역특산물 ④ 자연생태 ⑤ 기타

2013년 지역축제 평가 보고서

□ 축제 발전성(분야별로 구체적으로 지적하여 작성)

○ 축제 프로그램(콘텐츠), 특이성, 차별성 등

▷ 잘된 점

- "함께하는 행복, 꿈의 축제 연제"의 주제로 2013년 연제 한마당축제는 전통과 현대문화 축제의 조화로 봄의 축제로 자리를 잡았다는 평가가 가능함에 무게를 두고 싶다. 열림마당과 문화마당의 배산성지 우물터에서 채수식을 거행함에 이어 온천천에 합수식, 점등식, 길놀이, 동별 노인대항 윷놀이, 한소리 풍물단, 마당극(배비장전)은 전통 · 민속에 근간을 둔 연제축제의 좋은 소재이고 팝페라, 성악, 바이올린, 어린이연주단은 현대의 문화에 근간에 둔 축제소제로 흥미와 신선함과 풍성함에 무게가 간다.
- 어울마당에의 연제문화원의 회원들의 동아리 활동이 지역주민의 참여도를 높이는 동아리회원의 일상에서 색다른 자기 뽐내기 내지 자기개발의 기회를 가지는 계기가 된 것은 지역축제의 장점이자 또 다른 축제 소제발굴이 되었다

는 점에서 축제의 다양성 측면과 지역주민 참여가 돋보였다는 평가가 가능하다

- 현대의 시민들은 특히 어린이들에게 현대놀이나 게임은 잘하지만 우리고유의 것인 널뛰기, 투호놀이, 윷놀이, 제기차기 등 전통민속놀이를 체험하게 함으로서 우리민속놀이 문화를 고취시키는 장(場)이 되었고 비록 학생그림그리기이지만 부모 등 가족과 함께한 그림그리기라 주변에서 보는 모습도 연제 '한마당' 축제라는 것을 실감케 하였다.

가족의 그림그리기

- 소망등과 평생학습 등 일부 프로그램이 구민 참여형의 축제이고 오감체험형의 축제로 다양하고 풍성한 행사로 구성되었다는 점

▷ 부족한 점

- 처음 방문자는 주차장 찾기가 쉽지 않아 보여 이 부분에 대한 좀 더 깊이 있는 대책이 요구됨
- 축제 프로그램 중 '평양예술단' 공연이 축제방문객의 호응은 좋으나 작년의 소속사와 출연진과 내용이 같아서 아쉬움이 남았다. 다른 유사한 북한출신의 예술단이 참가하면 더 빛나는 축제가 되지 않을까?

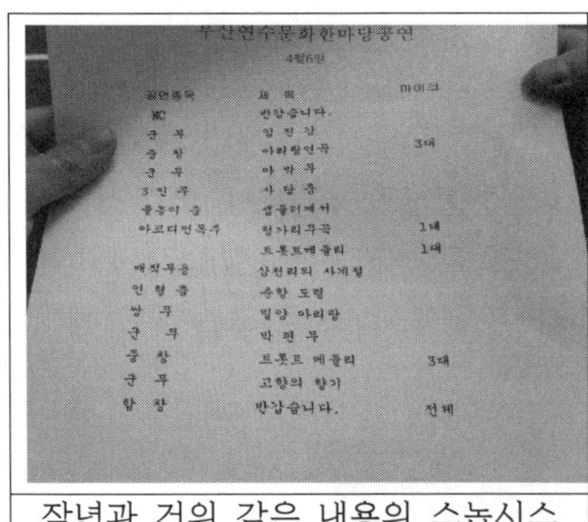

부산연수문화한마당공연

4월6일

공연종목	제목	마이크
MC	반갑습니다.	
군무	[illegible]	
중창	아리랑연곡	3대
군무	[illegible]	
3인무	[illegible]	
물동이 춤	샘물터에서	
아코디언독주	[illegible]	1대
	트롯트메들리	1대
[illegible]	삼천리의 사계절	
인형춤	[illegible]	
쌍무	밀양 아리랑	
군무	[illegible]	
중창	트롯트 메들리	3대
군무	고향의 향기	
합창	반갑습니다.	전체

작년과 거의 같은 내용의 스놉시스

'평양예술단' 공연

- 부산광역시 연제구만의 정체성을 마련하는 토대의 축제가 되기 위한 연제의 스토리텔링이 될 역사와 민속을 연구할 필요가 있어 보임
- 어느 축제나 있을법한 종합상품박스 같은 축제를 벗어나기 위한 부산광역시 연제구의 먹거리나 특산품이 개발되어야 할 것임

▷ 개선할 점(발전성 포함)

- 축제장소의 협소로 동래구와 연계하는 방안을 검토 요망
- 온천천에서 축제를 한다는 것은 온천천 자체에도 축제에 관련된 아이디어를 발굴할 필요가 있고 이에 따라 온천천 수상을 활용하는 대책이 필요해 보임
- 온천천을 활용한다면 온천천에 민물고기(가제)와 모기퇴치용 미꾸라지 등 물고기(연어 등)방생 프로그램도 검토 할 필요가 있음
- 온천천 정화 작업이나 물고기 살펴보기, 물고기 종류별 사진 찍기 등도 시민과 함께해 봄으로서 도심한복판이면서도 내 주변에 환경이 깨끗하다는 뜻의 살아있는 온천천을 담아내는 축제가 됨은 시민의 흥미를 더욱 유발하는 축제로 거듭날 것임

○ 축제 운영의 적절성

▷ 잘된 점

- 쓰레기 버리는 휴지통을 별도로 설치하였고 특히, 입점부스 운영자의 설거지 오수를 분리하여 환경에도 많은 관심을 높여 축제의 환경이 좋아졌다는 것을 알 수 있었고 운영자의 세세한 노력이 돋보임
- 축제를 통한 도심의 봄문화의 관광자원화로 지역경제 유발효과 마련
- 도심한복판이라는 장소적 위치로 시민의 자연스럽게 접근이 용이하고 온천천 주변에 새싹이 돋아나고 꽃피는 봄이라는 시기가 좋음

분리 수거가 가능한 휴지통

- 행사의 전반적인 운영에 필요한 유관기관과 주체측의 노력과 지대한 관심으로 안전관리, 교통대책, 행사장 관리, 주차관리, 부스배정 등 축제의 운영의 묘를 살림

▷ 부족한 점

- 축제장 내에 축제운영자의 미흡한 통제로 자전거가 길을 가로 막고 있는데도 누구한사람 제지 또는 자전거주차장에 내보내지 않아 아쉬움으로 남는 부분
- 늘 한 곳에 서 있는 장승마냥 행사진행 부스에만 있는 요원 외에도 행사 진행 중에 안전 등 행사장의 전반적인 관리 요원이 필요해 보임

자전거가 장내에서 무질서하게 버티고 있는 모습

- 올해도 축제조직위에 사전허가 없이 축제장 주변에 무단 입점한 장터운영자가 보여, 먹거리 장터 운영에 철저한 준비와 노점상 사전통제로 시민불편을 줄일 방안이 필요해 보임

노점상의 철저한 관리가 필요(무단 입점)

▷ 개선할 점(발전성 포함)

- 축제의 동선과 온천천 자체의 관객석을 고려한다면 비용과 환경에 영향을 최소화하는 선에서 메인무대를 수상위에 설치하는 방안 검토 필요
- 올해도 축제조직위에 사전허가 없이 축제장 주변에 무단 점유한 장터운영자가 보여, 먹거리 장터 운영에 철저한 준비와 노점상 사전통제로 시민불편을 줄일 방안이 필요해 보임
- 도심한복판에 열리는 축제로써 다른 축제에 비하여 홍보에 덜 고민하는 것 같은 인상을 줌
- 추후(2014년) 축제에는 축제장 인근에 새로운 아파트가 입주의 예상으로 민원 발생의 소지가 있어 사전에 대책마련 필요

○ 축제의 성과

▷ 잘된 점

- 연제축제의 배산성지 우물터에서 채수식에 이어 합수식은 통과의례이고 축제의 원초적인 것이다. 요즈음 축제에 있어서 놀이와 체험은 다양하고 흥미위주이다. 문제는 축제의 기본인 의식이 없다는 점에서 연제축제는 도시민에게 신선한 축제의 시작 줄거리를 전달하는 의미로 자리매김하고 있고 시민의 의식을 높이는 좋은 축제임
- 축제장 주변의 환경이 좋아졌다는 것은 온천천 둑이나 수변 주변에 꽃밭 단장 등 많은 노력이 돋보임

▷ 부족한 점

- 연제구만의 축제가 아니라 부산전체, 나아가 전국적인 축제를 위한 홍보와 방안마련 필요
- 주변 관광지와 연계된 홍보방안 마련

▷ 개선할 점(발전성 포함)

- 온천천은 평일이나 주말이나 관계없이 시민이 많이 찾는 곳인 만큼 상시적인 홍보물에 대하여 관심을 가져야 할 것임
- 연제구의 정체성은 전문가만 찾는 것이 아니라 지역의 어르신도 많은 정보를 알고 있는 분도 있을 수 있기에 평소에도 연제구의 스토리텔링을 위한 자료 수집이 필요해 보임
- 해마다 하였던 비슷한 내용으로 진행된 프로그램은 관객에게 식상함을 안겨 줌

□ 전년도 대비 개선점

▷ 축제프로그램(콘텐츠), 축제운영 적절성, 성과 등

- 축제장내에 방송차량 등은 한 곳에 주차되어 있었지만 일부차량과 자전거 등은 주차질서가 필요해 보임
- 오수처리와 이동식 화장실, 주변정비, 온천천 수질이 전년에 비하여 나아짐

축제장 내의 멋대로 주차된 차량

- 축제의 보다 안정적인 운영을 위하여 자원봉사자를 더 많이 참여하는 방안 마련이 필요하다고 봄

▷ 축제의 재정 자립도

- 소망등과 같은 지역주민 참여 형태로 온천천에 민물고기(가제)와 모기퇴치용 미꾸라지 등 물고기(연어 등)방생 프로그램으로 지역주민 참여와 지역 기업 유치로 재정자립의 새로운 모델 발굴 필요
- 관광욕구의 증가와 관광수요 증가로 많이 찾는 축제의 전문성 확보와 전국적인 축제로 거듭나기 위한 지금 수준보다 나은 재정이 필요해 보임

▷ 독립적 조직체

- 축제의 원활한 준비와 전국적인 잔치로의 도약을 위해 독립된 축제조직사무국이 필요해 보임
- 독립된 사무국의 운영으로 축제에 사용될 다양한 지역 특산물의 개발과 경품 확보 필요
- 축제 준비기간의 연장과 축제장 전체적인 관리 인력 보강이 요구됨

2. 광안리 어방축제

□ 축 제 명	제13회 광안리 어방축제
□ 축제기간	2013년 4월 26일~ 4월 28일(3일)
□ 평가기간	2013년 4월 26일~ 4월 28일(3일)
□ 개최장소	광안리 해수욕장 일원
□ 주최/주관	수영구/수영구축체추진위원회
□ 축제등급	
□ 축제분류	① 전통역사 ② 문화관광 ③ 지역특산물 ④ 자연생태 ⑤ 기타

2013년 지역축제 평가 보고서

□ 축제 발전성(분야별로 구체적으로 지적하여 작성)

○ 축제 프로그램(콘텐츠), 특이성, 차별성 등

▷ 잘된 점

- 진두어화(어화둥둥!)가 돋보이는 해양문화관련 Killer Contents의 대표적 축제로 자리함
- 많은 방문객이 찾는 광안리해변에서의 어방그물 끌기(다함께 어기영차!)도 다른 축제에서 볼 수 없는 소재의 차별성이 부각되는 축제였음

어방그물 끌기

- 경상좌수영성 수군교대식의 재연의 완숙미는 부족하지만 축제로서의 자리잡아가고 있다는 것에 동조가 감
- 수영민속 공연은 수영지역과 연계된 점에서 더욱 더 내용이 특별하여 보임
- 축제의 내용이 축제와 관련된 아이템으로 채워져 전체적으로 보기가 좋았음
- 어촌의 민속용구의 전시로 의외로 관심을 가지는 관광객이 많아 보여 신선함이 담겨 있었음
- 축제의 다양성은 국내의 가족뿐만 아니라 외국인도 참여 할 수 있었던 우리문화의 우수성과 다양성을 엿볼 수 있었음

▷ 부족한 점

- 축제장 전체의 동선이 너무 떨어져 있어서 축제의 집중(몰입)화 및 호응의 극대화에 의문이 감
- 축제장소가 백사장임을 감안하여 무대설치나 철수에 애로사항(차량 진입에 어려움에 대한 민원)에 관계자는 관심을 가져야 할 것임
- 광안리어방축제의 수군교대식에 있어서 의상이나 소품관리가 연중 체계적으로 관리가 안 되어 보이고 행사 때에만 임시방편으로 치장을 하는 느낌이 듬
- 낮 시간대에 체험거리 부족하여 관광객의 체류시간이 짧아 보임
- 축제의 성공을 위해서는 수군교대자의 일부라도 지속성 있게 담당자(전년도 아르바이트생이라도 다행일 것)를 두어야 함에도 수군의 교대의 취지나 의미와 사명에 대하여 전혀 모르는 대학생의 1회성 아르바이트를 채용하여 수군교대식의 의미가 퇴색되어 보임

▷ 개선할 점(발전성 포함)

- ‘광안리 어방축제’를 ‘광안리 어방찬지’로 변경하여야 할 것임
- 축제라는 용어는 일본에서 온 말로 귀신의 제(祭)와 관련이 있고 우리나라의 좋은 글인 ‘잔치’로 함이 고려 사항일 것임
- 낮 시간대에 방문객 체류시간 확보를 위해 다양한 체험프로그램 개발 필요해 보임
- 외국인을 위한 홍보물에 관심을 가져야 할 것임

○ 축제 운영의 적절성

▷ 잘된 점

- 어방그물 끌기의 지휘소가 외형적으로 소품장치가 잘 되었다고 봄

- 어방그물끌기는 지역주민뿐만 아니라 많은 사람들이 참여 할 수 있는 프로그램으로 규모적으로 돋보임
- 광안리어방축제 운영의 적절성의 독보적인 부분은 잘 짜여 진 내용에 그것에 맞는 무대소품을 준비라고 할 수 있었고 특히 다른 축제장에서 볼 수 없는 것이 다양하게 준비된 점에 돋보임

어촌의 가옥의 전경을 잘 보여주는 노력이 엿보임	주막으로 잘 꾸며진 초가

▷ 부족한 점

- 짚으로 물고기 엮기(비싼 조기는 아니더라도 가격이 저렴한 고기를 대상으로 짚으로 엮음)도 해 볼 수 있는 아이템
- 인기 프로그램은 대기자가 있어 대기자 관리가 필요함
- 광안리 주변 상가와 축제장의 먹거리 장터 운영부스에서 나오는 먹거리 메뉴가 차별성 없어 보임

▷ 개선할 점(발전성 포함)

- 축제운영 시간이 타 축제에 비하여 장시간으로 보이며, 시작시간을 늦추는 방안과 콘텐츠별 시간을 정하는 등 모든 부스운영자가 아침부터 저녁 늦게까지 부스운영을 할 필요는 없어 보이며, 탄력적으로 운영하는 묘를 살려 부스운영자의 민원에 관심을 두어야 할 것임
- 행사기간 중에 축제장이 광활한 광안리 해변 전 구역을 테마별 공간으로 나누어 부스를 운영하다 보니 상시적인 청결상태가 제대로 유지되지 못하여 관광객의 미간을 흐리게 함

정리되지 않은 축제해변

- 세계적인 축제로 발돋움하기 위하여 신문, 방송 등의 언론 홍보에 관심을 가질 필요가 있음

○ 축제의 성과

▷ 잘된 점

- 광안리 어방축제를 위하여 5개의 기관과 20여개의 단체가 참여로 주최측 뿐만 아니라 주위에서도 많은 관심을 가지고 있다는 것은 축제의 크나큰 성과로 보임
- 광안리 어방축제의 기본적인 특징은 크게 보면 전통보다는 민속적인 요소가 강하다는 정체성을 잘 파악하여 전체적인 내용과 잘 어울려 많은 관광객의 이목을 받는 것으로 보임

▷ 부족한 점

- 광안리 어방잔치는 테마별 공간의 이격거리가 넓어 제대로 된 안내나 주변정리가 필요한 자원봉사 활용이 요구됨
- 지역적인 특산품과 광안리 어방잔치의 제대로 된 캐릭터 개발이 필요해 보임

▷ 개선할 점(발전성 포함)

- 세계적인 축제로 거듭나기 위한 준비가 있어야 할 것임
- 광안리 어방잔치는 어느 정도 자료나 인력이 구성되어 있지만 체계적이고 지속적인 발전을 위하여 축제 전반적인 스토리텔링과 전문적인 자료나 전문인력 구축과 축제에 대한 연구가 필요해 보임

□ 전년도 대비 개선점

▷ 축제프로그램(콘텐츠), 축제운영 적절성, 성과 등

- 광안리 어방축제 참여 관광객에게 어촌 생활의 볼거리와 체험의 기회제공으로 색다른 문화 향유기회 제공

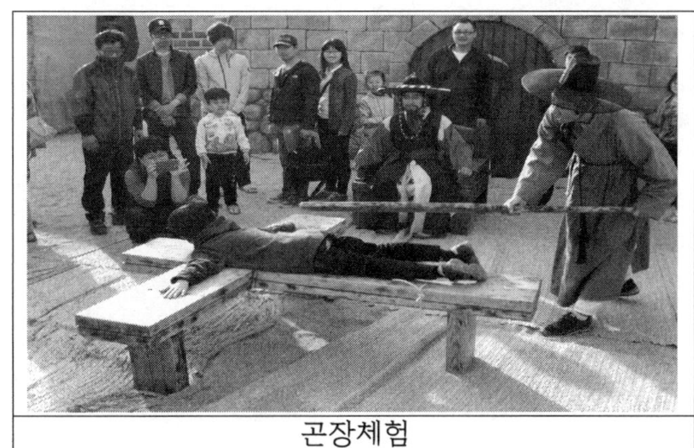

곤장체험

- 지역주민의 축제에 대한 긍지가 높은 편이고 참여도의 열의가 대단함은 있었으나 일부에서는 다른 의견이 있어 주최 측의 적극적인 홍보에 관심을 가져야 할 것임
- 소원등과 물고기(맨손으로 활어잡기) 잡기는 다른 지역에서 어류의 종류는 달라도 늘 곁들이는 기본 메뉴로 색다른 방법으로 진행하는 것에 검토가 요구됨

▷ 축제의 재정 자립도

- 축제사무국의 운영 일을 늘려 지금보다도 더 많은 기업의 협찬 유치와 전국적인 잔치로 거듭나기 위한 재정의 확보의 다변화(기업체)가 필요하다고 봄
- 전국적인 잔치로 도약하기 하여 수영구, 부산시(추후 문화관광부)의 예산의 반영에 관심을 가져야 할 것임

▷ 독립적 조직체

- 축제사무국의 전문적인 인력이 필요해 보임
- 전국적인 행사로의 도약에 관심을 두기 위하여 축제 사무국의 운용기간의 연장이 필요(4개월)

광안리 어방축제

3. 제17회 기장 멸치축제

□ 축 제 명	제17회 기장멸치축제
□ 축제기간	2013. 5. 2(목) ~ 5. 5(일) ⇨ 4일간
□ 평가기간	2013. 5. 4(토) ~ 5. 5(일) ⇨ 2일간
□ 개최장소	기장읍 대변항 일원
□ 주최/주관	기장군/기장멸치축제추진위원회(위원장 : 이한우)
□ 축제등급	
□ 축제분류	① 전통역사 ② 문화관광 ③ 지역특산물 ④ 자연생태 ⑤ 기타

2013년 지역축제 평가 보고서

□ 축제 발전성(분야별로 구체적으로 지적하여 작성)

○ **축제 프로그램(콘텐츠), 특이성, 차별성 등**

▷ **잘된 점**

- '通通 튀는 생생 멸치! 정 넘치는 기장으로~~'라는 슬로건을 목표로 제17회 기장멸치축제는 기장의 특산품인 신선한 봄 멸치를 중심으로 다양한 프로그램으로 시민의 관심을 유발시킴
- 신선함 그리고 맛과 멋으로 통하는 기장멸치축제는 기장 멸치의 우수성발굴과 시민들에게 홍보하는 장을 마련하였다는 점
- 기장의 멸치축제를 통하여 우리의 입맛에 맞는 특화된 상품의 개발로 이 지역의 멸치관련 상품을 진정한 소비를 진작시킴

멸치 관련 상품

- 기장을 산과 바다를 잇는 천혜의 자연환경을 널리 알리는데 큰 교두보가 되었음
- 가족단위의 참여를 높이기 위한 다양한 프로그램개발로 관람객의 설레임과 만족도를 자극시킴
- 기장멸치 축제가 지향하는 바가 뚜렷하게 나타남

▷ 부족한 점

- 전체적인 프로그램 내용이 작년의 내용 별 차이를 느낄 수 없어 관광객의 흥미유발에 세심한 노력이 필요해 보임
- KNN 유랑극단의 운영으로 방송국의 획일적 프로그램 진행이 기장멸치 축제의 독창성을 저해 요인으로 작용우려
- 멸치관련 마니아가 아닌 일반시민이 기장을 찾을 수 있는 다양한 관광상품과 홍보가 필요해 보임
- 기장멸치 다른 지역의 멸치보다 나은 점이나 특징에 대하여 연구와 적극적 홍보가 요구됨
- 식상한 프로그램 운영으로 많은 방문객이 행사장에 있지만 관객의 호기심이나 흥미유발에 고민이 필요해 보이는 메인무대가 보임

객석이 빈 메인 무대

▷ 개선할 점(발전성 포함)

- 천혜의 자연경관을 가지고 있는 기장은 축제의 제대로 된 프로그램과 적극적인 홍보를 지니고 있다면 무궁무진하게 발전가능성의 토대가 될 것임
- 외지에서 오는 관광객과 주민이 함께하는 프로그램이 시급해 보임
- 기장멸치의 캐릭터 개발과 멸치관련 상품이 진일보하게 개발되어야 할 것임 (일본 등에서 나오는 다양한 상품도 참고)

○ 축제 운영의 적절성

▷ 잘된 점

- 작년에 비하여 주차 관리가 잘 되어 소통이 원만하고 주변 환경도 아쉬움이 있으나 부스를 운영하는 이의 환경에 대한 사고가 진전된 모습이 역력하여 보임
- 기장멸치 털이체험이나 미역 채취 체험은 관광객 등이 색다른 체험의 참여가 가능하여 기장멸치 축제로서 돋보이는 프로그램이었음

주차관리가 잘 되어있어 보임

▷ 부족한 점

- 좋은 프로그램이 많이 있으나 지역주민의 적극적인 참여를 유도하기 위하여 프로그램의 다양화가 필요하고 특히 지역문화계의 인사 참여도 고려함이 좋을 듯함
- 작년에 비하여 환경에 대한 사고가 진일보 하였지만 아직도 일부부스운영자는 오수 등을 함부로 버리는 경우가 눈에 비쳐 더욱 더 계도되어야 할 것임

오수를 함부로 버리는 일부 부스

- 잘 된 축제는 기본적으로 방문객이 많아야 하고 그에 걸맞게 운영자도 제법 있어야 하는데 교통질서, 청소대책 등 행사전반 지원은 기본적으로 진행되었지만 자원봉사자 수를 늘려 적극적인 안내 서비스가 요구됨

자원봉사자가 부족해서인지 정리 안된 놀이장

▷ 개선할 점(발전성 포함)

- 올해의 기장 멸치축제 기간은 어린이날과 함께하고 있지만 어린이와 함께하는 프로그램이 없어 아쉬움이 남음
- 특히 기장멸치 축제는 어른들 위주의 프로그램으로 되어있어 어린이의 참여가 절실함에도 대형 에어바운스 놀이터 운영 외에는 어린이들이 직접 참여하는 프로그램이 없어 전국적인 축제로 가기 위해서도 지역 어린이 학교와 연계하여 어린이들의 참여가 요구됨

○ 축제의 성과

▷ 잘된 점

- 바가지요금 및 호객행위 근절 행정 지도 때문인지 특별한 바가지요금이 없었고 바닷바람을 안고 가족들과 함께한 이들의 포정과 입안이 즐거워 보임
- 멸치회 비빔밥 만들기와 멸치회 무료시식은 관광객에게 멸치회의 홍보할 수 있는 계기와 흥미유발에 주효하였음

▷ 부족한 점

- 해운대구나 인근 관광지와 연계된 체류형 관광소개가 필요해 보임
- 기장 멸치 축제는 바닷가라서 안전에 주의가 요망되고 있으나 부스 뒤편의 바다 쪽에는 돌발행동에 대한 안전요원이 보이지 않았고 편의시설이 부족해 보임

▷ 개선할 점(발전성 포함)

- 자원봉사자의 참여도를 높이는 방안이 강구되어야 할 것으로 보이며 참여 하더라도 적극적 참여와 봉사의식을 위한 사전계도 등을 위한 교육이 필요 해 보임
- 기장에 대하여는 기장 주민이 가장 잘 것으로 보여 주민의 기장멸치축제에 대한 아이디어를 행정기관에서 접수를 받거나 축제기간 만이라도 아이디어 접수를 받아서 차기 축제에 활용하는 방안이 요구됨
- 장기적인 지역경제에 유발 효과에 대한 세심한 고민이 필요해 보임

□ 전년도 대비 개선점

▷ 축제프로그램(콘텐츠), 축제운영 적절성, 성과 등

- 기장이 바닷가라는 특수성과 지역적인 천혜의 환경을 잘 살려 무대의 동선을 잘 살린 것으로 보임
- 축제 운영에 있어서 해당기관의 협조와 지원, 행사운영에 작년보다는 격이 높아졌다는 인상을 주었음

▷ 축제의 재정 자립도

- 기장멸치 축제가 장기적이고 안정적인 예산 확보를 위하여 상시는 아니더라도 전문가(외부인사 포함) 그룹을 조직하여 기장의 역사와 문화 등의 연구와 예산확보와 예산투입에 대한 전략적인 계획수립이 필요해 보임

▷ 독립적 조직체

- 기장멸치축제추진위원회는 있으나 기본적으로 늘상 있어왔던 위원들로 구성되어 축제의 발전을 위한 정신적 · 인적 혁신이 요구됨

4. 2013동백섬 문화관광축제

□ 축 제 명	2013동백섬문화관광축제
□ 축제기간	2013년 10월 18일
□ 평가기간	2013년 10월 18일
□ 개최장소	해운대 동백섬 정상
□ 주최/주관	해운대문화예술원 / 동백섬문화관광축제운영위원회
□ 축제등급	
□ 축제분류	① 전통역사 ② 문화관광 ③ 지역특산물 ④ 자연생태 ⑤ 기타

2013년 지역축제 평가 보고서

□ 축제 발전성(분야별로 구체적으로 지적하여 작성)

○ 축제 프로그램(콘텐츠), 특이성, 차별성 등

▷ 잘된 점

- 신라 천년의 역사 인물을 소재로 한 축제로서 타 지역과 차이점이 뚜렷하고 최치원 선생의 인물의 재조명이 필요한 콘텐츠
- 동백섬은 누리마루가 있고 누리마루 APEC하우스'는'온세상'(누리)과'정상'(마루)을 의미하는 뜻을 가진 장소를 가진 섬으로 축제를 개최한다는 것은 지역 문화관광의 발전에 매우 높은 시금석이 될 것으로 보임
- 제18회 최치원선생추념헌공다례제와 시와 차와 공연이 함께한 조촐하고 격이 있는 축제였음
- 시낭송회와 학춤과 가야금 연주는 축제와의 콘텐츠 조화를 이룸

▷ 부족한 점

- 주변의 달맞이 언덕 축제와 연계하거나 통합하는 것의 검토가 필요 할 것으로 보임

- '다례제'에 대한 조직 사무국의 논의 필요 해보임. 최치원 선생의 생은 신라시대이지만 다례가 신라시대 이전도이었지만 '제'에는 향(香)례, 다(茶)례, 주(酒)례도 있기 때문이고 또한 다례를 주로 사용한 시기는 조선시대의 삼금정치의 하나인 금주(禁酒)의 영향으로 제사상에는 술을 올릴 수 없게 되는 것에서 영향을 받았을 가능성이 있음에 차에 대한 축제 소재도 좋지만 융통성이 필요
- 차 중심의 축제에서 많은 시민이 참여 할 수 있는 다양한 프로그램이 요구됨
- 가야금연주도 좋았지만 경기민요나 남도민요(판소리) 등의 국악 관련 장르의 다양화가 필요

▷ 개선할 점(발전성 포함)

- 해운대는 부산 대표성을 가진 구이며 동백섬 또한 부산의 랜드마크가 있는 곳으로 축제로서 발전 가능성 매우 높은 문화콘텐츠의 축제로 지양할 필요가 엿보임
- 최치원 역사 인물에 대한 학문적 세미나와 축제발전에 관한 세미나가 필요해 보임

○ 축제 운영의 적절성

▷ 잘된 점

- 동백섬이라는 환경 및 지리적 조건이 매우 좋아 접근성과 주변의 주차여건과 잘 이루어짐
- 관람객의 안전관리 체계가 잘 이루어짐
- 운영위원의 절제되고 섬세한 진행이 돋보임

▷ 부족한 점

- 부산시의 좋은 문화상품이라고 할 수 있는 축제이지만 홍보부족으로 관광객이 제한되어 있음
- 제한된 운영위원들만의 해마다 있는 단순한 행사 정도에서 벗어나 축제의 깊은 취지와 개개인의 자긍심과 조직구성원의 사명감이 수반되어야 할 축제이고 현대 시대와 미래에 미치는 축제의 가치에 대한 고민이 요구됨

▷ 개선할 점(발전성 포함)

- 제례의식을 포함한 역사문화축제로서의 새로운 콘텐츠 개발이 필요해 보임

- 축제의 내용이 주로 정적인 프로그램이 위주로 운영되고 있지만 다양성과 관광객의 유발효과 차원에서 동적인 놀이 프로그램도 필요 해보임
- 축제의 취지나 목적에 대한 내용을 자라나는 어린이에게 좋은 교육적 가치로 활용하기 위해 지역학교와 연계한 프로그램 개발필요

○ 축제의 성과

▷ 잘된 점

- 우리나라의 전통문화에 대한 현대인과 어린이 그리고 외국인에게 알릴 수 있는 좋은 콘텐츠로 자리매김

▷ 부족한 점

- 축제일 1일이고 평일이라는 한계가 보임
- 현재 단계의 동백섬 축제 자체에서의 관광객의 지갑을 열만한 콘텐츠가 없고 누리마루나 주변지역의 상가에도 지역경제 파급에 효과는 미미 할 것임

▷ 개선할 점(발전성 포함)

- 부산의 상징물이 있는 누리마루와 수많은 사람들이 몰려오는 세계적인 관광명소 해운대의 동백섬에서의 축제는 성장가능성 매우 높고 축제 관계자 모두 축제발전에 대한 노력이 필요해 보임
- 축제 운영위원들뿐만 아니라 해운대를 찾는 일반 관광객들도 축제를 함께 할 수 있는 콘텐츠가 개발되어야 할 것임

□ 전년도 대비 개선점

▷ 축제프로그램(콘텐츠), 축제운영 적절성, 성과 등

- 두리차 한마당, 공연 한마당, 문화체험 한마당이 있지만 더 많은 관광객이 눈으로 보고 직접체험이 가능한 전통·민속놀이마당 등이 점진적으로 필요해 보임
- 축제기간만이라도 누리마루를 활용하여 외국인들이나 관광객에게 전통예절 관련프로그램이나 전통혼례 등의 프로그램이 어울릴 것

▷ 축제의 재정 자립도

- 예산의 한계도 있지만 사무국(운영위원)은 관광객 유발을 위한 축제 홍보와 기관과 주변의 기업 등의 협찬 창출에 대한 적극적인 노력이 필요
- 축제의 발전성과 영속성에 대하여 주변 축제와 통합에 대한 혁신적이고 전략적 사고의 대책도 요구

▷ 독립적 조직체

- 축제의 활성화를 위하여 독립적인 사무국이 필요해 보임
- 동백섬 축제는 일반 축제의 한 부분일 수도 있지만 전통역사문화, 지역적 중요성 등을 고려 할 때 축제의 내 외연을 확대를 고려차원에서 축제사무국과 관련단체, 관련기관 등에서 관심과 노력을 잊어서는 안 될 것임

5. 2013 제6회 부산고등어 축제

□ 축 제 명	2013. 제6회 부산고등어 축제
□ 축제기간	2013. 10. 25.(금)~10. 27.(일)〔3일간〕
□ 평가기간	2013년 10월 27일
□ 개최장소	송도해수욕장 및 부산공동어시장 일원
□ 주최/주관	서구,대형선망수협,(사)한국고등어협회/(사)부산서구문화원
□ 축제등급	
□ 축제분류	① 전통역사 ② 문화관광 ③ 지역특산물 ④ 자연생태 ⑤ 기타

2013년 지역축제 평가 보고서

□ 축제 발전성(분야별로 구체적으로 지적하여 작성)

○ 축제 프로그램(콘텐츠), 특이성, 차별성 등

▷ 잘된 점

- 고등어 축제가 대한민국의 제1호 공설 해수욕장인 송도해수욕장에서의 수산 축제를 연 것은 그 의미와 대표성의 토대를 마련함
- 수산관련 다른 축제와 차별화된 킬러 콘텐츠 발굴을 위한 노력이 엿보임
- 타 지역의 축제에 비하여 지역 또는 국내의 관련 수산 유망업체와 함께하는 참여형 수산축제라는 점이 돋보임
- 축제의 전체적인 맥락이 공식, 공연, 체험행사, 경연·전시, 특별, 부대행사 등 다양하게 전개되어 관광객을 유인하고 홍보적인 노력으로 연결되어 보임
- 개교가 얼마 안 된 남항대교 시민걷기 대회와 서구 옛 모습 사진전은 축제 방문객에게 특별한 참여이고 과거로의 회상(回想)이였다는 점에서 작은 신선함이었음
- 다문화음식체험을 통하여 고등어축제가 우리 주변에 살펴보아야 할 곳에 대한 작은 관심으로 보여 앞으로의 축제 참여의 기반으로 보임

▷ 부족한 점

- 송도 해수욕장 외 타 지역과의 체류형관광과 투어에 대한 연계성 있는 안내 책자 등이 미흡해 보임
- 수산인들이 주축이 된 축제라는 특성이 있지만 지역 학교와 어머니회 등의 참여인의 다양성 보이지 않음

▷ 개선할 점(발전성 포함)

- 참여자들 중 인기 연예인 좋지만 지역의 학교와 동우회도 참여 시켜 젊은 층의 관광객 유인할 콘텐츠를 마련 할 필요가 있어 보임
- 고등어 관련 특산품 개발에 더욱 체계적으로 진행되어야 할 것으로 보임
- 송도 해수욕장의 벤치의자들을 고등어 캐릭터 관련 의자를 만드는 등의 캐릭터 개발이 요구됨

○ 축제 운영의 적절성

▷ 잘된 점

- 수산관련 업체의 적극적인 참여로 Sea-Food의 이용고객이 많았고 거의 모든 부스마다 고등어구이 5천원 등의 가격이 일률적이고 비교적 착한 가격으로 바가지가 없었다는 점에서 운영의 적절성 담보됨

가격표

- 고등어 홍보관이 보기 좋았고 무엇보다 '방사능 안정검사 적합판정'이라는 메시지가 시민들의 수산물을 멀리 할 때 좋은 정보로 비쳐짐

▷ 부족한 점

- 전체 축제장의 메인무대 왼쪽(메인무대가 보기에 따라서는 해수욕장의 오른쪽으로 많이 치우쳐 있음)은 부스운영에 있어서 먹거리 위주로 배치하여 그야 말로 먹자 시장 같은 분위기라는 표현을 억제할 수 없는 동선

- 일부 부스 운영자의 사람들의 통행로에 연탄화덕을 놓아 안전에 위험[13)]하게 보이므로 이에 대한 자원봉사자나 진행자들의 주의가 요구됨

통행에 지장을 초래하는 연탄화덕과 오토바이

- 고등어 축제장으로 진입하는 해수욕장 입구에 존재감 없는 안내부스로 비쳐지고 있고 바로 진입되는 삼거리 건널목에는 관광객의 유동이 가장 많이 있었지만 교통질서 지원자가 전무하였음

혼잡하고 위험하지만 교통질서 지원이 없음

▷ 개선할 점(발전성 포함)

- 적극적이고 사명감을 가질 수 있는 자원봉사자나 진행관계자가 안내 및 축제 운영에 사실적인 맥을 짚어 진행(담당 공무원이나 기획사 포함)하는 열의가 있어야 하는 대책이 요구됨
- 고등어 뿐만 아니라 다른 지역의 수산관련(울진 대게, 무안세발낙지, 기장멸치, 울릉도 오징어 등) 홍보 판매부스로 서로 윈윈하는 홍보가 필요 해 보임

13) 일시적이지 않을까 하여 1시간 뒤에 다시 찾아보았지만 그냥 그대로였음

○ 축제의 성과

▷ 잘된 점

- 수산관련 축제로서 관련업계와 지역경제에 파급효과가 기대됨
- '송도해수욕장 100주년과 함께하는 정부 대표축제 기반조성'이라는 헤드라인 문구를 잘 활용한 것이 홍보적으로 돋보임
- 제1회 서구 해양스포츠대회 개최가 새로운 콘텐츠 등장으로 신선함

▷ 부족한 점

- 홍보에 더욱 적극적이지 못함은 외래관광객 유치에 전략이 부재하다는 결과로 나타남
- 전반적으로 콘텐츠가 잘 구성되었다는 인상을 주지만 '수산인 씨름'외에 외래관광객과 지역주민의 참가 및 체험의 기회가 있는 프로그램이 필요해 보임

▷ 개선할 점(발전성 포함)

- 장기적으로 고등어에 대한 부가가치를 높일 수 있는 브랜드화에 노력하여 관련 업계와 지역경제에 활성화와 관광객 유치로 이어지는 방안이 필요
- '고등어 요리 경연'이나 '고등어세미나'가 프로그램 중에서 색다른 시선으로 다가오는 것은 고등어를 먹자문화에서 탈피하여, 고등어 관련 다양한 상품개발에서의 진일보 될 성과나 미래 등에 대하여 축제장에서 선보일 필요가 있어야 할 것임

□ 전년도 대비 개선점

▷ 축제프로그램(콘텐츠), 축제운영 적절성, 성과 등

- 관람객의 안전에 대한 주의가 요구되는 것은 모래백사장에서 수많은 사람이 있는데 야구를 하다가 부상이 예상되었음에도 안전질서 지원자 없고
- 축제장 내의 일부지역에서는 쓰레기가 있을 곳에 있지 않고 무단투기 되어 있음에도 정리정돈의 지원자가 없었음
- 축제의 성과는 자원봉사자의 수와 사명감이 많은 부분을 차지 한다는 점에 사전 교육 등이 필요 해보임

▷ 축제의 재정 자립도

- 시비 15, 구비 47, 대형선망 50, 공동어시장 20, 기타 33 등 이 있지만 우리나라의 제1호 해수욕장인 송도의 브랜드와 고등어 및 고등어 축제의 명품화를 위해서는 재정 지원 확대가 요구됨
- 축제 사무국은 홍보와 협찬 및 재정확보를 위한 적극적 노력이 요구됨은 대한민국 제1호 해수욕장인 송도해수욕장에서 개최되는 자긍심을 발로로 축제의 전국화에 가능성을 염두에 두어야 할 것임

▷ 독립적 조직체

- 서구, 대형선망수협, (사)한국고등어협회 주최를 하고 (사)부산서구문화원이 주관을 하여 독립된 조직위가 없다는 점이 외부에 보았을 때 축제의 혼선과 한계로 보여 추후에 독립된 조직체 구성에 대한 내부적인 논의 필요해 보임

6. 2013 기장 붕장어축제

□ 축 제 명	2013 기장 붕장어축제
□ 축제기간	2013년 10월 26~27일(2일간)
□ 평가기간	2013년 10월 27일
□ 개최장소	기장군 연화리 바닷가 일원
□ 주최/주관	부산시, 기장군, 기장군의회 /기장군 수산과
□ 축제등급	
□ 축제분류	① 전통역사 ② 문화관광 ③ 지역특산물 ④ 자연생태 ⑤ 기타

2013년 지역축제 평가 보고서

□ 축제 발전성(분야별로 구체적으로 지적하여 작성)

○ 축제 프로그램(콘텐츠), 특이성, 차별성 등

▷ 잘된 점

- 천혜의 자연이 어우러진 기장 연화리 바닷가에서의 지역 붕장어와 특산물을 관광객에게 다른 지역과 차별되는 색다른 기장 수산상품과 먹거리 제공
- 기장 붕장어 축제를 통한 관광기장의 이미지 구축 및 기장지역주민의 화합의 장 마련
- 기장관련 특산품의 우수성을 발굴 및 홍보를 통하여 기장지역의 경제적 활성화 및 관광자원의 개발 효과 창출
- 기장붕장어 축제의 이미지와 행사별 특징적인 요소 등을 적절히 반영해 다채로운 기장의 시너지 효과 및 인프라 구축에 기여함

▷ 부족한 점

- 타 축제와 비교하여 장소가 협소하여 여러 콘텐츠를 살릴 수 없는 한계가 보임

- 붕장어를 이용한 소재 자체와 종합선물세터 같은 프로그램은 많으나 관광객에게 크게 부각시킬 수 있는 Killer Contents를 내 세우지 못함
- Knn의 '쇼 TV유랑극단'과 '품바 각설이'의 장시간 진행으로 붕장어 축제에 담아 낼 특성을 잡아 내지 못함

▷ 개선할 점(발전성 포함)

- 붕장어를 이용한 지역 특산품 개발과 붕장어 관련 캐릭터 개발이 필요해 보임
- 붕장어 미끈함의 비교 체험이나 볏짚 구워먹는 붕장어의 장점이나 볏짚에 구워먹는 체험 이벤트도 고려 해 볼 내용이라고 봄
- 외래 관광객을 위한 인근 해운대와 체류형 관광을 위한 관련 숙박업소와 축제기간에 제휴 등이 필요해 보임
- 맨손으로 붕장어 잡기 외에는 어린이 참여 및 체험 프로그램도 없었고 기장 관내의 학교와 함께하는 프로그램이 있어야 할 것으로 보임
- 가족이나 외국인과 어린이를 위한 민속놀이 체험장이라도 필요해 보임

○ 축제 운영의 적절성

▷ 잘된 점

- 많은 관광객이 유치되어 바다의 섬 '죽도'이지만 안전관리가 잘 되어 질서정연하게 축제를 잘 할 수 있었음
- 협소하지만 공간 배치가 돋보임
- 운영의 전문업체의 활용으로 행사진행이 원할함
- '방사능 NO 우리지역 생선 안전합니다!'의 현수막 문구가 많은 사람들이 일본 후꾸시마 핵발전소 파괴로 바닷물 오염과 물고기의 방사능 검출로 수산물을 기피하는 추세에 좋은 발상으로 보임

현수막 문구

▷ 부족한 점

- 자원 봉사자의 업무수행 능력 배양 할 필요가 있음
- 지역 주민의 참여도가 높지만 관광객을 대하는 태도가 호전적이지 못함
- 섬의 가에는 쓰레기가 남루하게 방치되어 있고 정리정돈이 제대로 이루어지지 않음

방치된 쓰레기

▷ 개선할 점(발전성 포함)

- 주자장이 부족하여 들어가는 입구에 약간 불편을 초래함
- 화장실이 확보되어 있지만 설치 장소에 고민이 필요

○ 축제의 성과

▷ 잘된 점

- 기장의 붕장어 축제를 통하여 지역주민의 화합과 많은 외래 관광객의 방문으로 지역 경제 효과가 있음
- 죽도의 섬이라는 천혜의 환경 자체가 많은 관광객의 뇌리에는 환상의 섬이라는 홍보효과를 지니고 있음

▷ 부족한 점

- 붕장어와 궁합이 맞는 다른 식품이나 기타 특산품을 곁들이는 방안을 축제사무국에서는 연구 필요
- 붕장어축제의 특성은 뚜렷이 나타나고 집중화도 이루어져 있지만 관광객의 조금만 모여도 수용이 어려운 상태로, 전체적인 축제장소의 협소로 외래 관광객을 유인과 수용할 많은 콘텐츠가 보이지 않음

▷ 개선할 점(발전성 포함)

- 일상적이고 타 축제에서 진행하는 내용의 프로그램은 한계가 보이며 기장, 죽도섬과 붕장어 등에 대한 새로운 스토리와 콘텐츠의 연구 개발에 노력이 필요해 보임
- 타 축제와 겹치는 관계로 축제가 없는 11월의 축제로 검토 해 볼 필요가 요구됨

□ 전년도 대비 개선점

▷ 축제프로그램(콘텐츠), 축제운영 적절성, 성과 등

- 붕장어 축제에 관해서는 바닷가의 어업종사자와 붕장어 관련 종사자의 하나된 화합이 필요
- 축제장과 주변의 업소 간에 가격과 메뉴, 주차 문제 등이 따로 노는 것보다는 사전에 축제에 동참을 위한 안내 등이 필요 해보임

▷ 축제의 재정 자립도

- 축제의 재정자립도나 규모적으로도 늘릴 필요가 있으며 이에 대한 관련 기관이나 단체에서 관심을 가질 필요가 있고 인근 지역의 원자력 발전소 등의 협력업체에 대한 관심 끌 소스를 제공해 주어야 지속적인 축제로 이끌어야 함

▷ 독립적 조직체

- 기장붕장어 축제추진위원회가 있으나 해마다 칠암항과 연하리와 2곳이 돌아가면서 붕장어 축제를 진행하고 있어 추진위원으로의 전문성이 요구됨
- 조직 사무국의 운영일이 지금의 기간보다 긴 일정이 요구되고 일부 사무국의 위원도 전문성이 필요

7. 제15회 해운대 달맞이 언덕축제

□ 축 제 명	제15회 해운대 달맞이언덕축제
□ 축제기간	2013년 9월 28일~2013년 9월 29일(2일간)
□ 평가기간	2013년 9월 28일~2013년 9월 29일(2일간)
□ 개최장소	어울마당, 해월정, 추리문학관 일원
□ 주최/주관	해운대포럼, 해운대구 중2동주민자치위원회
□ 축제등급	
□ 축제분류	① 전통역사 ② 문화관광 ③ 지역특산물 ④ 자연생태 ⑤ 기타

2013년 지역축제 평가 보고서

□ 축제 발전성(분야별로 구체적으로 지적하여 작성)

○ 축제 프로그램(콘텐츠), 특이성, 차별성 등

▷ 잘된 점

- ‘상생을 말하다’라는 주제로 부산의 대표적인 관광지이자 천혜의 절경을 갖춘 자연환경과 바다가 내려다보이는 아름다운 언덕의 어울마당, 해월정, 추리문학관에서 다양한 인문학 콘텐츠를 가지고 지역의 문화활성화와 지역주민의 달맞이언덕문화에 참여하는 축제였음
- 참여자의 수준이 높았고 분위기가 진지함은 물론 몇 년 전의 정서를 시골의 징검다리 건너가는 회상과 같이 현 시대와의 정서를 교감하는 축제라고 볼 수 있었음
- 어울마당의 공연자체의 분위기가 출연진의 이미지나 내용에 있어서도 축제연출자의 고민이 돋보였음
- 주제에 걸맞는 전문가들의 알찬 강의와 해운대 소년소녀들의 합창, 예술가들의 공연음악, 민요 · 타령, 클래식 · 대중음악, 해월정에서의 민속놀이 등은 많은 방문객에게 신선한 충격을 준 해운대 문화축제였음

- 다른 축제에서는 모방이 쉽지 않은 해운대 달맞이언덕에서만의 독특한 특징을 가진 축제였음

▷ 부족한 점

- 관객의 호응이 타 축제 비하여 일부 수동적임
- 오카리나, 색소폰 등의 일부 콘텐츠는 해마다 들어있어 식상하고 침체된 내용으로, 일부 인지도가 높고 친밀도가 있으면서 주제에 맞는 내용으로의 변화가 요구되고 있음
- 전체적인 진행에 자연스럽거나 부드러움이 엿보지 않고 어딘지 모르게 1% 부족해 보임

▷ 개선할 점(발전성 포함)

- 해운대달맞이언덕축제의 정체성을 찾는 노력이 필요해보임
- 이 정체성은 축제의 내용뿐만 아니라 장소적인 부분도 고려하여야 하는데 '해월정'은 우리나라의 동해와 남해의 기준점이다. 따라서 이에 대한 축제 속에 콘텐츠를 담아 낼 필요가 있어 보임
- 축제의 독특한 성격상 외부 관광객들의 적극적인 참여와 지출을 위한 관련 상품이나 소재가 부족해 보임
- 축제의 고유한 성격 때문에 많은 사람들에게 참여와 호응이 부족해 보여 대중의 참여 시스템 개발이 필요해 보임

○ 축제 운영의 적절성

▷ 잘된 점

- 관광객들로 하여금 편안한 휴식과 문화적 재충전을 선사
- 지역 고유의 특성과 축제의 품격을 살리는데 성공적임
- 타 축제와 규모나 예산에 비하여 지역주민의 참여나 주제와 관련 강사와 공연자의 엄선이 돋보임

▷ 부족한 점

- 홍보확대 방안이 절실한 것은 해운대에 살고 있는 사람도 주변에 가서도 신경을 곤두세우지 않으면 찾을 수 없을 정도이고 안내 표지판, 현수막, 에듀벌룬을 증가설치하면 나을 듯

- 축제 장소의 해월정과 추리문학관의 동선이 떨어져 있어 축제 분위기까지 떨어진 느낌으로 축제 지역 공간과의 자연스러운 연계 및 연결 방안이 필요해 보임
- 축제 장소의 이격으로 자원봉사자의 안내 절실히 요구됨

▷ 개선할 점(발전성 포함)

- 외지인이 더 많이 살고 있는 해운대는 주민화합과 치유의 인문학이란 주제에 걸맞는 강의 전문가들과 예술가들이 모두 상생하는 방안이 필요해 보임
- 여러 콘텐츠 중 Killer Contents를 새롭게 창출하여 축재의 대중성을 확대가 필요해 보임
- 축제지역 공간과의 자연스러운 연계 및 연결을 주변 주민의 참여와 협조를 구하고 축제기간 만이라도 작은 저작거리나 자원봉사자 안내가 필요

○ 축제의 성과

▷ 잘된 점

- 해운대는 해월정 주변지역은 경제, 사회, 문화, 교육의 정도가 높은 편으로 주민의 개별 성향도 각각이여서 지역주민의 참여를 기반으로 색다른 의미와 화합의 토대마련
- 지역의 어린이, 고등학생, 동우회와 전문가를 엄선하여 보기가 좋았음
- 2012년 제14회 작년의 축제 기간이 3일이였으나 2013년 제15회 축제는 2일로 단축되면서 다채로운 축제이면서도 수준 높고 품격과 마음에 필요한 알맹이들로 응집된 축제로 볼 수 있었음
- 투호놀이, 널뛰기, 제기차기는 관객도 참여할 수 있어 좋아 보임
- 해운데 지역의 문화예술계인사 뿐만 아니라 제15회 해운대 달맞이언덕축제가 원하는 전국적으로 각 분야의 전문가들을 중심으로 구성된 인적 출연진이 돋보임

▷ 부족한 점

- 관객이 참여할 수 있는 프로그램의 다양화가 필요해 보임
- 전체적으로 퀄리티가 높은 방향으로 진행되고 있다는 느낌이 있으나 콘텐츠에 전시나 체험 등 다양한 프로그램이 요구됨
- 축제의 특성상 지역 경제 유발효과는 미미할 것으로 보임

▷ 개선할 점(발전성 포함)

- 지역 주민과 학생의 참여가 좋았지만 지역 주민 외국인도 참여의 배려가 필요하고 관광객들이 지갑을 열수 있는 프로그램을 개발하여야 할 것임
- 더 많은 주민과 관광객이 함께 할 수 있는 프로그램 개발이 요구됨

□ 전년도 대비 개선점

▷ 축제프로그램(콘텐츠), 축제운영 적절성, 성과 등

- 프로그램의 구성이 장소적 공간이 분산되어 연결시키는 방안이 필요해 보임
- 해운대 해월정 주변은 국내인은 물론 외국인도 많이 찾는 곳으로 투호놀이, 널뛰기, 제기차기처럼 외국인이나 가족의 관광객도 참여할 수 있는 프로그램 필요

▷ 축제의 재정 자립도

- 기초단체의 예산과 행정의 지원 확대되어야 할 것임
- 축제 규모에 비하여 기업의 협찬이 많은 편이나 더욱 다변화와 규모확대를 위한 노력 필요

▷ 독립적 조직체

- 지역 기업의 협찬이 축제 규모에 비하여 많음은 참여가 많음이고 조직위의 노력이 엿보임
- 축제운영위원회는 있으나 준비기간이 짧고 전문 인력의 소수로 이에 대한 진지한 검토와 보완이 필요

8. 제7회 행복영도 희망의 빛 축제

□ 축 제 명	**제7회 행복영도 희망의 빛 축제** **(영도대교 복원 · 개통과 연계)**
□ 축제기간	2013. 11. 23(토) ~ 2014. 1. 5(일)/44일간
□ 평가기간	2013년 12월 15일~ 12월 16일(2일)
□ 개최장소	영도대교(영도경찰서앞)~대교로타리~구.전차종점~남항시장(농협앞)
□ 주최/주관	영도구/영도문화원, 남항시장 특성화시장 육성사업단
□ 축제등급	
□ 축제분류	① 전통역사 ② 문화관광 ③ 지역특산물 ④ 자연생태 ⑤ 기타

2013년 지역축제 평가 보고서

□ 축제 발전성(분야별로 구체적으로 지적하여 작성)

○ 축제 프로그램(콘텐츠), 특이성, 차별성 등

▷ 잘된 점

- 도개식 영도대교 복원개통과 연계한 역동적이고 화려한 불빛이 영도대교와 어우러져 보물섬 영도의 겨울대표 문화콘텐츠로 도약하기 위한 발판 마련
- 많은 방문객이 찾는 영도대교 주변에서의 행복영도 희망의 빛 축제도 다른 축제에서 볼 수 없는 소재의 차별성이 부각되는 축제였음

영도대교 인근

- 바다의 가운데의 섬이라는 영도지역의 주변경관과 어울려 빛의 연출이라는 컨셉으로 영도의 이미지 제고하였음
- 제7회 행복영도 희망의 빛 축제는 영도대교 복원 · 개통과 연계된 점에서 더욱 더 내용이 특별하여 보임
- 축제의 내용이 축제와 관련된 아이템으로 채워져 전체적으로 보기가 좋았음
- 영도대교 영도 진입구에 빛 연출과 조형물 설치로 남항시장까지 배너기, 청사초롱 설치 등으로 상권 활성화 토대마련

▷ 부족한 점

- 축제장 전체동선의 밤 조명과 상가의 먹거리나 볼거리 등 관광객의 관심을 유발할 컨셉이 빈약하가나 호응의 극대화에 의문이 감
- 축제장소가 영도라는 섬이라는 것을 감안하여 관광객의 영도진입과 지역상가의 경제적 활성화에 기대에 부흥할 정도로 눈에 띄는 조명이 되지 못함에 관계자는 관심을 가져야 할 것임
- 야간조명을 위한 구조물이나 조명의 규모와 내용이 타도시의 연말연시의 조명보다도 더 초라함은 영도가 변두리는 것보다는 축제의 진정성이 약해 보임
- 축제의 성공을 위해서는 자갈치시장이나 국제시장과 야시장(깡통시장), 광복로와 연계되지 못함이 아쉬움으로 비춰짐

▷ 개선할 점(발전성 포함)

- 영도에 대한 스토리가 담긴 빛 축제로 접근하여야 할 것임
- '영도다리에서 만나자'라는 피난민이 6.25 전쟁이후 만남의 장소로 유명하였고, 아이가 말을 듣지 않으면 빈말로 '영도다리에 가서 빠져죽어라(번지점프장소)'라고도 하였고, 영도경찰서 뒤쪽은 점집이 많았고, 말을 키우는 장소인 '절영도'가 '영도'가 되었기에 '말'을 형상화한 대형조명, 영도의 지역성 및 상징 꽃과 상징 새, 나무 등에 대해서도 소재개발에 관심을 가져야 할 것임
- 국내 관광객은 물론 외국인을 위한 홍보물에 관심을 가져야 할 것임

○ 축제 운영의 적절성

▷ 잘된 점

- 외형적으로 행복 영도 희망의 빛 축제(영도대교 복원 · 개통과 연계)의 타이틀이 잘 되었다고 봄

- 영도대교 복원·개통과 연계한 축제 장소선정과 빛 축제 연출이 돋보임
- 영도의 빛 축제는 조명으로 이루지는 축제이기 때문에 조명은 전기와 관련이 있고 이는 전선과 전기의 안전관리에 준비가 돋보임
- 영도 빛 축제 운영의 적절성의 독보적인 부분은 단일 콘텐츠로 그것에 맞는 소품을 준비라고 할 수 있었고, 특히 다른 축제장에서 쉽게 볼 수 없는 빛의 향연이 준비된 점이 독특해 보임

영도대교의 영도 쪽 조명 연출 장면

▷ 부족한 점

- 축제장 주변 상가주인도 영도 빛 축제를 하고 있는지를 몰라 축제관계자는 영도의 빛 축제에 대한 홍보에 깊은 관심이 요구됨
- 영도의 지역적 특성을 살린 특화된 이미지 연출이 없어 '행복 영도 희망의 빛 축제'와는 거리가 멀어 보임
- 영도 빛 축제의 한계는 조명에 의한 내용이 대부분이기 때문에 빛만으로는 축제의 콘텐츠가 부족해 보임

▷ 개선할 점(발전성 포함)

- 축제운영 기간이 타 축제에 비하여 장기간으로, 축제운영자의 마음가짐이 첫날에만 집중하여 빛 연출의 주변에 바람의 영향과 관광객의 호기심 손으로 기구의 흐트러짐이나 주변 공사현장의 정리되지 않은 장소에 대한 행사기간 중의 지속적인 점검과 정리가 필요해 보임
- 제대로 된 축제로 자리매김하기 위하여 신문, 방송 등의 언론 홍보에 더 많은 관심을 가질 필요가 있음

○ 축제의 성과

▷ 잘된 점

- 영도의 빛 축제를 위하여 행사장 주변 기동청소 등 환경정비, (사)영도남항시장 상인회 및 특성화사업단과 연계하였고 영도경찰서~대교로타리 구간 가로수 전정작업, 축제장 주변 불법 주·정차 계도 등의 많은 관심을 가지고 있다는 것은 축제의 크나큰 성과로 보임
- 영도의 빛 축제의 기본적인 특징은 전통보다는 현대적인 요소가 강하다는 정체성을 잘 파악하여 전체적인 내용과 잘 어울려 관심있는 관광객의 이목을 받는 것으로 보임
- 행복영도 희망의 빛 축제(영도대교 복원 · 개통과 연계)는 영도 대교 도개식이라는 관광 상품과 연계한 축제라는 점에서 돋보임

▷ 부족한 점

- 영도의 남항시장 상가 등 축제에 적극 동참 분위기 조성에 필요한 자원봉사 활용이 요구됨
- 축제기간만이라도 영도에 관광객이 관심을 가질 수 있는 영도지역 축제 주변의 국지적인 분위기조성과 영도 빛 축제의 제대로 된 캐릭터 개발이 필요해 보임
- 영도 대교 도개식으로 수많은 관광객이 부산을 찾지만 정작 영도로 관광객을 유인하지 못하는 한계가 보임

▷ 개선할 점(발전성 포함)

- 부산 영도 빛 축제가 제대로 된 축제로 거듭나기 위해서는 지역주민에 대한 축제참여 홍보나 준비가 있어야 할 것임
- 영도 빛 축제는 체계적이고 지속적인 발전을 위하여 축제 전반적인 스토리텔링과 전문적인 자료나 전문 인력 구축과 축제에 대한 연구가 필요해 보임

□ 전년도 대비 개선점

▷ 축제프로그램(콘텐츠), 축제운영 적절성, 성과 등

- 영도 빛 축제에 참여 관광객에게 영도지역의 볼거리제공으로 색다른 문화향유 기회 제공하였음

- 지역주민의 축제에 대한 일부 참여자는 긍지가 높은 편이고 일부에서는 축제에 대한 관심이 전혀 보이지 않아 주최 측의 적극적인 홍보에 관심을 가져할 것임
- 지역주민 참여를 유도하가 위한 한 가족 소원등 달기와 조명 규모의 초대형화 및 소재의 다양화 등으로 빛 관련된 다양한 메뉴로 색다른 방법으로 진행하는 것에 검토가 요구됨

▷ 축제의 재정 자립도

- 더 많은 주변상가의 협찬 유치와 주변 조선업체의 관심 유도 및 지역 학교(유치원, 초등, 중등, 고등, 대학교)와 함께하는 이벤트로 공모 등으로 예산절감과 지역주민 참여축제의 활성화가 요구됨
- 전국적인 축제로 도약하기 하여 영도구, 부산시(추후 문화관광부)의 예산의 반영에 관심을 가져야 할 것임

▷ 독립적 조직체

- 축제사무국의 전문적인 인력이 필요해 보임
- 겨울 축제이자 도시의 섬인 영도 빛 축제가 전국적인 행사로의 도약에 관심을 두기 위하여 전담 위원이나 연구 인력이 필요해 보임

제3장. 2014 축제평가

1. 오륙도축제

□ 축 제 명	오륙도축제
□ 축제기간	2014.10-11~12
□ 평가기간	2014. 10. 11 (토) ~ 10. 12 (일)
□ 개최장소	백운포체육공원, 평화공원
□ 주최/주관	부산광역시 남구/부산남구문화원
□ 축제등급	
□ 축제분류	① 전통역사 ② 문화관광 ③ 지역특산물 ④ 자연생태 ⑤ 기타

2014년 축제 평가 보고서

□ 축제발전성(분야별로 구체적으로 지적하여 작성)

○ 축제프로그램(콘텐츠), 특이성, 차별성 등

▷ 잘된 점

- 장소적 장점을 충분히 활용한 축제로 보임
- 천혜의 경관이 장소인 백운포체육공원, 평화공원 등 남구 일원에서 적절히 이용하여 볼거리, 즐길거리 보여줌
- 지역주민이 함께 참여하고 화합하는 남구 대표축제로 자리 매김함
- 타지역 축제에 비하여 참여 부스의 지역 주민 및 단체 중심으로 채워져 있어 지역적 단합심이 돋보임
- 폭넓은 계층의 참여를 유도하고 홍보에 적극적인 노력이 엿보임
- KBS개그콘서트팀이 방문하여 포토존 타임과 어린이와 함께한 프로그램이 돋보임

지역어린이와 개그맨의 포토존

- 장소적인 특징과 어느 정도 맞는 '해군 군악대', '국제 연날리기'가 돋보임
- 지역 주민이 참가하는 장기자랑이 시간 안배에 나름대로 보기가 좋았음
- 축제 장소의 자연적 환경 장점 때문에 타 축제 및 행사와 연계 가능성이 높아 보임

▷ 부족한 점

- "오륙도"라는 용어에 걸 맞는 콘텐츠를 찾아보기 어려웠음
- 너무 지역주민 만의 색깔이 강한 축제다보니 축제의 다양성이 부족해 보임
- 오륙도 축제에 대한 깊이 있는 연구가 부족하여 프로그램의 구성과 내용에 한계가 나타남
- 지역주민 만의 축제이면서도 내용에 있어서 여느 축제와 차별성이 나타나지 않음
- 오륙도 축제의 지향점이 부족해 축제의 완성도가 낮아 보임

▷ 개선할 점(발전성 포함)

- "오륙도"라는 용어를 사용할 수 있는 콘텐츠 개발이 요구됨
- 축제의 지향점을 찾을 수 있는 대표축제 발굴이 요구됨
- 지역적 관계기관과 연계 및 참여 한 프로그램 있기는 하나 좀 더 높은 수준에서 가용할 수 있는 프로그램 운용이 필요함
- 모(쇼, 유랑극단) 방송의 프로그램의 일환으로 관광객의 참여가 있기는 하나 너무 형식적 차원의 참여로만 보임
- "국제 연날리기"라는 타이틀에 어울리지 않게 우리나라를 제외한 일본 등 2개국만 참가해 국제라는 타이틀이 무색해 보임(예산 문제로 보임)
- 오륙도 축제의 대표 프로그램 개발이 시급히 요구되며 축제의 특이성성과 차별성에 대한 고민이 필요해 보임

- 오륙도 관련 기념품이나 특산품의 개발로 지역주민의 실질적 경제에 도움을 줄 수 있는 방안이 요구됨

○ 축제 운영의 적절성

▷ 잘된 점

- 세월호 사건으로 축제가 하반기로 미루어지는 관계로 축제 운영부분에 있어서 시간적인 여유 때문인지 세세한 준비가 엿보임
- 넓은 주차장 확보와 안내 및 질서유지로 교통소통이 좋았음

질서있는 주차관리

- 노래자랑과 지역 단체들의 부스운영, 지역민간단체의 먹거리부스 운영 등으로 지역주민의 화합에 많은 도움이 된 축제로 보임
- 어린이 및 누구나 쉽게 대할 수 있게 포토 존 설치 등 부스 운영이 좋았음
- 부스의 업종별 유사성이 있는 배치로 축제장의 구도와 동선이 짜임새 있어 보임

▷ 부족한 점

- 축제 내용이 너무 지역적이라 부산 남구 이상의 축제로 보이지 않음
- 축제 홍보에 대한 적극성이 요구됨
- 일부 부스 운영에 있어서 통신회사의 광고부스로 운영되어 눈살을 찌푸리게 할 수도 있었음. 경품 협찬 때문이라면 통신회사 부스 내에 지나친 광고적 이미지를 벗어날 수 있는 '오륙도 축제' 관련 문구를 넣어 전체적인 분위기를 흐리지 않도록 하여야 할 것임.

좋은 모습으로 비춰지지 않은 통신사의 부스

▷ 개선할 점(발전성 포함)

- 지역축제의 틀에서 벗어나 오륙도는 전국적으로 하나뿐인 것을 염두에 두고 오륙도의 특징이나 유래, 생태환경에 대한 연구와 이에 대하여 축제에 담아 낼 수 있는 프로그램이 요구됨
- 오륙도와 연관된 프로그램을 축제기간이라도 이벤트가 필요해 보임(유람선을 이용한 오륙도 돌아오기, 오륙도 사진찍기 등)

○ 축제의 성과

▷ 잘된 점

- 소외 계층으로 인식된 지역 노인단체의 참여로 다양한 계층에 대한 배려와 상호소통 및 호응도를 보여주어 축제 발전에 색다른 의미가 부여됨
- 천혜의 자연경관이 펼쳐지고 있는 남구의 관광 이미지 제고함

▷ 부족한 점

- 많은 사람이 방문이 가능한 축제이나 퀄리티가 낮은 프로그램으로 지역경제에 많은 도움이 되지 못하는 한계가 있음
- 다문화가족과 해군, 소외 계층의 좀 더 적극적인 참여가 필요해 보임

▷ 개선할 점(발전성 포함)

- 오륙도 만들기(예: 찰흙, 나무 등) 등의 오륙도의 정체성을 살릴 수 있는 참여형 부스와 프로그램이 필요

- 지역주민 만이 아닌 외래 관광객을 방문할 수 있는 프로그램과 주변 경관을 활용하여 실질적 경제 경제유발효과에 노력이 필요해 보임
- 남구의 특성이 나타나는 스토리텔링의 개발이 시급함

□ 전년도 대비 개선점

▷ 축제프로그램(콘텐츠), 축제운영 적절성, 성과 등

- 넓은 축제장임에도 불구하고 정리정돈 및 청결상태가 양호하여 성숙한 시민의식이 돋보임
- 부산 남구지역을 홍보하기 위한 노력으로 대표축제로 자리매김하고 있어보임
- 축제의 홍보물을 수영구에만 집중 할 것이 아니라 타지역의 인구이동이 빈번한 곳에도 홍보가 필요해 보임

▷ 축제의 재정 자립도

- 지역주민의 십시일반 협찬으로 타 축제에 비하여 경품이 많아 보이고 적극적 참여 의지가 돋보임

지역주민의 십시일반 협찬 경품

- 축제의 재정자립도나 축제운영비 타 축제에 비하여 다소 안정적이나 지역축제를 벗어나기 위한 노력은 요구됨

▷ 독립적 조직체

- 남구 오륙도 축제의 독립조직은 구성되지 않았지만 남구문화원에 축제를 주관하고 있음
- 오륙도 축제의 전국화를 위하여 별도의 조직이 필요해 보이고 본 축제의 특성을 살릴 수 있는 연구가 지속적으로 필요하다는 차원에서도 독립적인 축제추진위원회가 필요해 보임

2. 우리문화체험축제한마당

□ 축 제 명	우리문화체험축제한마당
□ 축제기간	2014.04.012.-04.13
□ 평가기간	2014.04.012.-04.13
□ 개최장소	학생교육문화회관 야외공연장
□ 주최/주관	
□ 축제등급	
□ 축제분류	● 전통역사 ② 문화관광 ③ 지역특산물 ④ 자연생태 ⑤ 기타

2014년 축제 평가 보고서

□ 축제 발전성(분야별로 구체적으로 지적하여 작성)

○ 축제 프로그램(콘텐츠), 특이성, 차별성 등

▷ 잘된 점

- "2014전통문화축제! 문화야 놀자!"의 주제로 우리문화에 대한 다양한 볼거리, 먹거리, 체험거리 등의 프로그램으로 전통·민속에 대한 관심을 유발시키고 우리 것에 대한 조상의 지혜와 혜안을 보여준 소중한 잔치로 보임
- 전통·민속생활체험으로 곤장때리기, 쟁기, 쓰레, 물레, 도자기, 물지게, 지게지기, 가마니짜기, 홀테, 탈곡기, 갈퀴, 절구, 맷돌, 새끼꼬기, 규방, 다듬이, 키쓰기, 장구, 혼례복, 궁중 옷 입기, 디딜방아, 가마타기 등 운영으로 현대인에게 신선한 체험기회를 제공하고 있음
- 민속놀이로 팽이치기, 굴렁쇠, 목발, 수레타기, 윷놀이, 연, 널뛰기, 제기차기, 고리던지기, 투호던지기, 활쏘기, 팔랑게비 등이 이채로웠다.
- 공연으로 수영농청놀이, 전통·창작 무용(춤), 남도민요, 진도북춤, B-boy 퍼포먼스, 마당놀이 빵파전, 판소리(뺑덕어미), 전통혼례, 사물놀이, 창, 모듬북, 사물놀이, 길놀이, 지신밟기, 태극무(중앙무대), 학무도를 무대에 올려 우리 공연에 다양성을 보여 줌
- 축제의 규모에 비하여 많은 외래 관광객이 방문 참여하고 얼굴에는 약간의

흥분과 신기한 표정을 감추지 못하였고 부스마다의 진행자의 열의와 축제에 대한 기본적인 성격을 알고 있었고 맡은 분야에 대한 사명감이 있어 축제의 전체적인 분위기와 관객의 호응도가 높아 보임

- 타 축제와의 차별되는 우리문화라는 점에서 외국인과 가족, 청소년 및 어린이, 노년층 등 다양한 계층이 즐길 수 있는 프로그램을 운영하여 부산광역시의 전통·민속의 대표축제의 토양의 밑거름이 되었다고 봄

▷ 부족한 점

- 횟수를 거듭함에 따라 전통공연프로그램에 있어서 지역적 안배와 참여가 필요해 보임. 특히 국립국악원이나 부산지역의 유치원·초·중·고·대학교학생, 지역 어머니회 등의 연계한 프로그램에 대한 검토가 필요해 보임
- 부산진구의 전통·민속이 담겨진 역사관련 문화를 살릴 수 있는 지역적 특성의 프로그램 부족함
- 좋은 우리 문화 상품임에도 불구하고 부산시차원의 연계된 관광자원화가 부족해 보인다. 따라서, 축제에 대한 외국관광객에게 축제의 개요와 내용 등에 대하여 부산시차원의 홍보와 연계된 관광자원화가 필요해보임
- 축제예산의 영세성에 비하여 전통·민속 생활 체험 마당과 전시마당, 공연마당, 먹거리마당 등의 체험내용이 다양하고 볼거리가 많아 매우 복잡할 정도로 많은 관광객의 참여에도 불구하고 장소의 협소로 동선을 제대로 살렸다는 것에 찬동이 어려워 보인다.

▷ 개선할 점(발전성 포함)

- 부산광역시에서의 전통 민속의 단일 주제로 한 제대로 된 잔치로 육성하여야 할 필요가 있어 보임
- 축제의 장소가 협소하고 전체적인 동선이나 외국관광객이나 국내의 관광객을 유도하여 국가적인 브랜드화된 축제로 거듭나기 위하여 <u>차기 축제에는 부산진구 관내에 있는 '부산시민 공원(5월 1일 개장 예정)'이나 '송상현광장(6월 12일 개장 예정)'으로 축제장소를 옮겨서 실행하는 것도 좋은 방법일</u> 것으로 보임
- 축제의 예산규모가 타 축제에 비하여 영세하나 우리문화에 대한 단일화된 축제로 지속성을 살려야 할 것이며 다만, '우리문화축제'의 범위가 너무 광범위하여 점진적으로 체계화 및 구체화가 필요해 보임

- 우리문화축제도 한류문화로 발전시켜 한국축제 발전에 계기를 마련할 필요가 있음

○ 축제 운영의 적절성

▷ 잘된 점

- 프로그램의 완성도가 대체로 돋보임
- 체계적인 행사운영으로 많은 관광객들의 방문과 호응이 좋았음
- 축제의 장소가 학생교육문화회관 야외공연장으로 지하에는 주차장으로 안전에 많은 주의와 관심을 가지고 안전사고 예방활동과 주변의 청결한 축제장을 유지 등의 성공적으로 실행하였다고 보임
- 축제진행요원(구청 공무원)이나 부스운영자의 질서안전에 대한 의식이 전반적으로 수준이 높았음
- 부스운영자의 운영이 원할 함으로서 관광객에 대한 서비스정신이나 사명감이 비교적 높았고 참가한 관광객의 질서의식 수준도 준수하여 보임
- 보건부스의 관광객을 위한 건강검진과 부스에서의 작게 접은 주변의 관광지, 숙박, 음식점 등에 대한 팜플렛이 비치되어 있어 주변에 대한 정보를 알 수 있었음

▷ 부족한 점

- 축제의 장소 주변의 주택이 자리하여 음향의 스피커 방향과 소리의 조절에 어느 정도의 한계가 있어 보임
- 외국인 참여를 유도하기 위하여 부산 대도심에서의 우리문화축제는 '유일하다는 것'과 '순 우리의 것'에 비춰볼 때 문화체육관광부 Site의 '지역축제'코너와 부산광역시와 연계된 홍보가 필요해 보임
- 축제 운영을 지원하는 자원봉사자(학생)의 운영프로그램의 이해도나 성공적인 축제를 위한 의지나 헌신이 부족해 보이고 개인의 스마트폰으로 시간을 채우고 학점만 기대하는 분위기가 보이는 것 같아 축제의 전반적인 사전교육이 요구됨
- 축제의 장소가 부산시민들의 접근성이 매우 좋은 편으로 그에 따르는 독립적인 주차장마련이 확보에 애로가 보이고 지하주차장의 매진으로 일부 단속차량에 좋지 않은 상황이 유발됨

▷ 개선할 점(발전성 포함)

- 지역 경제에 도움이 될 근간이면서 지역주민 부스운영자의 체험비가 “재료비보다 더 낮아 손해가면서 참여 한다”는 민원이 발생할 정도로 저렴하여 구(축제조직위)에서 재료비를 일부지원을 하거나 합리적인 체험비의 현실화가 필요해 보임
- 우리문화체험축제에 있어서 ‘우리 먹거리’의 종류와 다양성부족하여 관광객을 입을 즐겁게 하는데 있어서 단조로워 보이며 부산진구의 지역적 먹거리 개발에 관심이 요구됨

○ 축제의 성과

▷ 잘된 점

- 부산진구의 우리문화축제가 외국인은 물론 남녀노소의 다양한 계층 모두가 우리문화에 대한 호기심과 새로운 관심을 유발시키고 만족도가 높은 축제로 인식하고 있어 재방문할 가능성이 보임
- 관광객 유발효과가 높고 우리문화에 대한 전라도 경기도 충청도 등 전국적인 네트워크 구축
- 대도시의 현대인들에게 다양한 우리문화향유의 기회 제공

▷ 부족한 점

- 축제의 겉모습은 성공한 것처럼 볼일 수 있으나 내부로 들어가서 지역경제에 도움이 미미 할 것으로 보임
- 축제의 내용에 지역주민의 참여의 일부분으로 지역주민의 화합을 크게 도모하였다고 볼 수 없음

▷ 개선할 점(발전성 포함)

- 부산진시장, 서면, 시민공원, 송상현광장, 부산어린이대공원 등 인근 관광지역과 연계된 관광상품화가 필요해 보임
- 부산진구에서 생산되는 지역특산품 개발에 관심과 노력이 필요해 보임
- 지역민이 참여를 통하여 우리문화체험축제와 연계된 지역경제 활성화 방안 제고

□ 전년도 대비 개선점

▷ 축제프로그램(콘텐츠), 축제운영 적절성, 성과 등

- 축제의 전통 · 민속생활의 놀이, 먹거리, 체험, 전시 등 우리문화의 특화를 위한 차별성 소재의 특이성이 돋보임
- 타 축제에 비하여 외국인 및 많은 관광객이 체험할 수 있는 프로그램 운영으로 전체적인 분위기 맑음

▷ 축제의 재정 자립도

- 현재의 저 예산에서 과감한 예산증액을 통하여 전국적인 축제로 성장할 수 있도록 정책적 배려가 절실하다는 표현이 가능함
- 안정적이고 규모 있는 우리문화체험이 한류에 편승되기 위하여 공적자금이 필요하고 지역 기업, 단체의 협찬이나 스폰 참여를 통하여 수입 재원의 다변화가 요구된다.

▷ 독립적 조직체

- 축제의 조직위원회가 없어 전문성이 부족해보이고 축제의 지속발전을 위하여 조직위원회의 구성이 시급해 보인다.
- 수입 다변화 확보, 축제운영의 전문성, 홍보의 극대화, 부산진구 지역의 킬러 콘텐츠 개발, 축제 장소 확보 등을 위여도 조직위원회 구성이 요구됨

Ⅲ. 한국전통 · 민속의 발견

부산에 대한 놀라운 사실은 부산에 있는 박물관이 부산박물관, 복천박물관, 해양자연사박물관, 국립해양박물관, 동아대학교의 근대 건축지붕인 박공지붕, 그 외 각 대학교의 박물관, 부산어촌 민속관, 정관박물관 등의 지붕을 보면 한국적이거나 부산적인 정체성을 찾아보기가 어려웠다. 다만, 정관박물관의 야외 전시공원의 삼국시대 마을을 복원한 5기 지붕의 초가형은 굴립형주거지 3호, 굴립형주거지 2호, 수혈주거지 5호, 수혈 주거지 8호, 제사유구 4호의 저자가 공사를 한 것을 제외하고는 한국적이라는 평가에 좋은 점수를 줄 수가 없다할 것이다.

정관 박물관 야외 공원의 삼국시대의 초가 공사 현장

<그림 3-1> 부산 정관박물관 야외 초가

물론 실내의 유물내용이야 한국의 부산적(釜山的)인 유물이지만 외형의 지붕은 슬라브의 서양의 지붕구조이다. 여기서 부산적(釜山的)은 부산에 근간(根幹)을 둔 정체성, 역사성이 요구되고 나아가 상징성, 대중성이 있으면 되고 여기다가 미래지향성까지 있으면 더 좋은 것을 말한다. 즉 부산색깔이 있어야 한다는 것이다. 외래적인 것이 다 옳지 않다는 것이 아니라 한국적이거나 부산적이지 못하고 지나치게 외래적인 것들에 대한 안타까운 현실이라는 시각이 있다는 것이다. 이에 우리 것이고 한국적인 요소에 늘 관심을 가지고 오다가 전통 가옥과, 사물놀이를 로봇으로 구현(본 도서에 내용 뺌) 및 고려시대의 화려했던 곡예묘기를 현대에 맞는 첨단 실증공연에 관심을 두었다. 한국전통 · 민속의 발견은 한국콘텐츠 진흥원에 제출한 수요조사 및 R&D사업의 내용이다. 수요조사 및 R&D사업 제안 내용은 국가기관에 제출한 수요조사 및 R&D사업의 제안 내용이다. 이는 다른 내용 것도 몇 가지 있지만 이 책에서는 2가지만 제시하되 구체적인 내용은 줄이고 일반화 할 수 있는 내용만 간추려서 제시하고자 한다.

먼저 한국의 전통가옥에 대한 것으로 '한국전통 가옥 기술을 활용한 전통 조립부스'이다. 요즈음 국제적인 행사가 많아졌다. 외국인도 그만큼 많이 방문하고 한국의 것을 보고 간다. 그러나 정작 그 행사장이나 축제장의 부스는 외국에서 들어온 부스들이다. 행사장에는 우리의 것으로 응용한 부스가 필요하다고 저자는 보았다.

두 번째로 우리나라의 잊혀져가는 '전통 곡예 · 묘기의 복원 및 4D기술기반의 융복합(convergency) 첨단(high-tech)의 실증공연'의 2가지로 되어있다. 이 내용은 부산의 명물, 영화의 전당이 1678억원의 공사비에 2011년 29일 부산의 새명물인 "영화의 전당 두레라움" 역사적인 개관하여 세계 최대 지붕 켄딜레버형 지붕으로 설치된 LED조명만 4만2600셋트(한셋트에3색조명)로 되어 있지만 관광객의 유치는 괄목할만한 수준이 못되어 관광객 방문을 극대화하자는 차원에서 기획한 내용이다. 그리고 더 중요한 것은 국가연구개발(R&D)사업을 부산에서 많이 유치하자는 것이 필자의 소견이다. 이를 위해서는 부산지역에 맞는 R&D과제 발굴과 이를 수행할 전문기관설립과 기관유치가 요구되고 민간기업도 R&D 수용력을 높이려는 노력이 있어야 한다는 것을 지적하고 싶다. 특히 전통문화 분야의 R&D과제는 타 지역에 비하여 관심도가 낮은 것으로 판단되는 것이 과제금액, 부산지역에서 접수하는 비율, 유치비율 등에 대해 수치의 기술조사는 생략하지만 필자의 과제 심사위원으로 활동할 때의 분위기는 그렇게 보였다는 점이다. 부산은 제2의 도시이고 제1의 도시로 도약을 위해서는 국가연구개발(R&D)사업 분야에 역량을 높이는데 무관심이 있어서는 안될 것이다.

제1장. 한국전통 가옥 기술을 활용한 전통 조립부스

1. 사업 요약서

<table>
<tr><td>1) 과제명</td><td colspan="6">한국전통 가옥 기술을 활용한 전통 조립부스</td></tr>
<tr><td>2) 주관기업</td><td colspan="6">㈜뉴맥[14]</td></tr>
<tr><td>3) 참여기업</td><td colspan="6">㈜00</td></tr>
<tr><td>4) 과제책임자</td><td>성명</td><td>권 민수</td><td>소속</td><td>뉴맥</td><td>직위</td><td>대표이사</td></tr>
<tr><td>5) 사업기간</td><td colspan="6">2013 . 6 . 1. ~ 2013 . 12 . 31. (7 개월)</td></tr>
<tr><td rowspan="2">6) 사업비</td><td colspan="6">총 사업비 ,000천원</td></tr>
<tr><td>정부지원금</td><td colspan="2">,000천 원</td><td>자체부담금</td><td colspan="2">000천원</td></tr>
<tr><td>7) 과제 주요내용</td><td colspan="6"></td></tr>
</table>

〈과제 목표〉
- 전시컨벤션 및 mice산업이 급속히 발전해 가고 있는 실정에서 각 지자체별로 수 백개의 축제와 행사 진행에 있어 많은 부분이 한국의 전통성과 문화에 기반하고 있음
- 이러한 많은 종류의 문화컨텐츠와 전통스토리텔링이 생겨나고 있는 상황에서 전시의 h/w 부분에서는 뒷받침 할 수 있는 "한국전통가옥 기술을 활용한 전통조립부스"를 제안함.

〈과제 내용〉
1. 현재 실내전시행사시 - 옥타늄 및 블록부스(조립형 전통부스)
2. 현재 실외행사시 - 케노피텐트 및 봉골텐트(한옥형 조립부스)

1. 기획-〉2. 설계 및 디자인-〉3. 샘플제작-〉4. 상용화계획수립-〉5. 판매계획 및 임대계획수립-〉6. 제작 및 판매의 5단계 진행

〈결과활용계획〉
1. 수요처 - 전시 및 행사대행업체, 각지자체, 축재 및 행사조직, 해외공관 및 한국기업 등
   상설행사 - 판매, 비상설행사 - 임대활용 방안

〈파급효과〉
○ 시장 기대효과
1. 전시컨벤션 시장의 확대
2. 문화행사 및 전통행사의 인프라 증대
3. 한류와 더불어 한국형 부스 및 디자인의 수출

○ 일자리창출효과
- 제작관련 : 공장제작 5명, 디자인 및 제작 4명 예상
- 영업 및 마케팅 관련 : 마케팅 3명, 관리 1명, 영업 2명 예상
- 부스설치 및 임대관련 : 일용직 행사 당 8명 예상 등 기타인원

〈사업비 조달 또는 공동개발 계획〉
○ 사업비 조달
- 주관기업과 참여 기업의 6/4비율로 준비 완료

○ 향후 공동개발 계획
- 이번 건의 기회로 전통민속 상품의 점진적 융합화 계획
- 지속적 상품 개발 토대 마련

14) 저자가 대표이사로 있는 회사명

2. 과제수행계획서

1) 과제의 필요성

(1) 계획동기 및 배경

가) 전시컨벤션 산업 및 MICE산업의 급속한 발전

○ 전시컨벤션 산업은 국가 및 도시홍보와 지역간 상호이해의 폭을 넓히는 동시에 관련시설로 인 한 지역경제의 활성화 및 지역 국제화 효과를 가져 옴으로서 미래 산업의 중요한 위치를 담당하고 있음.

○ 부산광역시 관광, 컨벤션산업을 부산의 4대 핵심전략 산업의 하나로 선장해 육성해오고 있으며, 그 결과 2010년 기준 부산은 세계17위, 아시아 4위의 국제회의 도시[15]로 발돋움하고 있음.

○ 이러한 현황을 보면 전시컨벤션 산업은 더욱 활기를 띌 것으로 예상됨.

○ 부산이 이러한 호조건 속에 명실상부한 전시, 컨벤션 도시로 자리매김하기 위해서는 전시, 컨벤션산업의 육성도 중요하나 전시컨벤션 산업에서 대외적 홍보역할을 하는 전시부스시설의 확충과 함께 부스시설의 시스템 변화가 확충 되어야 함.

(2) 과제의 필요성

가) 한국전통 문화가 반영된 전시부스의 필요

○ 각지자체별로 수많은 축제와 행사를 이루는 추세이며, 행사 중, 많은 부분이 한국의 전통성과 문화에 기반을 이루고 있음.

○ 이러한 많은 종류의 문화 컨텐츠와 전통스토리텔링이 생겨나고 있는 반면, 이러한 부분에서 하드웨어와 소프트웨어적인 시스템이 뒷받침하지 못하고 있는 상황

○ 전시 및 축제 참가업체의 비용을 절감하고 신생기업과 기존기업의 형평성 제고 및 부스시설 운용에 대한 새로운 방향 필요

15) BDI 포커스, 전시, 컨벤션, 국제도시 부산의 신성장 엔진, 2012, 1

○ 이러한 전시, 축제 부스제작을 통하여 각종 문화행사 및 축제의 활성화를 도모하고자 함.

2) 과제의 목표

○ 위와 같은 배경 하에 전시부스는 디자인에 있어 단기간 동안 계획, 시공, 철거를 반복하는 특성을 가지고 있어 한국의 전통성을 반영한 전시부스시설의 효율적인 디자인 시스템을 필요로 함.

각종 문화행사 및 축제의 활성화

▽

각종 문화행사 및 축제의 활성화 + 한국 전통성 반영

Public Administration

"한국전통 가옥기술을 활용한 조립부스"

3) 사례현황

(1) 실내용 사례

○ 현재 실내용 부스의 경우, 옥타늄 부스가 대부분이며, 이를 활용한 볼록형 부스가 다수를 차지함

○ 합금으로 제작하여 내식성은 좋으나 정형화된 형태이며, 전시 및 축제의 성격에 따라 차별화된 부스로서의 한계점이 노출되어짐.

옥타늄 부스	옥타늄 부스	옥타늄 부스	볼록부스

〈그림 3-2〉 실내용 부스의 사례현황 (이미지 출처:http://www.suntent.co.kr)

(2) 실외용 사례

○ 현재 실외용 부스의 경우, 케노피 천막과 몽골 텐트형 부스가 대부분

○ 부피가 크고, 사면이 모두 트여 있어 디자인과 장치적인 면에 주위가 필요

○ 관람객에 있어 방문해 보고 싶을 정도로 우아하거나, 친밀감을 느끼게 하기에는 다소 미흡한 수준

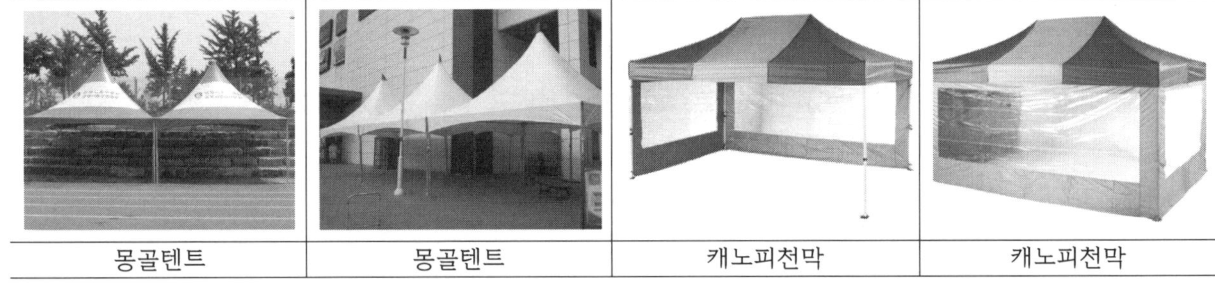

몽골텐트	몽골텐트	캐노피천막	캐노피천막

〈그림 3-3〉 실외용 부스의 사례현황

(3) 종합현황

○ 전시 및 축제의 장에서 대외적 홍보의 역할을 하는 부스시설은 현재 디자인에 있어 단기간 동안의 계획, 시공, 철거를 반복하는 특성을 가지고 있어, 부스시설의 효율적인 디자인 시스템이 필요로 하는 실정임.

○ 현재의 부스는 규모, 디자인, 장식면에서 전시회사의 위상과 전시품의 특징과 조화를 이루기에 역부족 및 참가업체의 원하는 이미지 구현에 제약이 많음

○ 부스의 독창성 있는 디자인이 필요하며 이를 통해 업체의 이미지를 부각시키는 역할이 필요함.

(4) 부산의 전시컨벤션 현황

○ 부산에서 개최된 전시는 총 56건(26만5,000명)으로 전국의 16.2%를 차지하고 있으며, 이는 16개 광역시, 도 중 대구에 이어 3위를 차지.

○ 참가자 수는 226만2,000명으로 서울을 제치고 전국 1위를 차지함.

○ 부산시는 관광, 컨벤션산업을 4대 핵심전략산업의 하나로 선정하고 전략산업육성조례 제정 등을 통해 지원.

○ 앞으로 개최할 예정인 전시 및 컨벤션 산업의 미래 전망을 밝게 해줌

	회의	포상관광	컨벤션	전시회
1위	서울	서울	서울	서울
2위	부산 (2,352건, 26.5만명)	제주	부산 (87건, 3.3만명)	대구
3위	광주	경기	제주	부산 (56건, 226.2만명)
4위	경남	강원	인천	경기 · 인천
5위	대구	인천	대전	-
6위	경기	부산 (248건, 1.6만명)	광주	광주
7위	제주	경북	대구	대전
8위	대전	충북	경기	경남
9위	인천	충남	경남 · 경북	충남 · 전북
10위	충남	대구	-	-
11위	경북	울산	전북	제주 · 울산 · 강원 · 충북 · 전남 · 경북,

〈표 3-1〉 2010년 전시, 컨벤션 부문별 개최순위16) / *( )는 개최건수 및 참가건수

2011년				2012년			
개최시기	행사명	업체수(개)	부스수(개)	개최시기	행사명	업체수(예정, 개)	부스수(예정, 개)
6월	철도물류산업전	158	682	5~6월	부산모터쇼	150	1,800
9월	IT엑스포	200	600	9월	국제환경에너지	200	500
10월	마린위크	1,280	1,826	9월	IT엑스포	200	600
11월	세계한상대회	500	600	10월	신발 · 섬유패션산업전	250	500
11월	수산무역엑스포	270	550	11월	수산무역엑스포	270	600
11월	G-STAR	384	1,813	11월	국제해양플랜트전시회	250	700
				11월	G-STAR	400	2,000

〈표 3-2〉 2011, 2012년 부산의 주요 전시회

16) 자료:한국관광공사

(5) 부산의 축제현황

○ 2012년 기준, 문화체육관광부에 등록되어 있는 부산광역시의 축제 수는 모두 39개로 나타남. 2013년 부산광역시의 축제 수는 42개임

○ 이는 2011년 축제 수에 비해 1개가 늘어난 것으로, 대구 29개, 인천 31개, 광주 14개 등 6개의 광역시 중 가장 많은 축제 수를 보유하고 있음.

○ 부산시에서 직접 주최하는 9개의 축제는 '지역적인 정체성'과 '경제적인 수익성'이 결합된 현대지역 축제의 대표적 사례임.

연번	개최지 지자체	축제명	개최기간	축제종류
1	부산시	2012 조선통신사 한일문화교류 부산행사	5.4~5.6	전통역사
2	부산시	부산항축제	5.31~6.3	문화예술
3	부산시	부산바다축제	8.1~8.9	문화예술
4	부산시	부산국제매직페스티벌	8.2~8.5	문화예술
5	부산시	부산국제록페스티벌	8.3~8.5	문화예술
6	부산시	부산국제어린이영화제	8.10~8.14	문화예술
7	부산시	부산국제영화제	10.4~10.13	문화예술
8	부산시	부산세계불꽃축제	10월중	문화예술
9	부산시	해맞이부산축제	12.31~1.1	문화예술
10	중구	부산자갈치축제	10.11-10.14	문화예술
11	중구	제4회크리스마스트리문화축제	12.12.1-13.1.7	문화예술
12	중구	보수동책방골목문화행사	9.21-9.23	문화예술
13	중구	40계단문화축제	10.7	문화예술
14	중구	제9회초량차이나타운특구축제	6.22-6.24	문화예술
15	서구	제14회구덕골문화예술제	5.19-5.20	문화예술
16	서구	부산고등어축제	10.26-10.28	지역특산물
17	영도구	제20회 영도다리축제	9.7~9.9	문화관광축제
18	영도구	부산항빛축제	11월중	문화예술
19	영도구	제6회행복영도희망의빛축제	12월~1월중	문화관광축제
20	부산진구	제6회우리문화체험축제마당	4.14-4.15	문화예술
21	동래구	제18회 동래읍성역사축제	10.12~10.14	전통역사
22	남구	제16회 오륙도축제	월6일~7일	문화예술
23	북구	낙동민속예술제	10월중	문화예술
24	북구	낙동강문화대축제	10월중	문화예술
25	해운대구	해운대모래축제	6.1~6.4	관광특산
26	해운대구	해운대달맞이온천축제	2.6	전통역사
27	해운대구	달맞이언덕철학축제	8월중	문화예술
28	해운대구	동백섬문화관광축제	10월중	문화예술

29	사하구	낙동강하구에코문화축제	10월중	문화예술생태지원
30	금정구	금정산성 막걸리	5.25.~5.27	지역특산물
31	강서구	대저토마토축제	4월초	지역특산물
32	강서구	명지시장 전어축제	8.28~30	지역특산물
33	연제구	연제한마당축제	4월중	문화예술
34	수영구	광대연극제	8.10~12	연극제
35	부산시	광안리어방축제	4.27-29	전통역사
36	사상구	제12회사상강변축제	10.13-10.14	문화예술
37	기장군	기장멸치축제	4월중	지역특산물
38	기장군	철마한우불고기축제	10월중	지역특산물
39	기장군	기장붕장어축제	10월중	지역특산물

〈표 3-3〉 2012년 부산광역시 전체 축제 내역17)

(6) 민속문화원 관련 행사 사례분석

가) 민속문화원 개요

○ 급변하는 시대에 미디어를 접하며 살아가고 있는 현대인들에게 한국전통문화의 뿌리를 되돌아 볼 수 있는 취지에 맞추어, 우리전통을 세대들과 함께 되돌아 볼 수 있는 공간의 장을 마련하고자 설립됨

나) 행사내용

사업명	세부 프로그램 및 관련축제
지역축제사업	짚풀공예 경시대회
	그네뛰기 한마당
	전국상여놀이 한마당
	전국널뛰기
국제교류 사업	아시아(일본, 중국, 태국, 인도네시아 등)
	미주 유럽(미국, 캐나다, 영국, 이탈리아, 프랑스 등)
생활문화진흥사업	가야금교실 운영
	사물놀이 교실 운영
	경기민요 교실 운영
	남도민요교실 운영
	어린이 국악교실 운영
	어린이 무용교실 운영
	어린이 한문교실
	부산향토작가작품전람회
	감사와 사랑을 전하는 특별행사
	가족과 함께하는 문화유적 견학
지역문화사업	역사문화아카데미운영
	민속5일장터 순례

17) 문화체육관광부,2012,『2012년도 전국 시도별 지역축제 개최계획』

	한국짚풀문화세미나 학술대회
	짚풀자료수집 및 보존과 발간
	짚풀문화연구회 운영
문화예술시범사업	우리학교 명품만들기 프로젝트
	활쏘기, 팔랑개비, 연만들기
	수레타기(구르마)놀이 체험
	도예 공동체험프로젝트(일일체험)
	손 끝으로 느껴보기(염색)
	손 끝으로 느껴보기(매듭)
	맛있는 가락체험
	짚풀공예-새끼꼬기, 인형, 뱀만들기, 여치집만들기
	널뛰기 체험
	옛 기억찾아내기(민속생활 체험 프로그램)
	솟대 및 장승만들기, 절구, 맷돌, 홀깨, 지게지기, 뻥튀기
향토민속사업	시무형문화재전승지원
	성황제,산신제 행사
	전통민속보존사업
	부산민속예술축제
	상여행렬 재현

〈표 3-4〉 한국민속문화원[18] 사업내용(*교육프로그램 및 워크숍은 제외)

다) 행사사진 및 관련시설

2011부산 불꽃축제 광안리해수욕장에서 펼쳐진 각종 민속행사	2011부산 불꽃축제 광안리해수욕장에서 펼쳐진 각종 민속행사	2010년 윷놀이

〈그림 3-4〉 한국민속문화원 행사사진

라) 문제점 및 해결방안

○ 전체 행사의 경우, 많은 부분이 한국의 전통성과 문화에 기반을 둔 사업이나, 부대시설인 부승 경우, 과 관련해 부스의 경우, 행사 목표 및 이미지와 부합되는 부스디자인 결여

○ 위와 같은 배경 하에 전시부스는 디자인에 있어 단기간 동안 계획, 시공, 철

18) 사)한국민속문화원은 저자가 이사장으로 있음

거를 반복하는 특성을 가지고 있어 한국의 전통성을 반영한 전시부스시설의 효율적인 디자인 시스템을 필요로 함.

○ 나아가, 현재 우리나라에서 개최되고 있는 문화관광축제의 공간적 확산과 그에 따른 지역적 특성이 반영된 부스가 필요함.

4) 과제의 내용

(1) 전통 조립부스의 장점

○ 한옥과 초가의 요소를 가미한 차별화 된 조립부스로서 한옥의 기본 모티브를 활용하여 부스의 퀄리티 향상

○ 모듈화 형식으로 제작 · 설치 및 철거와 이동이 간편하고 쉬워 실외 부스에도 적합

○ 실내에 주로 사용되는 옥타늄 부스에 비해 실외에서 설치가 가능함

○ 실내외 부스시설 부품과 호환가능하며, 기본시설비는 기존 부스에 비해 추가시설이 없어 부스당 단가비가 저렴함

(2) 세부디자인 안

○ 실내용 제시 - 기본 변형형 및 연결형으로서 조립형 전통부스

기손 실내 선시행사시(옥타늄 및 블록부스)	**조립형 전통부스**
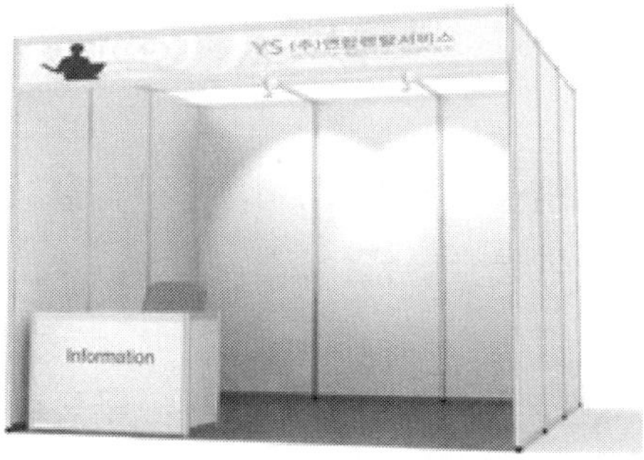	
-일반 옥타늄및 블록부스 모습 -단점 : 표현의 부자유, 중량, 자연산화, 보관가 유지가 어려움	-기본 변형형 및 연결형으로서 조립형 전통부스 -장점 : 내구성, 체계화된 조립시스템

〈그림 3-5〉 실내용제시_조립형 전통부스

○ 실외용 제시 - 변형형 및 연결형으로서 한옥형 조립형 전통부스

기존 실외전시 행사시	**한옥형 조립형 전통부스**

-일반 실외 몽골텐트형 부스 -단점 : 아직까지 독립된 구조로써 기존 부스 시스템의 첨가적 디자인 요소로써 이용	-변형형 및 연결형으로써 한옥타입의 조립형 전통부스 -장점 : 내구성, 체계화된 조립시스템, 설치와 철거가 용이

〈그림 3-6〉 실외용제시_한옥형 조립형 전통부스

5) 과제수행내용 및 추진체계

(1) 과제수행내용

○ 1단계 : 사례조사를 통한 벤치마킹 및 기획단계로서 전시, 축제현황과 사용되고 있는 부스현황을 조사

○ 2단계 : 관련현황조사를 바탕으로 시사점을 도출하고, 기존 제품과 차별화된 방법을 모색

○ 3단계 : 디자인 및 설계 단계로써, 아이디어를 구체화하여, 디자인을 구체화함. 샘플을 제작하여 시장에서의 성공가능성을 모색함

○ 4단계 : 시장조사 및 영업계획의 단계로써, 구체적 영업계획을 구축하고 관련시장조사를 통하여 분석된 결과를 제작에 반영함

○ 5단계 : 마지막 제작 단계로써, 판매 및 임대 등 시장에서의 활용계획을 구체화

(2) 과제추진체계

○ 과제추진체계는 기획-현황조사-설계-마케팅계획-재작의 5단계로 구성됨

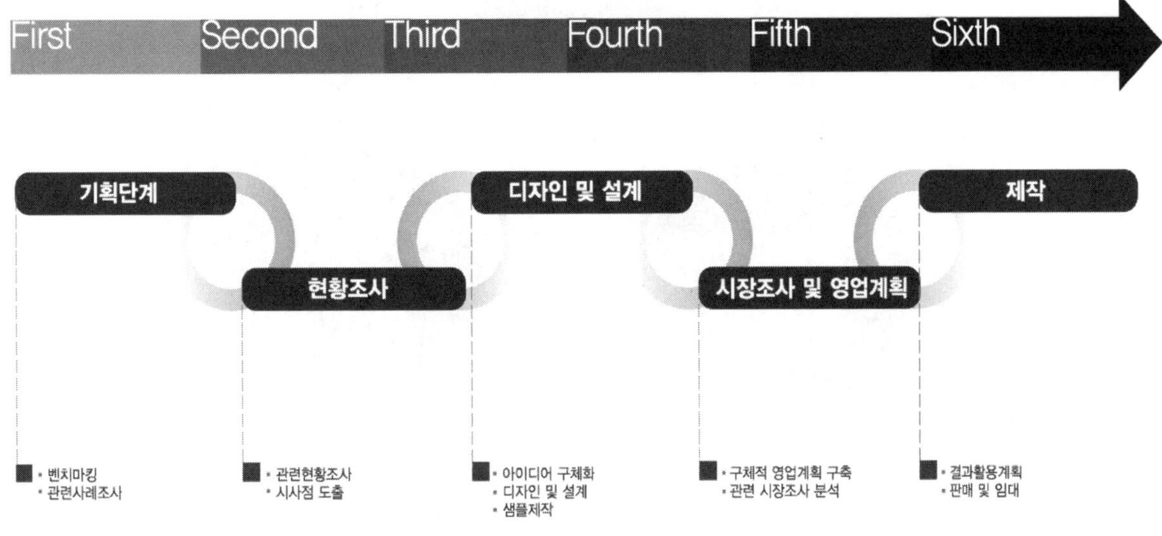

〈표 3-5〉 단계별 과제추진체계

(3) 추진전략

○ 부스디자인은 모듈체계를 갖는 시스템화가 되어야 한다. 컨벤션 전시와 축제의 경우 단시간에 최대의 효과를 창출해야 하는 산업전시의 특성을 가지게 되는데, 부스의 신속한 계획, 시공, 철거가 가능하기 위해서는 부스의 체계적 모듈시스템이 필요하다. 추진전략의 대안은 다음과 같다.

- 한옥의 요소를 가미한 차별화 된 조립부스로서 한옥의 기본 모티브를 활용하여 부스의 퀄리티 향상

- 조립부스는 각 부분 재료(벽체기둥)의 치수를 조정하여 표준 기준치수를 만들어 그에 따라 현장에서 조립 및 해체가 가능하도록 함

- 재사용이 가능하고 임대 및 판매 가능한 신개념 부스

- 모듈화시스템을 적용한 조립 및 해체가 쉬운 부스
- 한옥의 요소를 가미한 차별화 된 부스디자인
- 한국적 스타일의 전시, 축제문화에 부응하는 신개념 부스

〈표 3-6〉 사업추진전략

6) 결과물 활용계획

(1) 상용화계획

○ 목표 시장과 고객

구 분	내 용	특 성
목표시장 및 고객	전시 및 행사대행업체 축제 및 행사조직위 각지자체	기존 옥타늄조립부스와 혼합사용 장치대행업체에 판매 각지자체 행사참여 및 임대 자체 행사 사용

<표 3-7>목표시장

○ 시장전략

- 건축박람회 참여
- 전시 행사 업체에 광고
- 2014년 상반기 / 제품당 60만원대 / 1월~12월 동안 월 100동 / 년 7억 2천 예상되는 매출액(판매량)

○ 경쟁우위 확보 전략

- 한국민속문화원과 협력 및 MOU체결된 지자체의 행사 참여
- 자체기획 및 행사 사용
- 부스디자인을 통한 디자인특허 및 의장등록
- 지속적인 디자인 및 확장형을 통해 사업화

(2) 마케팅 계획

○ 서비스 제공시기 : 2014년 7월 1일 ~ 2016년 12월 31일

○ 연도별 매출목표

구 분	목표 매출액		목표 시장 분석 및 진입계획
	매출액(천원)	내 역	
1차년도(2014 년)	720000	초가부스	전국 지자체 축제추진위원회
2차년도(2015 년)	1000000	초가부스 외 기타소품	전국 지자체 축제추진위원회 및 문화원
3차년도(2016 년)	1500000	초가부스 외 기타소품	전국 지자체 축제추진위원회과 문화원 및 전국 건축박람회 참여

<표 3-8> 매출목표

5) 기대효과

(1) 시장진출 및 기대효과

"한국전통 가옥 기술을 활용한 부스시설의 효율적인 시공시스템"

❶ 전시컨벤션 시장의 확대

❷ 문화행사 및 전통행사의 인프라 증대

❸ 한류와 더불어 한국형 부스 및 디자인의 수출

(2) 일자리 창출 효과

○ 사업과 관련하여 예상 일자리 창출 기대효과는 다음과 같음.

- 제작관련 : 공장제작 5명, 디자인 및 제작 4명 예상
- 영업 및 마케팅 관련 : 마케팅 3명, 관리 1명, 영업 2명 예상
- 부스설치 및 임대관련 : 일용직 행사 당 8명 예상
- 관리 및 기타인원 : 부스설치 및 임대 1200동(채) 예상

○ 년 간 행사관련 일자리 창출효과 15명 이상 기대 예상

6) 추진일정

일 정 / 수행내용	추 진 일 정							담당자	참여인력 (명)
	M	M+1	M+2	M+3	M+4	M+5	M+6		
-연구기간 내 세부활동 계획 수립 및 과제 총괄								권민수	1
-벤치마킹 -관련현황조사								00연	1
-기초설계 -타입별디자인								00옥 00아 00애	3
-샘플제작단계 -보완수정								00아 00연	2
-부스제작단계								00엽, 00술, 00정, 00옥 00애	5
-구체적 영업 및 마케팅 계획 수립								00연 00연	2
-결과활용 -판매 및 임대								00옥, 00엽, 00정, 00민 00자, 00아	6
사업비 집행계획 (천원)	000천원		000천원			000원			
주요 Milestone 완성점에서의 수행결과 산출물	세부 계획 수립 완료 및 캐드작업 돌입		캐드 작업 완료 및 샘플 완료와 부스 제작			지자체 거점 영업 안 마련과 판매			추후 인원 채용계획 있음

<표 3-9> 추진일정

제2장. 전통 곡예 · 묘기의 복원 및 4D기술기반의 융복합 (convergency) 첨단(high-tech)의 실증공연

전통곡예 · 묘기의 복원 및 4D기술기반의 융복합(convergency) 첨단(high-tech)의 실증공연은 "전통곡예·묘기 복원" + "뉴스타일의 CrossOver Story" + "스마트4D융합 공연디자인(표현)"으로 부산 영화의 전당에서 실행하지는 것이 처음 아이디어였다. 이는 부산 영화의 전당이 많은 예산을 투입하여 건립하였지만 외국인 등 관광객이 많이 찾아오지 않는다는 점이 관심에 깊이가 더해 진 것이다. 이에 과제는 "뉴스타일 공연실증수준요구" → 캐나다의 "태양의 서커스"에서 운영하고 있는 첨단 크로스오버 스타일 표현으로 관객의 극치감까지 몰아가는 수준으로 공연을 연출하자는 것이다. 이사업의 개요와 필요성은 우리 것이 전승되거나 사라진 전통 곡예 · 묘기를 복원하고 이를 모티브로 하여 세계 시장에 진출할 수 있는 스토리 및 시나리오를 가진 첨단공연으로 재창조하는데 필요한 기술 개발 및 이를 검증할 실증사업으로 추후 중국인들의 관광객을 대상으로 하여 삼국지 와룡 제갈량설화의 "삼고초려"편을 단계별 글로벌지향 스토리를 개발하여 "적벽대전"등 지속적인 개발이 요구되고 있다. 이를 위한 연구와 업무를 필자가 2013년 12월 12~14일 중국 하남성 정주시(소림사 등)의 민속 곡예 등에 대한 보존실태와 운영, 민속활동 상황 등에 대하여 사전에 살펴보는 자리가 있었다. 중국 하북성 정보 실장(장건국)과 언론 · 경제개발국위원(곽해도)와 중원청소년잡기(곡예/서커스)단장(후현청) 등이 참여하여 한중문화교류의 필요성을 확인하는 자리가 되기도 하였지만 우리나라 고려시대의 전통 곡예 종목을 아직도 연출하고 있다는데 내심 놀라움의 심장이 요동치기도 하였다. 우리나라의 전통 곡예, 묘기의 복원에 참고할 종목을 나열하면,

▷ 전통 곡예 · 묘기의 종목

- 농환 : 방울을 여러 개 공중에 던졌다가 받는 방울받기
- 농검 : 칼을 여러 개 공중에 던졌다가 받는 곡예
- 도립 : 물구나무 서기
- 땅재주 : 공중제비 넘기 등
- 간희 : 솟대타기
- 나무다리 걷기
- 주삭 : 줄타기
- 정간희 : 머리나 이마에 장대를 세우고 그 위에 사람들이 올라가서 하는 솟대타기
- 접시돌리기, 칼재주 부리기
- 정강 : 무거운 솥을 들어올리는 묘기
- 무륜 : 작은 수레바퀴를 쳐서 공중에 올려 돌리는 묘기

- 충협 : 칼이 꽂혀 있는 좁고 긴 장애물을 통과하는 묘기
- 마상재 : 말타기 재주
- 수인농사 : 뱀 놀리는 기술
- 절요 : 두 발을 벌린 채 윗몸을 뒤로 젖혀 손으로 발목을 잡는 묘기
- 유술 : 뼈가 없는 사람처럼 몸을 자유자재로 구부리는 재주

가 있다. 그리고 이 단락의 사업계획서의 작성은 필자의 업무를 도운 홍준영씨가 맡아서 정리를 하였다.

결과물의 개발목표 수준은 표로 정리하면 <표 3-10>개발 목표 수준과 같다.

<table>
<tr><th colspan="2" rowspan="2">핵심 기술/제품
성능지표</th><th rowspan="2">단위</th><th colspan="2">목표</th><th rowspan="2">세계최고수준
(보유국, 기업)</th></tr>
<tr><th>현재</th><th>달성목표</th></tr>
<tr><td>1</td><td>전통 곡예 · 묘기 복원</td><td></td><td rowspan="7">쇼아트사의
'점프'에서
육체적
극한의
퍼포먼스</td><td rowspan="7">캐나다
태양의
서커스사의
'KA' 수준</td><td rowspan="7">캐나다
태양의서커스</td></tr>
<tr><td>2</td><td>(공연 시놉시스)
국내/해외
쇼케이스 전시행사개최</td><td></td></tr>
<tr><td>3</td><td>프리 프로덕션 (법인설립)</td><td></td></tr>
<tr><td>4</td><td>acrobatics4D캐릭터
특수분장기술개발</td><td></td></tr>
<tr><td>5</td><td>연기자 융합기술
(인원수급/숙련도)</td><td></td></tr>
<tr><td>6</td><td>acrobatics4D 공연
첨단지원기술개발</td><td></td></tr>
<tr><td>7</td><td>실증 사업 결과</td><td></td></tr>
</table>

<표 3-10>개발 목표 수준

1. 결과물의 효과수준 비교 ···→ 복원과 실증공연 개선효과(Cirque de Soleil)

△ 국내 현수준의 전통 곡예 · 묘기 복원 (개선전)

△ 캐나다 '태양의 서커스'수준 개선효과 ···→ (개선후 ~ 'Cirque de Soleil')

〈그림 3-7〉 결과물의 개선전과 후

2. 국내 · 외 기술 현황

1) 국내 · 외 기술 현황

기술개발 내용 요약

○ 전승되거나 사라진 전통 곡예 · 묘기 종목(전경욱 고려대 국어교육과교수의 전통연희의 종목에서)등을 4D기술 및 글로벌 뉴 Style 스토리구성의 융복합 첨단실증공연 개발

국내 기술 현황	국외 기술 현황	제안기관의 해당 기술 보유 현황
- 동춘서커스(홍길동전),서울곡예단 - JUMP(쇼아트사),'난타','KATA' * 육체극한의 퍼포먼스	- 태양의서커스(캐나다,KA) - 아메리칸 서커스(미국) * 와이어 휠링을 이용한 퍼포먼스	- 도립, 마상재, 현무도등 연기자 보유 - 4D 첨단기술, 캐릭터 특수분장기술 * 맥스라이더를 이용한 '마상재'
국내 기술 이미지	국외 기술 이미지	보유 기술 이미지
	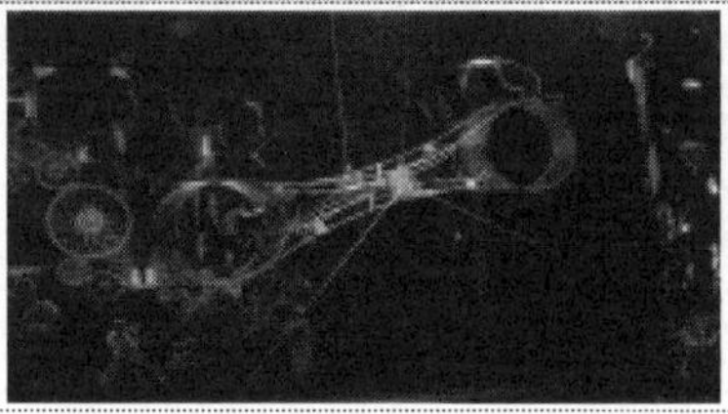	

① 전통 곡예·묘기 → '현무도' ' 검무' 기예

구 분	복원(전통 곡예·묘기 종목仲)	실증 ('태양의 서커스' 목표수준)
종목	현무도 및 검무	천상의 도달 상징(?)
요소장치	봉, 기, 문양, 검술, 의상안무	큰 색상깃, 봉, 문양, 의상안무연출
구현 이미지	  	  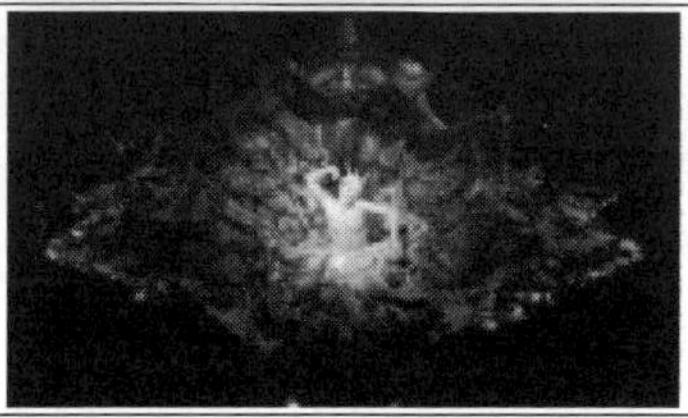
참고문헌	현무진경(p269) - 현무도원(출간)	

② 전통 곡예·묘기 → '줄타기'

구 분	복원(전통 곡예·묘기 종목化)	실증 ('태양의 서커스' 목표수준)
종목	줄타기	지옥의 외줄타기(복면착용)
요소장치	외줄, 부채, 창	공중외줄, 줄넘기, 곡예묘기장치요소
·구현 이미지	 	
참고문헌	고려대 민족문화연구원 민속학연구소 - 전통연희 사전 곡예 묘기	

③ 전통 곡예·묘기 → '널뛰기' 복원

구 분	복원(전통 곡예·묘기 종목化)	실증 ('태양의 서커스' 목표수준)
종목	널뛰기	링 와이어 퍼포먼스
요소장치	뜀판, 2인, 링, 종이줄	와이어, 회전링
구현 이미지	 	 
참고문헌	고려대 민족문화연구원 민속학연구소 - 전통연희 사전 곡예 묘기	

④ 전통 곡예·묘기 → '공중그네타기', '솟대타기'

구 분	복원(전통 곡예·묘기 종목仲)	실증 ('태양의 서커스' 목표수준)
종목	공중그네타기, 솟대타기	지옥의 회전링, 공중그네
요소장치	줄, 부채, 창/널, 2인, 링, 종이줄	와이어 회전링, 공중그네, 그물망
구현 이미지		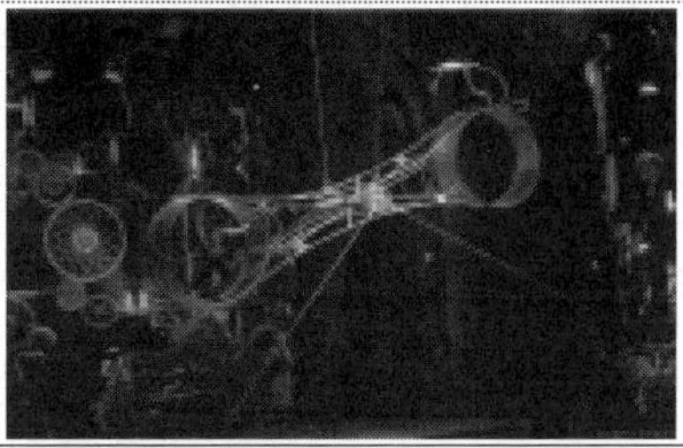

참고문헌	고려대 민족문화연구원 민속학연구소 - 전통연희 사전 곡예 묘기	

⑤ 전통 곡예·묘기 → '사당패'(유랑예인 집단), 검무, 수인농사 : 뱀 놀리는 기술

구 분	복원(전통 곡예·묘기 종목仲)	실증 ('태양의 서커스' 목표수준)
종목	사당패, 검무	곡예 묘기 단원들
요소장치	줄, 부채, 창	'뱀' 운영 묘기
구현 이미지		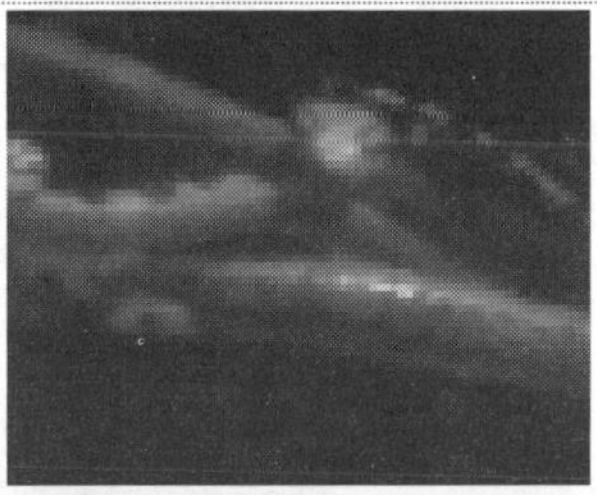 
참고문헌	고려대 민족문화연구원 민속학연구소 - 전통연희 사전 곡예 묘기	

⑥ 전통 곡예·묘기 → ‘접시돌리기(버나)’

구 분	복원(전통 곡예·묘기 종목仲)	실증 (‘태양의 서커스’ 목표수준)
종목	접시돌 리기(버나)	공 덤블링
요소장치	접시, 가는링	공, 묘기 테이블
구현 이미지		
참고문헌	고려대 민족문화연구원 민속학연구소 - 전통연희 사전 곡예 묘기	

⑦ 전통 곡예·묘기 → ‘도립’[19], ‘절요’[20] 복원

구 분	복원(전통 곡예·묘기 종목仲)	실증 (‘태양의 서커스’ 목표수준)
종목	도립, 절요	사다리 물구나무서기
요소장치	기구장치, 묘기테이블	사다리, 와이어 장치, 묘기 단상
구현 이미지		

참고문헌	고려대 민족문화연구원 민속학연구소 - 전통연희 사전 곡예 묘기	

19) 물구나무서기
20) 두 발을 벌린 채 윗몸을 뒤로 젖혀 손으로 발목을 잡는 묘기

2) 국내 · 외 지식재산권 현황분석

○ 분석결과 및 시사점

국내는 "JUMP" "난타"와 같은 중소규모 '크로스오버 퍼포먼스'(프리프러덕션소유)고유한 저작권을 소유를 기반으로 케런티하는 반면, 캐나타 KA사 '태양의 서커스'와 같은 대형 슈퍼 퍼포먼스급 수준의 'acrobatics'4D 첨단공연 무대지원 기술과 관한 저작권 보유현황은 국내현실은 사실상 부재한 상황임.

지재권 보유기관명	국가명	해당 기술명
(주)예감	한국	"JUMP"
(주)피엠시프러덕션	한국	"난타"
"태양의 서커스"	캐나다	퀴담 (Quidam) 1996년작
동춘서커스	한국	동춘
사)한국민속문화원	한국	공연널뛰기

<표 3-11>지재권 보유현황

3. 연구개발 목표와 내용

가. 최종목표와 내용

1) 최종목표

연구개발 목표	연구개발 최종목표수준	현재 최고 기술 수준
전통 곡예 · 묘기 복원 /7종목 복원, 영상시뮬(100시간)	캐나다 태양의 서커스사의 'KA' 수준	쇼아트사의 '점프'에서 육체적 극한의 퍼포먼스
공연 시놉시스 /쇼케이스 전시행사개최		
프리 프로덕션 (법인설립) /자본금 10억		
acrobatics4D캐릭터 특수분장기술 개발 /의장등록 및 특허		
연기자 융합 신기술 숙련도 /5년차 수준 12명		
공연 첨단 지원기술 /국내외 인증등록		
실증 사업 결과 /국내외 대회입상		

2) 최종목표 기술과 보유기술의 차별성

연구개발 목표	제안기관의 관련기술 보유수준	기 보유 기술과 차별성
전통곡예묘기복원/7종목 복원, 영상시뮬(100시간)	(95%)/현무도, 솟대타기 복원가능	'acrobatics4D'융합 크로스오버
공연 시놉시스 /쇼케이스 전시행사개최	(80%)/심청전'임당수' 편/창,북 전통계승	캐릭터 대형전투 대전상황을 'acrobatics4D'융복합 표현
프리 프로덕션 (법인설립)/ 자본금 10억	(60%)/현 자본금 3억수준	자본금 10억으로 증자 (인력, 기술, 장비, 마케팅)
acrobatics4D캐릭터 특수 분장 기술개발/의장등록 및 특허	(65%)/전통계승 복원수준 연출효과	글로벌 뉴스타일 acrobatics4D'기술융합실증
연기자 융합 신기술 숙련도 /5년차 수준 12명	(80%)/연기자 전통곡예 융합기술 숙련도	'acrobatics4D'기술융합 복원 실증
공연 첨단 지원기술 /국내외 인증등록	(65%)/공연기술지원	'acrobatics4D'공연소품/ 무대장치/공연특수효과 지원시스템 확보
실증 사업 결과 /국내외 대회입상	(75%)/연기자 전통곡예묘기 실증	지재권 인증등록/입상경력

나. 평가항목과 평가방법

1) 평가항목

연구개발 목표	평가항목	단위	개발목표치				세계최고 수준 (보유국/기관)	연구개발 前 국내최고수준 (보유기관)
			1차년도	2차년도	3차년도	4차년도		
전통 곡예 묘기 복원	7종목 복원		1	3	7	10	(캐나다 /태양의 서커스사 'KA')	(예감 '점프')
	영상시뮬(100시간)		10	20	30	40		
(공연 시놉시스) 국내/해외 쇼케이스 전시행사개최	관객동원수		200	500	1,000	5,000		
	공연횟수		1	2	3	4		
프리 프로덕션 (법인설립)	자본금 증자(10억)		3	5	7	10		
	매출		3	20	50	100		
acrobatics4D캐릭터 특수분장기술개발	의장(논문)		1	2	3	4		
	특허		1	2	3	4		
연기자 융합기술 (인원수급/숙련도)	3년차 수준(%)		20	40	60	80		
	수급인원		3	8	12	20		
acrobatics4D 공연 첨단지원기술개발	국내특허 · 인증		1	2	3	4		
	해외특허 · 인증		1	2	3	4		
실증 사업 결과	사전공연계약(MOU)		1	5	10	20		
	대회입상		0.5	0.5	1	2		

2) 평가항목별 평가방법

평가항목	평가방법
전통 곡예 · 묘기 7종목 복원, 영상시뮬	- 7종목이상 복원, 사업수행 및 공연실황 영상시뮬레이션 (100시간)
공연 시놉시스 쇼케이스 전시행사개최	- 리허설, 쇼케이스, 전시행사개최 및 평가
프리 프로덕션 법인설립/자본금 10억	- 법인설립/자본금 10억이상 증자여부를 기준
acrobatics4D캐릭터 특수분장기술개발	- 특수디자인기술의장등록 및 특허권 출원을 기준
연기자 융합 신기술 숙련도 5년차 수준 12명	- 연기자 융합 신기술 5년차수준 보유자 12명이상 확보
공연 첨단 지원기술 국내외 인증등록	- 국내외 인증 및 특허출원 2건 이상
실증 사업 결과 국내외 대회입상	- 쇼케이스 매뉴얼 제작 및 국내외 대외 입상 및 수상건수 2건 이상

다. 정량적 목표 및 지재권 전략

1) 정량적 성과목표

구분	논문(건)			산업재산권					표준화 (건)	사업화		고용 창출 (명)
	SCI	비 SCI		특허출원		특허등록		기타 (건)		건수 (건)	매출 (백만원)	
		국내	국외	국내	국외	국내	국외					
1차년도		2		2	1			1		2	300	7
2차년도		1		2	1			1		2	2,000	10
3차년도		1	1	2	1	1		1		3	5,000	15
4차년도	1	1	1	2	1	1	1	1	2	3	10,000	20
합계	1	5	2	8	4	2	1	4	2	10	17,300	52

2) 지재권 전략

① 기존 지재권 보유작품 전략분석

지재권 공연작품(보유기관/국가)	특징	융합성	투입장비 /특수기술
"퀴담" (태양의서커스/캐나다)	예술서커스	크로스오버 (연극+뮤지컬+서커스)	○
"JUMP" (쇼아트사/한국)	(마샬=무술+뮤지컬극)	인간육체한계의 퍼포먼스	△

② 기술동향분석 및 지재권 확보 전략

첨단(핵심)기술 적용여부	JUMP(국내)	퀴담(캐나다)	'acrobatics4D' (국내)
	2006/쇼아트사	1996/태양의서커스	2015/뉴맥
◆ 공연 특수시설 및 장치기술	65	90	95
- 와이어 플라잉 기술	X	○	○
- 회전 원반 비행 제어	X	○	○
- LED 조명기술	X	○	○
- 뜀틀 기술	△	○	○
◆ 첨단 콘트롤 시스템 기술	65	90	95
- 4D DMX 스튜디오 무선 컨트롤	X	△	○
- 4D Max rider리프팅컨트롤	X	△	○
- 4D Max-rider리그컨트롤	X	△	○
- 곡예 캐릭터 쇼케이스 패키지	X	△	○
- 곡예 캐릭터 Mask-wig fitting	X	△	○
첨단기술 보유현황(2015년)	없슴	미흡	첨단기술 5건 보유

③ 글로벌 시장 진출을 위한 국제특허 등 지재권 전략

지재권 확보전략	융·복합 특징	특허전략	
◆ 공연 특수시설 및 장치기술 (4건)	(마샬=무술+뮤지컬극)	국내특허 4건	첨단기술'acrobatics4D'해외 특허 선점→ '글로벌시장진출' 경쟁우위 점유
◆ 첨단콘트롤 시스템 장치기술 (5건)	acrobatics(예술) + 4D(기술)	국제특허 5건	

라. 연차별 목표와 내용

1) 연차별 목표와 내용

○ 1차 년도(2012)

연구개발 목표	연구개발 내용	가시적 결과물	연구기간	연구비 (백만원)	연구 수행기관
'acrobatics4D' 프리프로덕션 계획수립	1-1.acrobatics4D공연 및 시놉시스 개발기획	①전통 곡예묘기 복원 보고서 ②acrobatics4D공연 기획서	12.05 ~13.03	60	한국 민속 문화원
	1-2.연기자수급 및 훈련 시설 개발기획	③핵심연기인력수급 ④훈련양성(시설)기관 MOU	12.05 ~13.03	100	뉴맥
	1-3.acrobatics4D캐릭터 쇼케이스 디자인 시스템 개발기획	⑤캐릭터쇼케이스분장 디자인시스템개발 기획서	12.05 ~13.03	40	00 분장 연구소
	1-4.acrobatics4D Studio 무선 콘트롤 시스템 개발기획	⑥acrobatics4D 스튜디오 기술개발 계획서(시제품기획)	12.05 ~13.03	40	00
	1-5.acrobatics4D Max rider 콘트롤 시스템 개발기획	⑦acrobatics4D Max rider 개발기획서 (시제품기획)	12.05 ~13.03	40	00
'acrobatics4D' 공연 사업화 계획수립	2-1.사업계획서(사업성, 경쟁분석, 제작비 확보계획)	⑧시장조사 및 사업성 분석서(제작비확보 계획)	12.05 ~13.03	20	00
	2-2.스탭(Staff)확보계획	⑨Staff인력확보(3명) 계획서 ⑩사업수행기록영상 (3시간)	12.05 ~13.03	100	뉴맥

○ 2차 년도(2013)

연구개발 목표	연구개발 내용	가시적 결과물	연구기간	연구비 (백만원)	연구 수행기관
'acrobatics4D' 프리프로덕션 완료	1-1.acrobatics4D공연 기획완성	①acrobatics4D 시나리오 및 음악 디자인 기획서 ②스토리보드 동영상 (30분)	13.04 ~14.03	70	한국 민속 문화원
	1-2.acrobatics4D 핵심 연기자 및 훈련시설 확보	③핵심주연 기인력 수급완료 ④훈련양성(시설) 기관계약	13.04 ~14.03	400	뉴맥
	1-3.acrobatics4D캐릭터 MASK-Wig피팅기술 개발	⑤캐릭터MASK-Wig 피팅기술 시제품 개발	13.04 ~14.03	160	00
	1-4.acrobatics4D DMX Studio기술 시제품 개발	⑥acrobatics4D DMX 스튜디오기술 시제품개발	13.04 ~14.03	160	00
	1-5.acrobatics4D Max rider 콘트롤시스템 시제품개발	⑦acrobatics4D Max rider콘트롤시스템 시제품개발	13.04 ~14.03	160	00
공연사업화 추진	2-1블루오션 acrobatics4D공연 사업계획 보완 및 상설공연투자자 MOU	⑧블루오션사업 계획서 및 상설 공연투자자MOU	13.04 ~14.03	50	한국 민속 (위탁)
	2-2.스탭(Staff)확정 및 계약	⑨Staff 계약 및 공연 무대 개발보고서 ⑩사업기록영상 (10시간)	13.04 ~14.03	200	뉴맥4D

○ 3차 년도(2014)

연구개발 목표	연구개발 내용	가시적 결과물	연구기간	연구비 (백만원)	연구 수행기관
'acrobatics4D' 실증 및 공연사업개발 I	1-1.acrobatics4D공연 기획확정	①acrobatics4D연출, 음악시연 및 무대 설치보고서 ②스토리보드 영상 편집본	14.04 ~15.03	100	한국 민속 문화원
	1-2.acrobatics4D종합 연기완성	③핵심조연기인력 수급완료 ④종합연기완성보고 및 훈련시설운영 계획서	14.04 ~15.03	500	뉴맥
	1-3.acrobatics4D 쇼케이스 패키지 디자인 기술개발	⑤acrobatics4D캐릭터 쇼 패키지 기술개발 완료(의장/시연) 및 시행보고서	14.04 ~15.03	400	00연구소
	1-4.acrobatics4D DMX Studio 개발완료	⑥acrobatics4D DMX Studio 시스템개발 완료, 시연 및 설치 보고서	14.04 ~15.03	400	00
	1-5.acrobatics4D Max rider 리프팅콘트롤 시스템 개발	⑦acrobatics4D Max rider 리프팅콘트롤 시스템개발완료 시연 및 설치보고서	14.04 ~15.03	400	00전자
공연사업화 추진	2-1.acrobatics4D 마케팅기획 및 광고, 홍보대행사 선정 계약	⑧마케팅기획 및 광고 홍보대행사 선정 계약	14.04 ~15.03	200	한국 민속문화원
	2-2.상설공연사업 계획수립	⑨상설공연사업계획 및 공연기술운영 총괄보고서 ⑩사업기록영상 (20시간)	14.04 ~15.03	400	뉴맥4D

○ 4차 년도(2015)

연구개발 목표	연구개발 내용	가시적 결과물	연구기간	연구비 (백만원)	연구 수행기관
'acrobatics4D' 실증 및 공연사업개발 II	1-1.acrobatics4D공연 리허설 기획 및 실행	①acrobatics4D연출 리허설기획 및 무대리허설 ②리허설 영상 시뮬레이션	15.04 ~16.03	470	한국 민속 문화원
	1-2.acrobatics4D실증 공연계획 및 첨단 실증공연	③acrobatics4D실증 공연 계획서 ④첨단실증공연	15.04 ~16.03	1,000	뉴맥4D
	1-3.acrobatics4D 공연 · 무대 쇼케이스 (캐릭터,소품, 피아식별 장치등)	⑤ acrobatics4D 쇼케이스 및 실황입체영상 콘텐츠 매뉴얼 개발	15.04 ~16.03	200	0 0 연 구 소
	1-4.acrobatics4D DMX Studio무선컨트롤러 개발	⑥acrobatics4D DMX 스튜디오 무선콘트롤 장치 개발	15.04 ~16.03	200	00
	1-5.acrobatics4D Max rider 리그 안전 시스템 개발 및 매뉴얼	⑦acrobatics4D Max rider 리그 안전시스템개발 및 매뉴얼	15.04 ~16.03	200	00
공연사업화 추진	2-1.acrobatics4D 마케팅 서비스 기술개발 및 실증 사업평가	⑧SN 마케팅 서비스 기술개발 및 실증 사업평가	15.04 ~16.03	130	한국 민속 (위탁)
	2-2.리허설결과보고서 및 실증사업결과 보고서	⑨리허설결과보고서 ⑩실증사업결과 보고서	15.04 ~16.03	200	뉴맥4D

4. 연구개발 추진 전략 · 방법과 추진체계

연구개발 추진 전략 · 방법은 다음과 같다.

- 다 음 -

연구개발 목표	연구개발 방법
(전통곡예 · 묘기복원) 7종목 복원	1.전통곡예 · 묘기 7종목 복원정리→부경대학교 역사학과 학술연구 및 고증(연구용역) - 핵심연기자를 통한 복원 및 실증→한국민속문화원' - 사업수행 및 논문, 특허, 의장등록, 대회참가 입상 공연기록영상(100시간)제작 2.뉴스타일'acrobatics4D'공연기록영상(100시간)제작→'뉴맥'
(공연 시놉시스) 쇼케이스 전시	1.첨단실증 캐릭터 쇼케이스 피팅시스템 개발→(공동)00연구소 - 쇼케이스 전시 프로모션→00 주얼리(위탁) 2.공연 시놉시스→뉴맥(한국민속문화원 자회사)은 의장등록,특허,논문 등 담당
(프리 프로덕션) 경쟁력강화 자본금 10억증자	1.법인설립초기 자본금→한국민속문화원 자회사→뉴맥 (3억원 수준) - 자본금 증자(투자유치,기술보증기금,수익)→자본금(00억이상 증자) - 프리프로덕션 슈퍼파워 경쟁력강화→자본금 증자(3억→00억),핵심 연기자(3명→15명),Staff(2→5명) 및'acrobatics4D'기술력확보 (3건이상)
(acrobatics4D공연 무대연출) 캐릭터 쇼케이스 분장디자인기술개발	1.acrobatics4D캐릭터 쇼케이스 분장개발 → 00연구소에서 담당. - 성능평가 기준은→디자인기술의장 및 특허권 출원, 쇼케이스 평가 2.핵심연기자 테스트베드→뉴맥(한국민속문화원), acrobatics4D 핵심 연기자담당
(핵심인력수급) 연기자 융합 신기술 숙련도 5년차 수준 12명	1.acrobatics4D 핵심연기자 수급→뉴맥(한국민속문화원)이 전담 - 중국길림성 00 곡예단, 00곡예단, 러시아 곡예단 등 다문화 전문인력 교류 및 확보 협약체결, 관련학과 협약을 통해서 확보 2.캐나다 "KA", 국내'난타'등 파견연수 양성안 추진→뉴맥(한국민속문화원)
(acrobatics4D 첨단공연무대지원 기술개발)	1.캐릭터 쇼케이스 MASK-WIG 피팅/패키지개발→(공동)00연구소 가 개발 2.4D DMX Studio 무선 콘트롤러 개발→(공동)00라이트 개발담당 3.3단 MAX-RIDER 및 (안전이동)리그시스템→(공동)00 개발담당
(실증 사업 결과) 국내외 대회입상 의장/인증/특허/논문 등 마케팅 및 홍보 사업	1.acrobatics4D실증사업의 우수평가 및 글로벌 경쟁력지표→국내외 대외 입상 및 수상건수 2건 이상, 첨단실증 기술 매뉴얼 제작 2.개발기술의 의장/인증/특허/논문→(주관)뉴맥(한국민속문화원)전담 3.사업성(2년분, 국내외2천석규모전용극장 사전계약유치) 및 글로벌 공연 홍보 마케팅→00 수행담당

그리고 연구개발 추진체계와 추진체계의 우수성, 위탁연구/외부용역/기술도입/국제공동연구에 대한 내용은 지면의 양이 과하여 제외한다.

5. 사업화 계획과 기대효과

가. 시장분석

◆ 국내 문화콘텐츠 산업 전망

- 연평균 증가율 약 7.1%로 성장, 2012년 약 100조 원을 달성 전망

◆ 국내 공연예술시장의 경기동향 및 정황파악

- 〈난타〉의 누적 공연수 20000회 이상, 700만명 이상의 외국인 관람객을 유치, 한국의 퍼포먼스공연으로 자리매김.
- 〈점프〉 마셜아츠 공연〈점프〉 전용극장 세움. 〈난타〉와 더불어 대한민국 대표 문화 브랜드. 2003년 7월 첫 공연, 현재 총80여명의 배우, 7천회공연, 3백만명의 관객유치

◆ 국내 공연예술시장의 경기동향 및 정황파악

- 〈미소〉 전통공연을 가미한 관객 90%가 외국인. 지난해 9월 '미소'를 찾은 외국인 비율은 일본(1476명), 동남아(968명), 중국(859명)순. 1년 만에 중국(2433명), 일본(1432명), 동남아(1342명) 순으로 역전. 일본관객 3%줄어드는 동안 중국관객은183%증가.

1) 국내 · 외 시장 동향

<table>
<tr><th>구분</th><th colspan="2">주요동향</th></tr>
<tr><td>국내</td><td>동춘 서커스와 달리 태양의 서커스와 비교하여 우리나라에서 비교적 성공한 '난타'의 가치곡선

국내에 서커스단은 동춘, 서울 곡예단 포함3개</td><td>- 국내 · 해외 acrobatics 작품사업비교
<table><tr><th></th><th>태양의서커스 '퀴담'</th><th>동춘서커스</th></tr><tr><td>출연진(국적)</td><td>56명(15개국)</td><td>50명(한국, 중국)</td></tr><tr><td>액트</td><td>12개</td><td>18개</td></tr><tr><td>총 관객</td><td>1996년부터 19개국 800만명</td><td>1927년부터 약 1000만명</td></tr><tr><td>제작비</td><td>120억원(한국공연)</td><td>7억원</td></tr><tr><td>표값</td><td>5만5000~20만원</td><td>6000~8000원</td></tr></table>1927년부터 시작된 동춘악극 · 쇼서커스는 단원이 270명에 이르렀던 1960년대가 저물며 TV드라마와 영화에 관객을 잃고, 단원들은 짐을 쌌다. 단원들이 '사회'로 나가면서 묘기가 빠지고, 단원(100명) 절반은 중국인으로 대체됐다. 하루 3회공연 중 낮 손님은 대부분 노인들이고 800석 객석엔 보통 300명 정도에 불과. 날씨가 궂으면 전멸.</td></tr>
<tr><td>국외</td><td></td><td>- 글로벌 수준의 첨단공연:캐나다 '태양의 서커스(Cirque de Soleil)'
1984 카나다 몬트리올에서 시작하여 현재 전세계 40여 개국 진출, 1,200명의 단원을 포함하여 직원이 5,000명에 이르는 세계 최대 규모의 글로벌기업. 전 세계에서 현재 23개 쇼를 공연하고 있으며, 연 7백만 관객 및 매출 6억불 달성.</td></tr>
</table>

2) 국내 · 외 시장 현황(단위: 백만원)

구분	현재	현재+3년	현재+6년
세계 시장 규모	200 억 달러	10% 성장	5% 성장
한국 시장 규모	3000억 시장	15% 성장	20% 성장
수출 규모	추후 게재		
수입 규모	추후 게재		

3) 국내 · 외 수요기관 현황

수요기관	국가명	사용용도
잠실종합운동장내 빅탑	한국	공연장
성남아트센터 오페라 하우스	한국	공연장
샤롯데시어터	한국	공연장
세종문화회관	한국	공연장
LG아트센터	한국	공연장
대학로예술마당	한국	공연장
충무아트홀대극장	한국	공연장
KT&G상상아트홀	한국	공연장
워커힐	한국	공연장
Apple Theatre	일본	공연장
WelCity Art Hall	일본	공연장
상해동방예술중심 The Shanghai Oriental Art Center	중국	공연장
City Hall, Tuen Mun Town Hall	중국홍콩	공연장
Esplanade Theatre	싱가폴	공연장
브로드웨이	미국뉴욕	공연장
웨스트엔드	영국	공연장
Assembly Hall,	영국	공연장
Peacock Theatre	영국	공연장

4) 국내 · 외 경쟁기관 현황

경쟁기관명	국가명	관련제품 및 기술
‘태양의 서커스’	캐나다	- ‘퀴담’(1996년작) 12개 장면구성 → 에어리얼 후프’, 인간 피라미드를 볼 수 있는 ‘방퀸’, 중국식 요요 묘기 ‘디아볼로’, 바퀴로 중력에 도전하는 ‘저먼 휠’, 줄 하나에 의지해 공중을 날아다니는 ‘스패니시 웹’ 등 12개 장면구성. - Story → 복잡한 세상에서 길을 잃은 소녀(조이)가 퀴담의 세계로 빨려 들며 시작되는 이야기. - 강렬, 섬세한 노래, 격정적인 라이브 연주, 환상 여행을 돕는다.  
‘난타‘ PMC프로덕션	한국	난타 넌버벌 퍼포먼스,타악퍼포먼스
‘점프’예감	한국	마셜아츠
‘미소’명동극장	한국	전통무용 퍼포먼스 아트
‘엘리자벳’	한국	창작뮤지컬 K-지컬

나. 사업화 계획

1) 사업화 계획 및 전략

◆ acrobatics ‘4D’ 복원과 실증 (CT융합전략기반)

· “전통 곡예·묘기 복원” + “뉴스타일의 CrossOver Story” + “스마트4D융합공연 디자인(표현)”

◆ ‘acrobatics ‘New脈4D’ : 표현요소(전통 곡예 · 묘기복원)→ Story(글로벌소재‘삼국지’)구성 특징

(1) 온고시신 옛것에서 부터 새로운 것을 창출하여 융합과 공생
(2) 가능성의 공간이 아닌. 문화적인 실증 첨단화 산업가능
(3) 문화적인 분위기, 한국의 정서에 맞는 난타, 점프, 미소처럼 장기적인 공연 성공요소 고려
(4) 신개념 4D뉴맥기술산업의 지능형 스토리텔링을 통한 디지로그형 예술 컨텐츠를 생산
(5) 실증화 첨단화 된 것은 컨텐츠의 양질에 따를것이이다.
(6) 소비자들의 원하는 가치를 제공하여 전세계적인 보고싶은 공연
(7) 국가와 지역발전의 중요한 문화산업의 경제적 성장에 실질적인 기여

◆ 새로운 한류 이끄는 전통 곡예 문화상품으로 개발
(1) 전통문화의 산업화 기반 마련을 위해 산업인프라 구축 및 법제도를 개선
(2) 전통문화와 첨단기술을 접목한 콘텐츠 제작 R&D 사업

◆ 넌 버벌 퍼포먼스로 비언어극으로 세계적으로 공통 이해를 이끌어 낼 수 있도록 한다.

[점프] 역시 영어권 해외 시장의 벽을 느끼고 오프브로드웨이 공연은 2008년 7월 채 1년을 넘기지 못하고 막을 내림. 외국인 관객에 주목하여 작품 전용관을 만들고 상설공연에 들어간다.

◆ 지역관광컨벤션 전략산업과 연계한 현지화 장기 공연(상설 전용 돔 공연장)관광 상품개발하고 2012년 3개년 사업 한국방문의 해 사업에 맞물려 G-20정상회의, 대구 세계육상선수권 대회, 여수 세계해양박람회 등 대규모 이벤트의 국내 개최가 예정되어있어 2012년 1000만명 시대 도달 이후 향후 한국의 문화 공연에 대한 신뢰를 세운 기반아래 토대를 다져 새로운 신기술력을 접한 한국의 강점 공연 상품으로 개발한다.

PRODUCR - 제품의 개발과관리전략 - 국내는 물론 해외시장까지의 공연시장의 다변화전략 - 관광상품 연계 및 어린이교육공연, 주부, 기업별 이벤트 등 공연상품의 한계와 특성을 반영한 다양한 마케팅 전략수립 - 고객의 불만사항을 적극 반영 - 새로운 버전의 업데이트와 작품의 완성도를 위한 공연상품 개발노력 - 장기적이고 계획적인 브랜드 관리	PRICE - 티켓가격의 다양화 노력 : 기업vs일반, 어린이vs어른, 국내vs국외 등 - 초기와 현재의 전략 - 초기 : 국내 해외 관광객을 타깃으로 한 가격 전략{할인 이벤트를 통한 전략 초기가격은 공연의 퀄리티에 합당하게 산정} 기존의 공연의 룰과의 별도로 진행. - 성장기 : 가격의 다양한 프로모션을 통해서 이루어진 성장과정을 통해서 고가전략을 취하여 가격고정[제휴회사와 연계를 통한 가격할인]
PLACE - 관광산업과 연계한 여행사 전략적 거점 장소의 공연장에서 공연을 열어 패키지 상품에 티켓 구매 가능하도록 공연예술 공간전략 - 계층별 관람객 라이프스타일을 반영한 공연 시간대 배정 : 어린이, 주부, 일반 직장인 등에 따른 공연시장 차별 배정 - 티켓유통의 다경로 유통 확대 : 인터넷 및 콜센터 등 티켓유통 확대 티켓	PROMOTION - 인터넷, 스마트 어플리케이션, TV등 대중 매체와 옥외광고 지하철홍보 및 인터넷 홈페이지를 통한 적극적이고 조직적인 홍보 - 타광고(기업)과의 연계 노출 홍보 - K-POP 스타마케팅으로 출연 연기자를 K-POP스타의 공연으로 홍보대사로서의 홍보 - 기획공연, 이벤트공연, 부대 쇼케이스사업 등을 통한 홍보

2) 사업화 목표

구분	(2015 년)	(2016 년)	(2017 년)	산출근거
국내매출(억원)	60억원	15% 성장	30% 성장	회기 분석을 통한 자료추세분석
국외매출(백만$)	50만달러	8% 성장	13% 성장	회기 분석을 통한 자료추세분석

3) 사업화의 문제점과 극복 방안

〈문제점〉

① 기존 뮤지컬, 넌버벌 퍼포먼스형식들에 익숙한 소비자→뉴 스타일 컨텐츠 카테고리 인식 한계

② ‘태양의 서커스’ 같은 최고수준의 컨텐츠에 노출된 소비자의 고급스런 눈높이와 기대치 극복

③ 전통에 곡예 묘기의 첨단화 실증 산업 자체에 대한 문화적 외면 가능성

④ 새로운 가치의 시장 개척 시 발생하는 기존 문화시장 정서와 소비자들의 반응에 대한 불확실성

⑤ 최첨단 기술 도입으로 인한 대규모 자본력과 경제적 물량 투입의 필요성

〈극복방안〉

-《세계와 함께하는 대한민국 문화예술 발전전략 주요 내용》을 통한 극복전략

① 글로벌 문화예술의 도약과 발전을 위한 문화예술 4대 지원전략 및 10대 핵심과제
  - '문화예술 선진국으로의 도약'이라는 비전 선언.

② 스마트 문화예술(Smart Arts) 창조 한류 지속화를 위한 문화예술 교류강화 → 한류지속화

③ 창작 뮤지컬을 위한 창작 뮤지컬 등 문화예술 전문 펀드('12년 총 120억 원 출자)조성

④ 국내외 성공사례 창출을 위한 국내 재공연 및 해외 진출 지원('12년 30억 원)

⑤ '13년부터 '한국 뮤지컬 아카데미' 신설하여 창작 인력을 양성
  - 문화예술과 기술의 만남 미디어 아트 등 문화예술에 산업·기술을 융합 첨단화('12년 39억 원)
  - 기업경영, 산업제품·기술 개발에 문화예술 인력과 아이디어가 결합지원을 통해서 문제점 극복

다. 기대효과

기대효과 중 산업적인 측면에서 살펴보면 우리나라를 방문하는 외국인 관광객을 대상으로 하는 공연관광 영역이 가장 뚜렷한 성장을 보이고 있다. 〈난타〉, 〈점프〉, 〈미소〉 등이 더욱 성장하게 되면, 그 자체가 우리나라 공연산업의 성장을 의미하게 되며, 이는 외국에 유사한 사례가 없는 우리나라만의 독특한 성장 사례로 평가될 수 있을 것이다.

앞으로 10년 동안 전체 외국인 관광객의 10~20% 정도가 국내에서 공연을 관람하게 될 것으로 가정하면, 외국인 관광객 1,000만 명을 기준으로 볼 때, 연간 최소한 200만 명에서 최내 300만 명까지 외국인 관객의 유치가 가능할 것으로 전망된다. 그리고 만약 외국인 관객 200만 명 시대가 열리게 되면 현재와 같이 넌버벌 퍼포먼스 및 전통예술 공연관광은 인바운드 관광시장의 질적 발전 및 양적 성장에 중요한 받침대 역할을 할 것으로 보인다.

공연예술은 외국인 관광객에게 그 나라의 문화를 이해하고 경험하게 함으로써 해당 나라에 대한 긍정적인 이미지를 가질 수 있게 만들어 주며, 재방문 의사를 높여주어 관광시장 확대에 기여하게 되기 때문이다. 우리나라 공연관광의 시장 동향과 지원 정책의 방향이 가치형 관광상품으로서 경제적 측면에서도 인바운드 관광시장의 질적 성장에 기여할 것으로 기대된다.

서비스 산업의 역량이 난타와 같은 규모의 공연만큼의 월등한 내수 시장의 확보를 동해서 GDP규모 서비스 문화 산업의 63%로 상승가능성이 있고 문화컨텐츠 산업은 제조업 대비 성장률, 고용유발 효과, 수출 증가율이 높은 고성장 산업이자 '저

탄소 녹색성장'을 선도할 미래 고부가가치 산업"으로 국민소득 4만불 시대를 이끌어 갈 신 성장 동력산업으로 각광받을 정도로 중요한 산업이다. 한 산업의 노동 수요를 판가름할 수 있는 고용유발계수 또한 10억원 투입시 문화컨텐츠산업(13.9명)은 제조업(8.4명)보다 높은 수치를 자랑한다. 이와 더불어 젊은 층들의 소비문화를 자극할 수 있는 가장 핵심적인 산업이기 때문에 미래 가정을 이루는 젊은이들을 대상으로 한 미래가 더 중요한 역할을 한다.

기술적 기대효과는 본 과제가 첨단화 실증작업 - 뉴맥4D 영역-을 통하여 재탄생되기에 공연시장이 아닌 과학 엑스포 이런 관점에서 접근하면 기존의 난타, 점프, 태양의 서커스와 같은 공연 흥행이 아닌 IT 컨텐츠의 지속 개발 및 성장을 통해 또한 과학 체험과 같은 교육적 의미까지 부여한다면 -운동 역학-지금까지와는 전혀 다른 차원의 산업모델까지 확대될 수 있다.

"창작 · 공연 · 전시"는 공연분야에서 비교적 다양한 기술들이 활용되어, 창작 및 전시분야에서의 기술 활용을 통해 디지털 스토리텔링 저작도구가 개발될 것이다. 그리고 공연자와 상호작용, 파노라마식 무대배경막(cyclorama), 광학움직임 추적(optical motiontracking) 기술 등이 공연에 활용되고, 관람객과 전시물, 공간과 상호작용이 가능한 기술 등도 개발될 것이다.

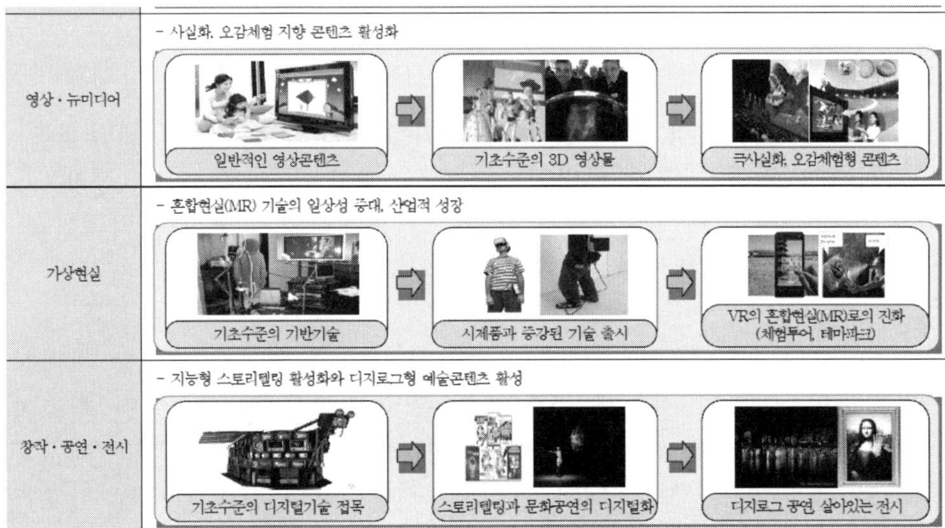

Ⅳ. 부산의 발견

부산의 발견에 대하여는 크게 15가지로 나누어 정리하였다. 이중에서 국제신문에 칼럼을 기고한 것이 '멍석'을 제외한 14편이다.

국제신문 전통민속 관련 칼럼 : 부산의 '법고창신'

(1) 지역 대표 상징물 자격루, 세계 일류급 부산의 보물

'옛것은 소중한 것이다'. 그러나 박제 속에 갇힌 옛것은 안 된다. 과거의 소중한 것들이 현대에 계승 발전되고, 미래 세계에 이어가야 한다. 옛것을 본받아 새로운 것을 창조해야 한다는 것이다. 옛것에 토대를 두되 그것을 변화시킬 줄 알고 새것을 만들어 가면서 근본을 잃지 않으면 더 좋다. 조선 시대 판옥선과 초가집, 궁궐 가마, 상여, 디딜방아를 비롯해 전국 유명 박물관이나 민속촌의 민속 물품들과 역사 드라마에 필요한 역사적인 소품 등을 연구와 고증까지 거쳐 직접 제작하는 민속학자가 부산의 옛것을 바탕으로 새로운 미래를 제시하는 이야기를 풀어낸다.

<그림 4-1> 자격루

법고창신(法古創新)은 우리나라에서 만든 성어이다. '열하일기'로 잘 알려진 북학파의 연암 박지원(1737-1805)이 한 말이며 출전은 연암집 권 1 초정집서(楚亭集序)이다.

이 뜻에 동조하는 이가 있다. 서양의 마이크로소프트사의 빌 게이츠가 그랬다. 옛것을 아는 것은 당연하고 그것에 창조를 더해야 한다고 했다. 우리나라 장영실도 시대는 달라도 법고창신 정신의 원조라 해도 과언이 아니다.

장영실은 세종 재위 기간 간의대(簡儀臺)를 비롯한 천문기구 여러 점, 앙부일구(仰釜日晷), 현주일구(懸珠日晷) 등의 해시계, 자격루(自擊漏 · 사진)와 옥루(玉漏) 등의 물시계 등을 속속 개발했다. 일련의 발명품이 탄생하게 된 고민의 이면에는 정확한 시간을 백성에게 알리고자 하는 열망이 존재한다. 정확한 시간을 알린다는 것은 왕도정치 사상과 부합했다. 제왕이 하늘의 뜻, 즉 천체를 관측하여 백성에 농시(農時)를 하사하는 일을 관상수시(觀象授時)라고 불렀다. 당시까지 중국에서 고안된 천문대를 썼으며, 해마다 중국 황제에게 가서 달력을 받아 포고했다. 간의대는 우리나라 실정에 맞게 고안된 최초의 천문기구였으며, 이를 통해 조선의 독자적인 시간과 공간이 창조됐다. 간의대가 우리 고유의 책력을 탄생시켰다면, 앙부일구는 동서양을 통틀어 궁중의 전유물이었던 시간을 백성에 돌려준 발명품이라고 할 수 있다. 장영실이 앙부일구를 제작하자 세종은 백성이 다 볼 수 있는 종묘 거리에 이 해시계를 설치하도록 했다. 이로써 조선의 백성은 서양보다 몇 세기나 앞서 정확한 시간을 알 수 있게 되었고 과학의 대중화와 선진화도 이루어 졌다.

장영실의 발명품 중에서 가장 돋보이는 작품은 바로 자격루다. 자격루라는 명칭에서 유추할 수 있듯이 자동으로 종, 북, 징을 움직여 시간을 알려주는 물시계이다. 물시계는 기상의 변천과 관계없이 시간을 잴 수 있다는 점에서 해시계보다 더 안정적인 모델이다.

자격루가 세계 최초의 자동 물시계는 아니며 그 한계는 세계 여러 나라 학자들이 절감하고 있었다. 11세기에는 송나라 과학자 소송이 물레방아를 이용했으며, 12~13세기에는 아랍의 과학자 알 자자리가 쇠공을 이용한 자동 시보장치를 개발했다. 장영실이 진정 뛰어난 점은 이러한 연구 성과들을 집대성해 이를 접목하면서도 더욱 뛰어난 장치를 만들었다는 데 있다.

부산에는 부산을 대표하는 상징물이 많다. 영화의 전당, 광안대교, 앞으로 지을 오페라하우스 등이 있다. 영화의 탄생이 뤼미에르 형제에 의한 1895년이고 오페라의 기원은 1597년으로 보고 있다. 이의 문화 원류는 외국문물이라는 것이다. 우리 것

에 관한 관심이 뒤처진 상태에서 부산에 세워진 이것들에 의해 우리의 눈이 평소와 달리하게 될 것이다. 지금 이 시대 뉴욕의 '자유 여신상', 파리의 '에펠탑', 이집트의 '피라미드', 중국의 '만리장성' 등은 밤낮없이 세계인을 대상으로 손짓하고 있다. 세계인은 그곳에 간다. 하지만 영화의 전당이나 광안대교나 새로 생길 오페라하우스 때문에 세계인이 밤낮으로 한국에 오기에는 미약하다. 1000년이 지난 신라의 다보탑이 있어도 세계인이 찾아오지 않는다.

이제는 우리의 전통·민속에 관련된 문화 상징물이 부산에도 필요하겠다. 우리의 눈을 달리하게만 할 것이 아니라 우리의 전통·민속이 담기면서도 세계인이 한국을 찾아올 수 있는 것이 있어야 한다.

자격루를 상징물로 하자. 특별하고 크게 만들자. 영속적이고 영국의 '런던아이'보다 100배 크게 만들자. 그 만드는 기간이 10년이든 20년이든 상관없다. 땅과 하늘과 바닷속으로 도는 캡슐이 달린 물레방아처럼 약간 변형된 그런 자격루도 좋다. 자격루를 만든 장영실은 부산이 탄생시킨 위대한 과학자가 아닌가.

(2) 문화재 보고 동래 무지개형 돌다리 이섭교는 꿈?

부산시 슬로건은 '다이내믹 부산'이다. 역동적인 이미지다. 하지만 부산이라는 도시가 가진 입체적인 매력과 특유의 역사성을 떠올리기는 쉽지가 않다. 한 도시의 품격은 현재뿐만 아니라, 그 도시가 이루어온 역사로 그 깊이를 더하는 일이 많으며 잘 보전된 문화유산은 그 지표 중 하나다.

부산은 지정학적으로 해양문화와 대륙문화가 교차하고 충돌하는 지점에 있고, 그 때문에 중층적인 역사와 문화의 흔적이 여기저기 산재해 있다. 그러한 역사 속에서 빼놓을 수 없는 코드가 바로 '동래'이다.

오랜 기간 부산의 중심지였던 동래에는 문화재들이 많다. 동래읍성만 해도 상당부분 복원돼 많은 시민이 찾고 역사문화 축제 등으로 문화와 교육적 측면에서 의미 있는 곳이 되었다. 여기서 아쉬운 곳을 꼽자면 동래부 동헌과 이섭교(利涉橋)다.

동래부 동헌은 조선 시대 동래부사가 업무를 처리하는 공적인 공간일뿐더러 사적인 생활도 이뤄진 곳이다. 대일 외교의 창구라는 중요한 임무를 맡고 있어 다른 곳과 달리 수령이 당상관(정3품 이상)으로 임명되었고, 조선의 국방편제인 진관체제에서 독진(獨鎭)으로 인정받아 독자적인 군사지휘권을 행사했다.

동래부 동헌은 일본 침탈 전까지 동래(부산 전역)지방을 통제하는 행정기관 역할을 해왔지만, 1920년대 일제강점기 시가지계획으로 많은 부분이 훼손돼 그 일부만 복원되었다. 그럼에도 부산에 남은 조선 시대 목조건축물 중 단일 건축물로서는 최대 규모의 문화유산으로 알려졌다. 그런데 동래부 동헌을 답사해 본 사람들은 상상과는 전혀 다른 복원 모습에 실망하기 마련이다. 그도 그럴 것이 시장 한복판에 있어 눈에 잘 띄지 않을뿐더러 복원 상태 또한 실망스럽다. 동헌 내 각종 부속 건축물은 고사하고 대문(大門), 외삼문(外三門), 내삼문(內三門), 본청(本廳)을 줄기로 하는 전통건축물 특유의 가람배치조차 제대로 구현되지 않았다. 현재는 본청인 충신당, 동익랑 정도만 복원됐고 그 두 건물의 간격도 매우 가까워 답답하다. 동래부의 옛 위상을 생각하면 참으로 안타깝다.

최근 동래부 동헌을 추가 복원한다는 소식이 있어 반갑다. 올 초 많은 예산을 들여 부지를 사들이고 서익랑(西翼廊), 독경당(讀經堂), 찬주헌(贊籌軒)의 복원을 결정했다고 하니 이제 동래부 동헌도 조금씩 모양새를 갖추어 갈 것으로 보인다.

이번 결정으로 동래부 동헌이 본모습을 갖추는 것은 아니다. 본래 동래부 동헌의 외삼문인 독진대아문(獨鎭大衙門)은 역시 관아 앞에 서 있던 망미루(望美樓)와 함께 금강공원에 옮겨졌다. 독진대아문은 기둥에 동래부 동헌이 부여받은 권위가 명시돼 있어 현재 복원된 솟을삼문과는 비교할 수 없는 깊이가 느껴진다. 반드시 제자리를 찾아야 할 문화재다.

이섭교는 1694년 지금의 동래구 낙민동에서 연제구 연산동으로 갈 때 건너야 하는 온천천에 놓인 다리로 4개의 아치를 연결한 돌다리였다. 이전의 나무다리가 쉽게 부식되어 그때마다 수축하는 번거로움이 있고, 이에 따른 민폐가 심해 돌다리를 설치한 것이다. 그러다가 지난해 10월에 부산에서는 이섭교는 아니지만 새로운 다리가 설치됐다. 정말 탄식이 나올 정도로 볼품이 없다. 차량을 못 다니게 말뚝을 박은 밋밋한 다리다. 인도와 차도가 있는 일반다리 바로 옆에 폭이 좁아 사람만 다니는 다리다. 다리가 끝나는 지점의 옆에 이섭교 비석을 세워져 있다. 예전의 이섭교 자리에 뒀다. 일자로 된 이 다리는 이섭교가 아니며 금으로 만든 깊은 뜻이 담긴 금전 1닢과 단지 숫자를 10원짜리 1닢과 똑같이 취급하는 것과 다를 바 없다. 이섭교를 놓았던 동래부사 이희룡과 7면(面) 69계(契)의 조상은 저승에서 대로할 것이 분명하다.

그래서 꿈을 담은 다리를 그려본다. 이섭교는 역사와 시민의 마음이 다니는 아름다운 무지개 문화상품의 다리가 될 것이다. 동래와 연산의 아이콘이 될 수 있다. 지금 바라는 것은 화강암으로 된 홍예 형 이섭교다.

〈그림 4-2〉지난해 설치된 이 다리는 이섭교 있던 자리와 가깝게 설치되어 있고 앞에 차량 통제용 말뚝이 놓여 있다.

무지개 홍예형 이섭교 복원은 명실공히 부산의 새로운 문화공간과 휴식공간으로 자리매김할 것이고 또 동래부 동헌의 추가 복원에 더 신경을 써야 한다. 제대로 된 고증과 역사와 문화와 미래의 블루오션을 생각해야 한다. 다른 곳에서 찾을 수 없는 차별된 역사에 걸맞은 문화상품이 있으면 부산의 이미지는 더욱 '다이내믹' 해진다.

(3) 인간과 밀착한 생명체 디딜방아 코카콜라 병보다 더 섬세함 · 아름다움

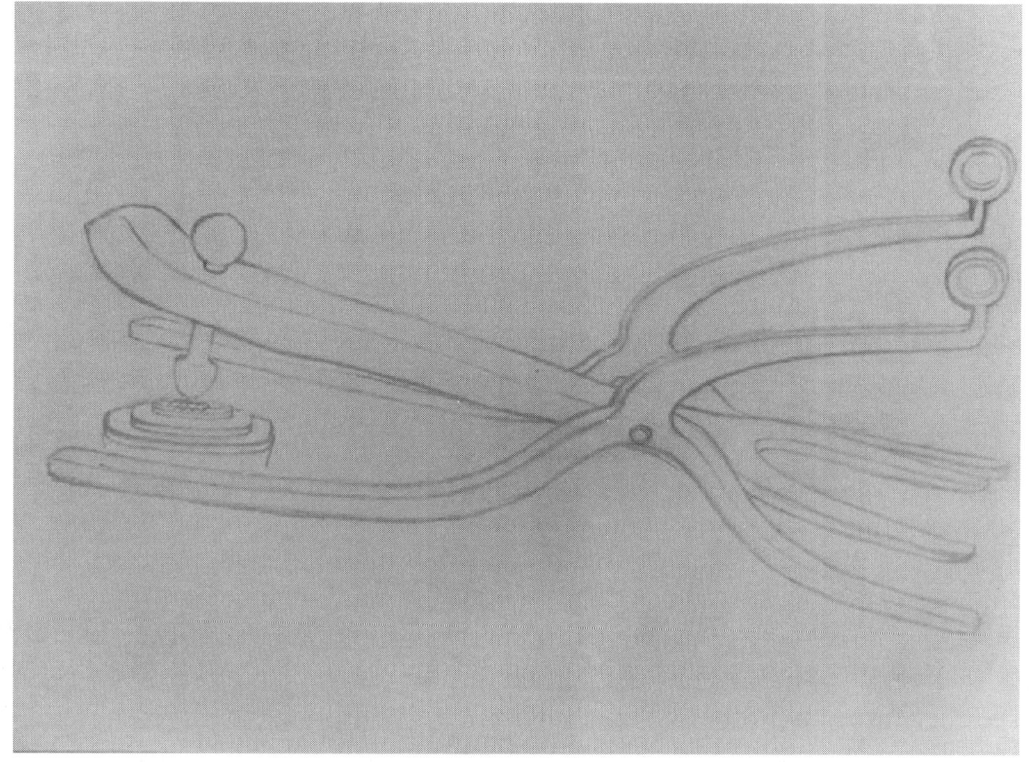

<그림 4-3>시민공원에 설치하고픈 조형물, 필자가 구상해 본 것임

민속품 제작 활동에서 희열을 느끼는 작품이 있다. 작품 과정에서 진중함 없는 것이 어디 있겠느냐마는 외형이 코카콜라 병보다 절구통의 오목한 몸통보다 더 아름답다. 머리는 사람 머리처럼 뭉텅하지만, 그 아래로 타고 흐르는 몸체는 여성의 허리처럼 잘록하게 섬세한 곡선에서 오는 작업은 감탄이다. 두 가지를 뻗어 나오는 다리는 여성 다리 그 자체다. 이 부분의 작품 과정은 조심스럽고도 섬세해야 한다. 이는 디딜방아(그림)다.

우리나라 디딜방아는 두 번의 변천 과정이 있었다. 한 번은 손에서 발로, 또 한 번은 외다리에서 두 다리로 변천한 것이다. 디딜방아는 손으로 공이를 사용하던 절구가 재창조돼 발로 밟아서 곡식을 찧거나 빻는 농기구다. 디딜방아 부분 명칭이 방아 틀, 방앗공이, 방아다리, 볼씨, 쌀개, 방아 확, 방아를 쓰지 않을 때 방아 틀을 고이는 괴밑대, 방아를 당기거나 손을 잡는 방아 줄, 디딤 대가 있다.

디딜방아 찧기에 관한 기록은 삼국사기에 고구려 영양왕 때의 온달장군 고사 중에서 공주 말에 '한 말의 곡식도 찧어서 함께 먹을 수 있고 한 자의 베도 기워서 같이 입을 수 있다'고 기록되어 있고 이후 기록은 고려사에도 나온다. 고려 시대 '

방아노래'가 조선 초기의 악보인 '시용향악보'(들커덩 소리 나는 방아지만…)에 나오고 판소리 심청가(어유와 방아요~), 춘향가에는 춘향을 방아확에, 이몽룡을 방아공이에 비교하여 성적 유희를 담는다. 우리나라 디딜방아에는 다른 나라보다 소중한 의미를 더 많이 가지고 있고 인간과 밀착되어 전해졌고, 사람처럼 인식하는 생명체로 대해 왔던 것이다.

디딜방아 관련 속담이 30개가 넘는다. 방아를 신체 구조에 견주어 방아머리, 방아허리, 방아다리, 방아가랑이라 하였고, 행위적 요소도 코방아, 입방아, 엉덩방아, 붓방아도 있다. 무덤의 그림에도 디딜방아가 나오는데 안악3호 무덤, 약수리 무덤, 마선구 1호 무덤, 요동성 무덤, 평양 역전무덤이 그것이고 우리의 풍속도도 세계 각 지역에 있는데 미국 클리블랜드 박물관(10폭 병풍이고 18세기 작품), 대영박물관, 영국 도서관, 프랑스 국립 기메동양박물관, 미국 스미소니언 박물관, 빈 민속박물관 등에 있다.

디딜방아는 사람의 왕래가 빈번하거나 삼거리 등에 동방으로 놓는다. 디딜방아는 정월 보름에 여자의 피묻은 속곳을 입혀 거꾸로 세워두기도 했다. 주술성이 있기 때문이고 이러한 운반이나 세우는 과정 등이 놀이화와 오락성이 가미되곤 했다. 여러 사람의 먹거리를 제공하면서 정보와 문화양식이 녹아있는 장소이기도 하였다.

디딜방아가 찧어지는 양식은 우리나라의 디딜방아는 다리가 두 개라는 것이 가장 큰 특징과 관련이 있다. 혼자가 아니라 두 사람 이상 힘의 균형과 동작의 조화로 방아공이가 깊은 방아확에서 출발해 일상의 지평 끝을 벗어나 공간을 지나면서 우주로 가서는 중력의 힘으로 깊은 방아확으로 순식간에 내려치며 인간의 양식거리를 찧는다. 디딜방아 작업자는 대부분 여성이지만, 디딜방아 자체의 작업기구로는 남성의 역할 즉, 공이가 달린 디딜방아는 돌확을 행하여 남성의 힘센 역할을 해 댄다. 여기서 우리나라의 양다리 디딜방아는 외다리의 외국 디딜방아에서 법고창신 했다는 점을 다시 한 번 강조한다.

최근 협성문화재단이 부산시민공원에 30억 원짜리 조형물을 기부하려 했지만, 부산시 조형물심의위원회가 작품성이 낮다는 판정을 내려 설치를 '거부'했다고 한다. 주변 경관과 어울리지 않는 작품은 흉물이 될 수 있으니 신중해야 함은 물론이다. 지금 세대는 물론 후세가 어울려서 오랜 세월 즐길 곳인 부산시민공원 상징 조형물은 일본이 그곳에 경마장을 만들기 전의 역사적·장소적 의미와 부산시의 미래 지향적인 의미도 담아야 할 것으로 보인다. 그렇다면 조상의 지혜로운 생활습속 용구에서도 아이디어에 착안해 우리 땅에 우리 상징물을 생각해보면 어떨까.

(4) 명지(鳴旨)와 소금

〈명지를 대표했던 자염과 노초수공업〉

인류에게 소금과 풀은 생존하기 위해 꼭 필요한 요소다. 소금과 풀의 역사는 곧 인류의 역사와 궤를 같이해왔다. 우리 역사에서도 소금의 가치는 각별했다. 조선은 각 지역의 소금 생산장인 염분을 분류, 목록화하고 관리하였다. 이렇게 관리된 소금은 쌀이나 포로 바뀌어 국가재정, 지방 재정이 큰 보탬이 되었다. 특히 소금은 대규모 기아사태를 해결할 때 가장 중요한 자원이었다. 흔히 기근이 찾아왔을 때 환곡, 즉 곳간을 열어 쌀을 나누어 주는 모습을 상상하기 쉽다. 하지만 그보다 더 경제적이고 실질적인 도움이 되었던 것은 다름 아닌 소금이었다. 우리 조상은 먹을 것이 없어지면, 들판으로 나가 풀뿌리를 캐어 먹거나 나무껍질이나 연한 풀의 속을 먹었다. 그러나 도저히 그냥 먹을 수 없는 것은 나라로부터 구황염(救荒鹽)을 타 간을 쳐먹었던 것이다. 기아문제를 해결하기 위한 궁여지책이었지만, 효과는 대단했다.

조선 시대 널리 쓰이던 소금 생산방식은 자염(煮鹽)이었다. 자염이란 염분이라 불리는 대형 가마에 염도가 높은 정수된 바닷물을 넣고 끓여서 만드는 소금, 혹은 제작공정 자체를 말한다. 자염에 쓰이는 바닷물은 미네랄이 높은 진흙에 정수했기 때문에 천일염보다 품질이 훨씬 우수했다. 20세기 초 조선의 자염은 1831엔(일본 화폐 기준), 일본에서 같은 방식으로 생산한 전오염은 1335엔, 대만과 청의 천일염은 1000엔 수준이었다는 사실로 그 품질을 유추할 수 있다. 그러나 자염은 생산단가가 너무 높았다. 이유는 자염을 끓일 때 소모되는 땔감의 비용이 대단히 많이 들었다는 데 있었다. 조선을 일종의 군수공상으로 만들려 했던 일제는 인천을 시작으로 북한 지역에 대대적으로 천일염전을 세웠다. 값싸고 생산성이 좋은 소금을 많이 조달하기 위해서였다. 상황이 이렇게 되자 한때 충청, 전라, 경상도 지역을 중심으로 전국에 퍼져 있던 염분은 자연히 쇠락하기 시작했다. 이는 해방 이후 남한의 소금 공급이 부족하게 된 직접적인 원인이 되었고, 이승만 정부 또한 천일염전을 대대적으로 세우게 되었다. 이 과정에서 우리 전통의 자염은 안타깝게도 자취를 감추게 되었다.

소금과 노초수공업의 발달, 즉 소금 생산과 노초수공의 재료인 갈대가 많이 생산되어 조선의 지역적으로 교류나 생산까지 중요한 지역이 명지(鳴旨)였다. 해방 이후 천일염업의 성행과 플라스틱 제품의 등장에 따라 명지의 자염업과 갈대로 만든 노초수공업 또한 쇠락하고 말았다. 이러한 업들은 몇몇 뜻있는 인사들이 발기하여 중흥을 꾀하였지만 천일염보다 경제성이 떨어졌기 때문에 지속성 있는 사업이 되지 못하였다. 아쉬운 점은 산업적, 경제적 실패 때문만은 아니다. 이 지역의 소금과 노초수공업은 영남지방 전체와 낙동강 물줄기를 타고 우리 조상의 노동, 음식, 주거문화에 큰 영향을 끼쳤을 뿐 아니라 앞서 살펴보았듯이 기술사적 맥락에서도 그 의미가 남달랐다. 오늘의 우리 모습은 과거의 지층이 쌓이고 쌓인 결과일진데 우리는 지금 이 순간에도 너무나 많은 것을 잊고 살아가고 있다는 느낌이다.

전남 신안군 증도면에는 유명한 '소금 박물관'과 '태평염전'이 있다. 두 곳은 모두 근대문화유산으로 지정되었으며, 소금의 역사와 문화를 담고 체험프로그램을 운영하는 등 소금에 대한 인식을 산업 외적으로도 확대하고 있는 모범적인 사례라고 할 수 있다. 과거의 흔적을 더는 찾기 어려운 지금의 명지도와 묘한 대조를 이룬다.

증도는 천일염에 대한 내용을 담고 있는데 우리 전통의 제염방식인 자염의 대표적 생산지였던 명지도 역시 적어도 그만한 가능성을 이상을 지니고 있다고 생각한다. 섬 전체가 온통 갈대밭이어서 갈대를 이용한 '노초수공품'이 특산물이었다고 하는 명지가 좋은 환경과 더불어 주변에서 짚풀을 채취하는 학습의 장이 될 수도 있다. 소금의 문화와 역사, 짚풀의 문화와 역사가 부산의 도시 이미지를 더욱 풍요롭게 할 것이다.

(5) 부산 강서구 천가동(가덕도)

〈옛 이름 天城은 '하늘의 성' 공항 의미〉

부산 강서구 천가동의 가덕도는 서울 여의도보다 크고 영도보다 큰 섬으로, 면적은 20.78㎢이고 최고점은 연대봉(459.4m)이다. 가덕도의 대항마을과 외항포 등지에서 토기 패총의 흔적과 지석묘의 출토로 선사 시대부터 고려·조선 시대까지 사람이 살았던 흔적이 확인된다. 1914년 창원군 천가면에 속하였고, 1980년 의창군 천가면으로 편입되었다가 1989년 부산 강서구로 편입됐다.

기록에 따르면 1544년(조선 중종 39년) 이 지역에 왜구의 침입을 막기 위하여 가덕진(加德鎭)과 천성만호진(天城萬戶鎭)이 설치(1859년 철종10년에 폐지)되었다. 조선 말기 제국주의 열강의 침략에 대한 대외정책의 표방과 대국민 각성을 위해 흥선대원군이 펼친 쇄국정책의 상징물로 1866년 가덕도 척화비(부산시 지정 기념물 제18호)도 있다.

러일전쟁을 치르던 중인 1904년 8월 일본군도 가덕도 외양포에 지대한 관심을 두고 처음 상륙한다. 일본군 제3임시 축성단 소속의 공병 소좌 마쯔이 쿠라노스케가 이곳에 임시 근거지를 구축하기 위해 들어와 조선 조정을 압박하여 일본이 외양포에 포대 군사시설을 구축하게 된 것은 이곳의 전략적이고 지정학적 가치가 뛰어났기 때문이다. 가덕도 외양포는 일본이 마지막 결사항전의 장소로 운용되면서 이곳의 군사시설은 일장기의 내림과 함께 패망 직전까지 유지되었다.

천가동의 가덕도등대는 8각형의 등탑을 부속사의 중앙에 올려세워 등탑과 부속사를 단일 건물로 구성되어 1909년 12월에 완공됐다. 이 등대는 알림의 표시이고 희망의 표시이고 지역적으로 매우 중요하다고 할 수 있다.

지명의 명칭에서 나오는 선조의 혜안도 눈여겨볼 필요가 있다. 이에 앞서 지명과 관련, 재미나는 한 곳을 살펴보면 우리나라 허브 공항인 인천의 '영종도(永宗島)'는 '넓고 긴 마루'라는 뜻으로 이미 공항의 의미를 담고 있었다는 점에 주목하자.

천가동은 천성면(天城面)과 가덕면(加德面)으로 분리되어 있다가 뒤에 두 면이 합칠 때, 천(天)과 가(加)가 합쳐져서 천가(天加)라는 이름이 생겨났다. 천가동의 첫 번째 면이였던 천성면을 보면, 천성(天城)의 천(天)은 '하늘 천', 성(城)은 '성 성'이다. 이는 하늘을 오가는 성이고 하늘을 오가는 것은 항공기나 우주선이며 그러한 성은 공항으로 생각할 수 있다. 그리고 가덕면의 가덕(加德)의 가(加)는 '더할 가'이고 덕(德)은 '덕 덕'이라 '더하여 커지는 덕'을 의미한다.

여기서 더해지는 것이 있다. 부산이 지금까지 우리나라의 바다와 대륙의 관문 역할을 하였지만, 앞으로 중국 · 러시아 · 유럽 횡단철도(TCR · TSR · TMR)의 출입지에다 북극항로의 최대 수혜지로 여기에 동남권 신공항까지 더해진다.

그뿐만 아니라 바닷속으로나 우주로 가는 시대는 금방 다가온다. 30년 뒤 항공기들은 대기권을 벗어나 진공의 우주로 가서 다시 지구로 돌아와 유럽이나 미국에 가는 시간은 2시간도 걸리지 않을 것이다. 그때를 대비한 장소의 명칭을 지명학적으로 고려하면 천가동이 자연스럽게 돋보인다.

2011년 3월 국토부 신공항 후보지 평가단이 가덕도 · 밀양 후보지 2곳이 부적합한 것으로 결론을 내린 지 2년 3개월 만에 동남권 신공항을 원점에서 다시 추진한다고 한다.

사실 우리나라 항공정책은 23년 전 1989년 6월 노태우 정권 때 수도권과 부산권에 대한 논의가 있었던 것이 결국 인천 영종도는 건설되지만, 부산권 공항은 잠자고 있었다. 부산권 공항논의 시간이 내년이면 24년이고 민속적으로 24절기가 중요하듯이 24시라는 개념 또한 다양하다. 전 지구인은 24시간 끊임없이 활동한다. 그렇다면 오라. 전 세계에서 천가동으로 24시간 내내 오라. 뉴욕에서도 런던에서도 이집트에서도 파리에서도. 새벽에도 좋다. 그곳은 조만간 다가올 다이내믹한 천가동이 될 것이다. 이는 천가동의 법고창신이다.

(6) 낙동강의 그네축제를 생각한다

〈대저 '동짓날 그네뛰기' 지역 · 민속의 조화〉

우리나라 여성의 야외 민속놀이에는 그네뛰기, 놋다리밟기, 강강술래, 널뛰기 등이 있다. 이 가운데 그네뛰기는 역사적으로 오래된 놀이의 하나이다. 그네는 올라서거나 앉아 앞으로 나갔다가 뒤로 물러났다 하는 놀이기구를 말하고 그네뛰기란 그네를 뛰는 놀이나 경기를 말할 수 있다.

중국에서는 그네를 '치우첸'이라 하였고, 메소포타미아(기원전 3000년대 중엽의 마리)에서도 기록이 있고, 인도(기원년 2000년 후반에 베다시대)에 호토리 제관이 담당하는 힌두의례(프렌카)가 있는 기록도 있다.

우리나라에서는 단오나 동짓날 등 명절에 주로 그네를 탄다. 동짓날의 행사에 대하여는 일조시간이 가장 최소가 되는 동짓날이 태양남신(太陽男神)인 프렝카를 흔듦으로써 태양의 힘을 재생하는 의식이고, 또한 태양의 남신과 대지의 여신이 교합하는 것으로 그 해의 풍작을 예축(豫祝)하는 의식이었다. 천지 혹은 성속양계(聖俗兩界)를 매개하는 의례구(儀禮具)이고 태양주술(太陽呪術), 풍양(豊穰), 다산(多産), 결혼 등 의례적 측면이 있는 천부지노성혼관을 배경으로 하는 유희이다.

우리나라의 그네뛰기에 대한 기록은 다양하게 있다. 우선 고려 시대를 가보자. 그네뛰기는 고려 시대에 상류층이 즐기는 '귀족놀이'였다. 고려 시대 최충헌전은 단오에 궁에서 문무 4품 이상에게 사흘 동안 잔치를 베풀었다. 3일간이나 즐긴 것은 당시 단옷날의 비중을 엿볼 수 있다. 또한 그의 아들 최이도 추천을 즐겼는데, 그 당시 추천의 광경이 자못 대단하였던 모양이다. 그러한 사실은 '고려사'(권129, 열전 반역3, 최충헌조)에서 잘 확인된다.

"종실, 사공 이상 관리와 재추(재부와 중추원)를 초청하여 채붕(장식무대)을 설치하여 산같이 하고 수를 놓은 장막과 휘장을 둘러치고 그 가운데는 그네를 매었다. 또 무늬를 비단과 채색 꽃으로 꾸몄으며, 큰 동이 넷을 베풀어 얼음덩이를 담았는데, 동이는 다 은과 자개로 아로새겼으며, 큰 술잔 4개에 꽃 10가지를 꽂아서 사람의 눈을 현란케 하였고, 기락과 백희를 베푸는데 팔방상공인(八坊廂工人) 1350여 인이 모두 의상을 입고 뜰에서 주악하는데 현가와 고취소리가 천지를 진동하였다."

위 내용에서 알 수 있듯이 그네뛰기가 궁중에서 연희행사로 호화롭게 행해졌다는 것과 그네는 한쪽에서 하는 것이 아니라 중앙무대에서, 지금의 월드컵축구경기장이나 사직야구장처럼 구름관중이 있고 악사만 하여도 1350명의 '초호화 오케스트라'가 있었던 셈이다.

그러나 조선 시대에 들어와서는 주자 성리학의 이념이 지배하는 유교 사회로 가부장적인 사회질서 유지에 필요한 '삼종지도'와 '남녀칠세부동석'이라는 관념과 틀에 묶여 자유로운 바깥의 활동이나 신체활동이 제어된 구조인 조선왕조에서는 이를 제한하려는 조치를 단행하였다. 그렇지만 조선의 박어우동은 그네가 있는 곳은 사랑이 싹트는 장소이자 성적 분위기를 고조시키는 유희장이라는 것을 알고 있었다. 윤선도의 '고산유고', 김종직의 '점필재집', 허난설헌 등의 문헌과 혜원 신윤복의 풍속도에 그네에 대하여 여러 곳에 등장함을 보아도 그네의 인기는 짐작이 간다. 조선 시대의 그네는 궁중에서는 사라져 가지만, 그 인기가 하도 좋아서 민간으로 스며들어 가 그네의 종류와 놀이방법도 다양하고 대중화한다는 것도 알 수 있다.

현재 우리나라에는 그네뛰기 대회가 제법 있다. 강릉, 남원, 전주, 경기, 영광, 마산, 영양, 안동 등이 있고 중국에는 소수민족이 매년 하지만 4년마다 전국대회가 있다. 부산 강서구 대저동에는 금수현 작곡의 '그네' 노래비가 있다. '세모시 옥색치마 금박물린 저 댕기가 창공을 차'는 민속문화상품을 개발하자. 강릉단오제 등 다른 곳은 단옷날이나 마산 만날제 등은 가을(추석)에 그네뛰기를 한다. 태양의 신을 맞이할 추운 동짓날 그네뛰기는 결선대회가 될 것이다. 부산 대저동에서 열리는 그네 겨울축제는 낙동강의 흐름과 주변의 수평적 환경과 지역적 · 민속문화적 조화의 합성이 울릴 것이다.

〈4-4〉경남 창원시 만날공원에 최근 설치된 그네

(7) 수영사적공원의 문화콘텐츠와 입지 조건

〈경상좌수영 복원 '수군 교대식' 어떨까〉

조선 시대 부산은 지정학적 특성 때문에 일본과의 관계에서 두 가지로 나누어 최전선 역할을 했다. 그 하나는 평화적인 외교관계에 대한 임무를 수행하던 곳으로 동래부에서 관장하던 왜관(倭館)이었고, 또 하나는 혹시 있을지 모를 변란에 대비하여 일본에는 숨겨 놓고 무력억제 역할을 했던 경상좌수영이었다. 경상좌수영이 지금의 수영이다. 현재 수영구라는 행정구역 명칭은 옛 조선 시대 경상좌도수군절도사영(慶常左道水軍節度使營)에서 이어졌던 것이다. 부산의 여러 곳에는 수군 진영이 있었고, 경상좌수영은 이런 진들을 통솔하는 지휘본부로서 임무를 띠고 있었다. 그런데 현대에 이르러 이순신이 활약했던 전라좌수영(全羅左水營), 그러니까 통영(統營) 등이 재조명되고 복원사업에다 관련 축제까지 벌어지는 등 민·관의 관심이 쏟아지고 있는 데 반해 경상좌수영을 이야기하는 사람은 거의 찾을 수 없다.

경상좌수영이 임진왜란 때 활약상이 전무했기 때문에 나타난 현상이 아닐까. 심지어 당시 경상좌수사였던 박홍이라는 장수는 싸우기도 전에 배를 버리고 도망쳤다. 이는 지역의 자랑거리로 당당히 앞세우기에는 어두운 과거이다. 그러나 곱씹어 볼 것은 조선 정부의 경상좌수영의 무게감이다. 조선 세종 때 군선(軍船)의 비교를 통하여 살펴보면, 경상 285선(34%), 경기 97선(12%), 충청 142선(17%), 황해 41선(5%), 강원 17선(2%), 평안 41선(5%), 함길 41선(5%), 전라 165선(20%)이고 수군(水軍)도 다른 지역보다 월등히 많아 경상에는 군선과 거의 비례하여 33%인 1만6602명이였다.

수영구는 부산에서도 다른 지역 사람들이 많이 찾는 곳이다. 광안리 해변은 오랜 기간 시민의 좋은 휴식처로 자리매김했으며, 광안대교가 준공된 이후에는 화려한 경관으로 다른 지역 사람과 외국인 관광객들도 자주 찾는다. 관광의 중심지가 된 해변은 언제나 활기차다. 봄에 열리는 어방축제, 10월에 열리는 불꽃축제에는 인산인해를 이룬다.

모든 지역에 활기가 도는 것은 아니다. 내륙 쪽으로 들어가면 상대적으로 낙후된 곳이 많다. 그 중심에는 수영사적공원이 있다. 수영사적공원은 좌수사가 근무하던 집무처 뒤에 있는 작은 당산(堂山)을 중심으로 복원되었는데 그 규모가 작을 뿐 아니라 중요 관아들이 복원되지 않아 현재의 모습으로는 옛 위상을 상상하기가

쉽지 않다. 사적공원 내부의 콘텐츠 또한 좌수영에 집중되어 있다기보다는 수영구의 민속, 전통놀이, 안용복 장군에 대한 부분으로 나뉘어 있다. 실상을 말하자면 안용복 장군은 좌수영에서 노를 젓던 군인 출신이라는 점을 빼면 별다른 관련성을 찾기 어렵다. 안용복 장군의 위상이 중요하지 않다는 것이 아니라 콘텐츠의 주와 객이 전도되었다는 점이 문제다. 정작 현재의 모습에서 경상좌수영을 제대로 상상할 수 없기 때문이다.

최근 수영구에서는 2016년까지 관련 부지를 매입하고 이듬해부터 남문과 서문, 그 사이의 성벽과 누각 등을 복원한다고 한다. 도시홍보 효과는 제쳐두고라도 지역의 뿌리를 찾고자 하는 의지에 찬동한다.

복원이 잘 이루어진다면 누구나 수영구의 기원과 역사 속에서의 정체성을 생각할 것이다. 그렇다고 외형상 그럴듯하게 복원한다는 것만이 능사가 아니다. 사료에 기반한 철저한 고증이 필요하다. 그러면 문화재의 외양 복원뿐만 아니라 다른 수영(水營)에는 없는 경상좌수영만의 콘텐츠를 연구 · 기획하는 일도 가능하다.

영국의 버킹엄 궁이나 서울 덕수궁과 광화문에는 수문 교대식이 있다. 그렇다면 수영에서는 수군 교대식을 매일 진행하면 좋을 터. 부산에서 수영사적공원은 해운대권과 남포동권, 서면 · 동래권 등과 두루 연결되는 위치에 있다. 이는 한국의 전통 · 민속 문화콘텐츠를 만들 수 있는 좋은 입지 조건이다. 과거를 조명하여 현재와 미래를 바라보는 경상좌수영이 된다면 부산의 보물이자 한국의 보물이 될 것으로 확신한다.

(8) 전통 민속공연과 체류형 관광

<세계에 내놓을 부산표 상시공연 만들자>

미국 뉴욕과 영국 런던 웨스트엔드에는 뮤지컬을 보기 위해 늘 많은 사람이 찾는다. 뉴욕의 '브로드웨이' 42번가에는 하루 2만 명이 넘는 관객이 찾는다. 매출 규모도 천문학적이다. 런던 웨스트엔드의 입장권 수입만도 연간 1조 원이 넘는다고 한다. 중국 상하이에서도 매일 묘기 공연을 하는 여러 곳의 민속공연장이 수많은 사람을 끌어모은다.

캐나다 '태양의 서커스(Cirque de Soleil)'단의 한 업체는 전통과 융합한 글로벌 수준의 첨단공연으로 1984년 몬트리올에서 시작해 현재 전 세계 40여 개국에 진출했다. 이 서커스단은 1200명의 단원을 포함해 직원이 5000명에 이르는 글로벌기업으로 자리매김했다. 세계 곳곳에서 벌어지는 공연을 통해 연 700만 관객을 모으고 매출은 6억 달러나 된다.

그런데 우리나라에는 세계적으로 내놓을 만한 공연이 딱히 눈에 띄지 않는다. 부산은 더 그렇다. 여기서 부산의 역사와 색깔이 밴 전통·민속 작품의 상시 공연 무대를 생각해 본다. 이를 통해 부산이 고민하는 체류형 관광객 유치에도 많은 도움을 받을 것으로 보인다. 부산이 체류형 관광지로 발돋움하기 위해서는 음식과 숙박, 볼거리 등 다양한 요소가 필요하지만, 무엇보다도 지역 특색이 물씬 묻어나는 무대공연이 있다면 금상첨화다.

부산시 지정 무형문화재와 우리나라에서 전해오는 곡예·묘기, 그리고 민속널뛰기나 그네뛰기 공연을 생각한다. 먼저 시의 지정무형문화재 중 개인적 견해로 상시공연이 가능한 것은 수영농청놀이(제2호), 동래학춤(3호), 동래지신밟기(4호), 부산농악(5호), 다대포 후리소리(7호), 동래고무(10호), 구덕망개터다지기(11호), 동래한량춤(14호), 부산 고분도리걸립(18호) 등이다. 우리나라 전통 곡예·묘기 종목은 농환(방울을 여러 개 공중에 던졌다가 받는 방울받기), 농검(칼을 여러 개 공중에 던졌다가 받는 곡예), 도립(물구나무서기), 땅재주(공중제비 넘기 등), 간희(솟대타기), 나무다리 걷기, 주삭(줄타기), 정간희(머리나 이마에 장대를 세우고 그 위에 사람들이 올라가서 하는 솟대타기), 접시돌리기, 칼재주 부리기, 정강(무거운 솥을 들어 올리는 묘기), 무륜(작은 수레바퀴를 쳐서 공중에 올려 돌리는 묘기), 충협(칼이 꽂혀

있는 좁고 긴 장애물을 통과하는 묘기), 마상재(말타기 재주), 수인농사(뱀 놀리는 기술) 등이 떠오른다. 민속 널뛰기와 그네뛰기 공연도 부산의 새 모습이 될 수 있을 것이다.

이처럼 크게 나눈 두 가지 공연을 한 장소에서 매일 공연을 한다면 얼마나 좋을까. 시 지정문화재는 전문 예능인이 공연하면 되겠고 곡예 · 묘기 등은 단순히 복원하는 수준의 공연이 아니라 첨단화까지도 고려해 세계적인 공연으로 꾸릴 수도 있다.

이와 같은 공연이 이루어진다면 다음에는 전승되거나 사라진 전통 곡예 · 묘기를 복원하고 이를 모티브로 하여 세계 시장에 진출할 수 있는 스토리나 시나리오를 가진 첨단공연으로 재창조하는 데 필요한 기술 개발에다 이를 검증할 실증사업, 인프라 구축과 인력양성도 부산에서 가능하다. 첨단 공연은 세계적이면서 한국적이고 부산의 정체성이 들어있는 무대시설, 의상, 음악, 조명, 분장, 연출에도 관심을 두어야 한다.

지금은 외래적인 요소가 담긴 음악과 무대와 분장에만 참고를 많이 하는 추세이다. 이를 하지 말라는 것은 아니지만, 조선 시대의 장악원에서 행하던 궁중 행사 중에서 참고 가능한 음악과 무용과 의상을 참고(중국 명 · 청 시대의 악기와 무용에 관한 '율려정의')하는 것도 고려해볼 만하다.

우선 할 수 있는 것부터 시작하자. 시 지정무형문화재 공연은 더 일찍 시작할 수 있다. 상시공연을 위한 장소는 행정기관의 의지 문제로 보인다. 해운대 APEC 나루공원이나 동래문화회관, 수영사적공원, 용두산공원 등 검토 대상 장소가 많다. 공연장 시설도 점진적으로 공연 내용에 맞게 갖추어 가면 된다. 구슬이 서 말이라도 꿰어야 보배라고 하지 않았던가.

<4-5> 수영농청놀이

(9) 역사 · 민속관광의 개발(어둠의 관광)

〈치욕의 역사 현장 없애기보다 활용을〉

필자는 일본에서 온 손님 5명과 함께 지난 15일부터 한 주간을 보냈다. 짚공예 등 새끼줄 꼬기에 사용될 '볏짚추리기'를 한 이 기간 약간은 어둠의 시간이었다.

우리 어르신은 그 일의 내용이 5분이면 될 것이라고 하였다. 어릴 적부터 해 온 방식의 타성에 젖은 어르신의 작업은 볏짚을 들고 털털 털어버리면 되는 단순한 작업이라고 생각했다. 그런데 일본에서 온 그들은 전문가들이라며 분야별 전담하는 이가 오전 4시간 내내 교육이 필요하다고 했다. 먼저 볏짚을 한 줌을 쥐고 일정 높이에서 밑동을 두 손으로 잡아들고 바닥에 5~6회를 내리쳐 가지런히 하고 탈곡기의 중간 부분을 볏짚의 밑동부터 털어 내기 시작했다. 다시 볏짚을 앞과 뒤를 돌려 이삭(수냉) 부분을 탈곡기 위에 어느 위치에 놓고 어느 정도의 양이 되면 원하는 위치로 옮겨야 하는 내용을 교육했다.

우리 어르신들은 '대충의 감'이 있었다. 반면 그들은 원리 원칙과 기본에 충실하였던 것이고 기록하는 것이 생활에 배여 있었고 그를 실천했다. 결과는 일본식이 중요하다는 것이었다.

우리나라는 양반 문화나 궁중 문화만 남아 있고 민중의 문화가 없고 서민의 일상에의 각 일에 관한 세세하고 정확한 기록문화가 없다. 그래서 지금도 사회 전반에서는 물론 관에서도 우리 민속에 괸심이니 가치를 높게 두지 않고 외래문화에 더 많은 관심 있는 것 같다. 안타까운 현실이다. 이런 문화가 어둠의 시간이고 어둠의 역사가 아니던가?

사람들의 욕구는 다양해지고 있다. 관광패턴도 다양하다. 이에 부응하기 위해서는 부산관광 개발의 다양성을 파악하는 노력이 있어야 한다. 부산관광의 다양성은 우리 지역의 콘텐츠 개발로 가능할 수도 있다. 콘텐츠는 '부산적'이어야 한다. 부산의 역사, 민속, 가상 소재, 상징, 유 · 무형의 미래 가치도 콘텐츠에 들어갈 수 있다. 그 범주를 매우 좁게 제한하여도 종류는 수만 가지가 될 수 있다. 좁은 예로 유적지 게임 개발 상품, 동래향교 체험관광, 수영야류 공연 상품 역사 탐방도 있다. 특히 요즈음에 등장하는 것이 '어둠의 관광'(Dark tourism)이고 이에 속하는 사거관광

(Thanatoutism)이 있다. 사거관광은 어두운 역사를 관광 상품화한 것이다. 이러한 예는 많은 관광객이 쇄도하는 폴란드의 아우슈비츠 강제수용소가 있다. 우리나라에는 서대문 형무소가 이에 해당한다.

부산의 어둠에 대한 것 중 치욕적인 것보다는 다른 관점에서 하나만 짚어본다. 부산의 위치는 과거는 물론 미래에도 군사적으로 우리나라 최전방이다. 1853년 7월 8일 필모어 미국 대통령의 친서를 지닌 페리 제독은 사스크에한나호를 앞세워 일본 우라가항(도쿄)에 도착해 개항을 요구했다. 당시 어둠 속에서 잠자고 있었던 일본은 이듬해 3월 31일 미국과 '가나가와조약'을 체결, 하코다테와 시모다를 개항하고 미국에 최혜국 대우를 약속했다. 일본은 215년 만에 쇄국을 포기한 것이다. 이에 일본은 1887년 청의 북양함대와 소련의 태평양함대를 대비한 해안포의 중요성을 각성했다. 1922년 일본은 해안포 전략에 따라 일본과 부산에 포대건설을 계획하였고 1924년에 공사해 1930년 현재의 용호동 장자산에 대마도와 마주하는 포대를 구축했다.(이 대포의 사거리 30km 최대 사거리 35km이며 구경이 405mm, 포탄의 무게가 1t이다. 포신 길이는 18.2m)

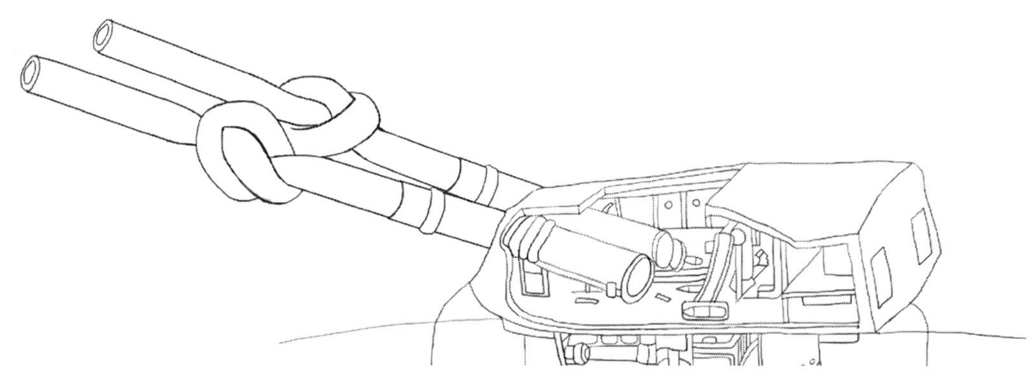

이 정도 위치와 규모의 크기이면 관광 자원화가 가능하다. 복원은 거대한 포의 재료는 비싸지 않아도 되는 나무나 플라스틱, 황동 등도 무방하다. 옆에는 또 다른 상징이 필요할지 모른다. 원형보다 더 큰 것으로 일본 극우(아베)의 생각을 짜배기

꼬아놓은 것과 같은 대포의 포신을 말한다.

어두운 과거에 관해 미래 세대에게 전하고 싶지 않다는 의견도 있을 수 있다. 하지만 관광객의 다양한 욕구를 충족하고 역사를 교육장으로 활용하는 것도 필요하다. 하찮은 것에 편견과 무관심, 기록하지 않은 것에 우리 스스로 되돌아볼 일이다.

(10) 기장에서 민속촌을 떠올린다. 일광 영화촬영소와 멋진 궁합

짚은 벼의 이삭을 떨어낸 줄기와 잎을 말한다. 한국에 벼가 재배된 것은 대략 BC 2 · 3세기 무렵으로 추정된다. 이때부터 농가에서는 토속신앙에 근거하여 여러 생활도구의 재료로 볏짚을 쓰기 시작한 것으로 보인다. 짚의 부피 단위는 짚내끼(한 포기는 15~30개 중에서의 하나), 짚단, 한뭇, 한장, 한동, 짚가리로 나눌 수 있다. 짚의 구조는 뿌리와 줄기, 잎, 이삭이 있다. 낫으로 벤 쪽을 밑둥이라 하고 이삭 쪽을 수냉 이라고 한다. 이런 짚은 버릴 것이 전혀 없다.

짚의 용도는 비료, 가축사료, 생활용구, 신앙생활 등 다양했다. 외양간에 깔아 주는 깃으로 이용되는 짚은 화학비료가 없던 시절의 퇴비 형태로 논과 밭 토양의 유기물을 증진하는 거름으로 재생된다. 수확한 후 짚은 여물로 썰어 쇠죽을 끓여 소에게 먹였고 가축의 겨울철 건초 사료로도 활용됐다. 또 새끼, 가마니, 거적, 멍석, 삼태기, 씨오쟁이, 짚신, 삼태기, 이영, 망태기, 용마름, 도롱이, 매판, 똬리, 계란 꾸러미, 메주 끈, 볏섬, 시래기두름, 닭둥우리, 지게 멜빵 · 등태, 그넷줄, 낫꽂이, 종다래끼, 둥구미, 누에섶, 멍석, 줄다리기 줄, 등의 각종 생활용품의 원료로 농가의 빠질 수 없는 생필품이 되었다. 집을 지을 때 지붕을 이는데 초가지붕뿐만 아니라 벽에 바르는 황토에 짚을 넣어 흙을 버무려 벽의 견고함을 더하는 데도 사용되었다.

짚은 의례, 위험, 토속 신앙생활에도 이용되었다. 제웅, 아기 탄생의 홍보와 경계에 사용되는 금줄, 아기를 점지하는 삼신짚, 집안의 액운을 걷어가고 복을 갖다 준다는 장독의 터주가리, 풍년 기원의 볏가릿개, 정월 대보름의 만월을 바라보며 풍농과 마을의 안녕을 기원하는 점풍(占豊)의 의미를 지녔던 달집태우기 등 농촌의 신앙행사에 볏짚이 널리 쓰였다는 것이 사실이다. 아기 예수도 마구간의 정갈한 짚 속에서 탄생하였을 것이고 우리 조상은 정성이 담긴 짚에서 부정을 불식시키는 성물(聖物)인 삼신짚 위에 갓난아이 받으셨고 초가집에 지푸라기 인생으로 살다가 좋은 해(年)를 찾아 초분(草墳)에 영생하였다. 그런 짚은 우리 조상의 생활에 시대의 문화를 담아내기 위한 넉넉한 소재이고 문화예술의 발원이었다.

조선 시대의 교육(기관) 구조는 필자의 어릴 적 부친이 운영하였던 마을의 서당, 선비들이 모여 학문을 강론하거나 석학이나 충절 인을 제사하던 곳의 서원, 현(縣) 단위에 설치된 향교, 최고의 유학 교육 기관인 한양의 성균관이 있었다. 교육의 장이 있는 곳에는 주변 환경이 엄숙하고 사람에게 좋지 못한 시설이 들어서지 못하

였다. 학교가 등장한 지금도 학교 주변에는 유해시설은 들어서지 못한다. 그런데 부산에는 두 곳에 향교가 지금도 남아 있다. 동래향교와 기장향교를 말한다.

여기서 부산 기장군을 주목한다. 임진왜란 때 현감이 싸우지도 않고 도주하였다는 문책으로 선조 32년(1599년)에 기장현은 폐현이 되는 등 많은 우여곡절이 있었지만, 지금은 당당한 부산의 자치단체로 우뚝 섰다. 기장에는 멸치축제, 미역 · 다시마축제, 붕장어축제, 한우(짚이 주 사료)축제 등이 있다. 기장에는 '기장 도예촌'이 조성되고 있고 한국야구위원회(KBO)의 '한국 야구박물관 및 명예의 전당'이 들어설 예정이다. 또 기장 일광에는 종합영화촬영소(77만6863㎡에 1906억 원 투입)가 들어서고, 2016년 2단계로 3300억 원의 민자를 끌어들여 '아시아 영화촌'(가칭) 건설 계획도 있다고 한다.

부산에서 '짚을 생산하는' 벼농사와 전통의 향교가 함께 존재하는 곳은 기장군이 유일하다. 부산에서 기장 지역은 민속 · 전통적 요소가 고루 남아 있다는 뜻일 게다. 그래서 한국민속촌보다 더 크고 나은 '동남민속촌'(가칭)이 기장에 필요하다는 생각을 해본다. 다른 지역에 없는 바다를 끼고 등선을 달리하면서도 연결된 다른 한쪽에는 '민속어촌'도 붙어 있으면 좋겠다.

(11) 부산에서 '민속놀이 엑스포'를

<'지스타' 행사장 민속놀이 체험 어떨까>

요즘에는 '민속'과 '전통', '전래'에 관한 용어가 자주 등장한다. 마찬가지로 민속놀이, 전통놀이, 전래놀이 이야기도 쉽게 접할 수 있다. 이들 말은 혼돈해 사용하기도 한다. 아마 확실한 개념 정리가 안 된 상태이기 때문일 게다.

민속은 민간의 풍속이라 뜻도 있지만, 생활 속에서 계속 전승되는 민간 공통의 습속을 말한다. '민간층의 문화현상'이고 '한 문화권 내에서 다수가 누리는 전통적이고 보편적인 문화'로 사상·철학·종교·예술·구전물·풍속·놀이·축제 등의 정신문화와 의식주를 포함해 각종 문화재, 생산양식과 생산도구·경제체계 등의 물질문화가 두루 포함된다. 그래서 민속은 다수 구성원인 민중이 누리는 문화다.

민속이라는 용어는 고려 시대 17대 인종 때 김부식의 '삼국사기'의 신라본기 제1 유리니사금(儒理尼師今) 조에서 이에 이웃 나라 사람들이 소문을 듣고 오는 자가 많았다. 이 해 '민속'이 즐겁고 편안하여 비로소 왕이 도솔가를 지으니"로 나타난다. 조선왕조실록의 태종 2년 4월 1일 기사에는 "지금 남의 나라에서 나는 이어대기 어려운 물건을 중외에 펴서 '민속'이 사치를 숭상하게 하심은 나라의 상서로운 일이 아니옵니다"는 부분이 있다. 외래문화라 하더라도 토착화해 역사와 전통을 지니면 기층문화인 민속이 된다.

민속놀이는 각 지방의 풍속과 생활 모습이 반영된 민간에 전해오는 여러 가지 놀이를 말한다. 이는 양반층보다는 서민을 중심으로 놀아서 집단성(대동성)이 강하며, 낙천적 기상과 풍부한 정서를 담고 있다. 전통놀이는 원래 그대로의 놀이다. 그 놀이가 생긴 취지가 담겨 있고 시대적 배경과 놀이의 형태가 보전된 것을 말한다. 놀이가 만들어지는 과정에서 볼 때 원형에 해당한다. 그 때문에 전통놀이는 놀이에 대한 골격 그대로 자세한 기록이 보존되고 관(궁)에서 운영되는 것이 보통이다. 현대놀이와 대립하는 개념의 전래놀이는 많은 사람에 의해 일상생활 활동에서 파생되어 만들어지기도 하고, 점진적으로 틀을 잡아가고 때에 따라서는 운영에 묘를 살려 지속적인 발달 단계를 거친다.

여기서 민속놀이는 현대놀이와 시대적 차이와 방식이 다를 뿐 '놀이'라는 그 자체의 성격은 같다고 볼 수 있다. 그래서 민속놀이도 상대와의 경쟁성, 또 다른 세상의 모험성, 흥을 뜻하는 유희성 또는 즐김을 나타내는 오락성, 아름다움을 추구하는 예술성, 사회인이 되기 위한 교육성, 신도 즐거워 들어줄 것 같은 제의성, 그 지역 언어와 문화를 지닌 향토성과 전통성을 지닌 활동이다.

민속놀이 효과는 직접효과와 커뮤니케이션효과 및 여가활동의 충실로 나누어질 수 있고, 분류는 조사기관이나 집필자의 정리하는 내용에 따라 차이가 있다. 필자의 연구로는 민속놀이(전통놀이 포함)는 지역(국중놀이/향토놀이), 시기(세시놀이/평시놀이), 매개(동물활용놀이/비동물활용놀이), 성별(남성/여성놀이), 주체(예능인놀이/일반인놀이), 인원(집단놀이/개인놀이), 신앙(제의성/비제의성), 연령(성인놀이/아동놀이/유아놀이), 심신(지능/체력 · 무술연마놀이)으로 구분하여 분류되고 그 종류는 무려 365가지나 되었다.

올해도 부산에서 온라인 게임축제인 '지스타(G-Star)'가 열린다. 게임산업의 역동적 미래와 글로벌 비즈니스 전시회로서 도약, 시장 트렌드를 반영한 '지스타2013'은 11월 14일부터 17일까지 개최된다. 2015년부터는 3년간 연속해서 부산에서 열린다. 이 행사는 경제적인 효과 등 긍정적인 부분도 있지만, 청소년이 우리 본래의 놀이는 모르고 기계 오락기의 E게임 장에 묻히게 하는 영향도 미친다고 본다. 따라서 적잖은 예산이 투입되는 이 행사 진행 과정에서 한쪽(벡스코 광장)에 우리의 오프라인 민속놀이를 넣는 것을 고려하면 좋겠다. 근대의 우리나라가 일본의 식민지(대동놀이 금지)에 있지 않았다면 우리의 민속놀이 중에서 많은 것이 올림픽 종목에 포함됐을 것이라는 상상을 해본다. 앞으로 민속놀이에 관한 연구와 인프라 구축을 위해 부산에서 '민속엑스포'를 준비하면 어떨까.

(12) 금정구의 아시아 하이웨이 시점과 종점

〈'AH1'시종점에 상징물 만들면 어떨까〉

<4-6> 부산 금정구 구서동 경부고속도로에 자리 잡은 아시아 하이웨이 '시점'과 '종점' 표지판

〈그림 4-6〉은 부산 금정구 구서동 경부고속도로에 자리 잡은 아시아 하이웨이 '시점'과 '종점' 표지판이다.

길은 사람과 교통수단이 왕래하는 곳이다. 시점이 있고 종점이 있다. 시점은 출발점이고 종점은 도착점이다. 우리 일상에서 출발과 도착은 아주 중요하다. 아침에 일어나 집에서 나가 저녁에 다시 집으로 돌아온다. 이런 여정에는 길이 필연코 이어진다. 출발과 도착 사이에는 공간적 선형의 길이 있다. 출발은 장소적으로는 목적지를 향해 나아감이고, 의미적으로는 어떤 일을 시작함이다. 이 속에는 길이라는 것이 내포되어 있는데, 교통수단이나 방도와 규범이 다 '길'에 해당한다. 도착점(종점)은 끝이 아니다. 새로운 출발이고 새로운 여정을 담는 곳이기도 하다.

실크로드는 비단길이라 하며 아시아와 유럽을 이어준 길이다. 이 길을 통해 정치와 경제, 문화가 이어졌다. BC 60년부터 중국 중원의 비단과 칠기, 도자기, 양잠, 화약, 종이기술이 타클라마칸 사막과 파미르고원을 넘어 이란을 지나 로마까지 전해졌다. 장장 6400㎞에 이르는 이 길에 처음 이름을 붙인 사람은 독일인 지리학자 리히트호펜(1833~1905)이다. 실크로드는 기원전의 고속도로인 셈이다.

우리나라에도 실크로드가 존재했다. 해상실크로드의 시작점이고 끝점으로 위치한 신라였다. 지구 역사상 여러 국가 중 화려한 문명이 존재하면서도 멸망하지 않고 가장 오래된 국가로 유지한 나라 중 하나가 신라이다. 신라가 992년간 존재했던

이유 중 하나가 해상실크로드의 종착점이고 시작점이었다는 사실이다. 중국 공산당의 대장정은 1934년부터 1935년까지 진행됐다. 이른바 '2만 5000리 대장정'이다. 마오쩌둥이 완전히 중국의 당권을 장악한 계기가 된 사건은 1934년 10월 중국 대륙의 대장정에서 시작되었다. 요즈음 이에 대한 원조 출발지로 '위두'와 '루이진'의 두 곳이 서로 원조 논란을 하고 있다.

아래의 그림[21]이 보이는 지구의 땅끝마을 '우수아이아(Ushuaia)'나 영국의 땅끝마을 '랜즈 앤드(Lands End)', 유럽의 땅끝마을인 포르투갈의 '까보 다 로까(Cabo da Roca)', 미국의 최남단 '키웨스트(Key West)'는 관광 명소로 많은 관광객이 찾는 곳이다. 우리나라의 육지부 최남단 해남군 이서면 갈두리도 많은 사람이 찾고 있다. 이들 지역에서는 표지석과 상징물 등을 설치하는 형태의 관광상품화 노력이 꾸준히 이뤄지고 있다.

우수아이아 표지판

우수아이아 등대

<그림 4-7> 우수아이아

부산 금정구(구서동)에는 '아시아 하이웨이'의 '시점(Begin)'과 '종점(End)'이 있다. 도로표지판에 'AH1(AH6도 부산이 시점이고 종점)'이라고 적혀 있다. 우리나라 1번 고속도로는 경부고속도로이다. 경부고속도로 종점과 맞물려 있다. 아시아 하이웨이는 도로망을 연결해 아시아를 하나로 잇는 32개국, 14만 ㎞로 이어져 있다. 한국, 북한, 중국, 러시아, 이란, 우즈베키스탄, 인도, 말레이시아, 방글라데시, 싱가포르, 필리핀, 파키스탄, 터키, 카자흐스탄, 인도네시아, 시리아, 스리랑카, 베트남, 아제르바이잔, 일본(해상을 통함), 투르크메니스탄, 캄보디아, 태국, 벨라루스, 불가리아, 아프가니스탄, 네팔, 몽골, 미얀마, 라오스, 이라크로 아시아를 망라하는 인프라 네트워크는 아시아와 유럽을 연결하는 신실크로드와 같은 역할을 할 것이다.

21) 사진 출처 : 동서대학교 이효경교수 제공

부산 금정구의 시점과 종점은 필자의 소견으로는 세계에서 가장 좋은 위치로 보인다. 금정구는 이와 같은 좋은 장소를 홍보하고 장소와 여행정보 제공은 물론, 관광과 축제개발 등도 관심을 가져야 할 것이다. 금정문화회관(만남의 광장)이 있는 주변에 상징성이 강한 건축물이 있어도 좋다. 건물 내에는 32개 회원국의 문화와 역사 관련 자료와 그들의 민속놀이도 가능하게 하고 세계인이 몰려와서 자신들의 추억을 담을 수 있는 상징물이 있는 곳이면 더욱 좋겠다. 여기서 세계적인 도시로 성장하기 위한 50년, 100년, 500년 뒤의 문화·경제적 이익과 가치를 읽어야 한다. 'AH1(신실크로드)'의 시점이자 종점인 금정구는 다른 곳에서 찾을 수 없는 법고창신이 가능하기 때문이다.

(13) 한옥의 묘미

〈기록에 남아있는 '선동주막' 부활 어떨까〉

<그림 4-8>선동의 마지막 쉬어가는 '주막'이 있었다는 비문

한옥은 유구한 역사와 높은 수준의 문화를 담고 있다. 우리나라 전통·민속적 건축양식으로 지은 집이다. 이런 한옥은 흙에 모래를 물에 비벼 틀에 찍어 말려 잿물을 발라 구워 지붕을 이은 기와집, 볏짚이나 억새로 지붕을 이은 초가, 얇은 나무판자나 나무껍질 또는 판석으로 지붕을 이는 너와집으로 나눌 수 있다. 굴피집, 귀틀집, 움집도 있다.

한옥에는 집안 살림을 꾸리고 안주인이 거처하는 안방, 침실·서재·거실이며 손님맞이 방으로 남자 주인이 거처하는 사랑방, 행랑채(없는 곳도 있음), 마당과 방과의 매개적 공간인 대청, 부엌, 곳간(고방), 귀중치 않은 물건을 보관하는 헛간, 마당(앞·뒤·행랑·사랑·일·안·바깥마당), 화장실, 가축 사육을 위한 외양간, 장독대, 우물, 굴뚝 등이 있다. 이 같은 배치구조를 차지하는 부분들에는 우리 선조의 전통·민속이 다 녹아있다. 지역에 따라 굴뚝에도 화려한 문양과 방향에 관해서도 깊은 관심을 두었고 우물을 길일을 택해 팠다.

한옥은 문화와 과학의 산실이다. 공간과 해와 바람과 비 그리고 방향, 선(線), 신(神), 모양(유형), 재질, 문양, 계절, 온도(구들) 등도 고려한 집이다.

여기서 기와지붕의 유형을 살펴보면 맞배지붕, 팔작지붕, 이층지붕, 정자지붕, 솟을지붕, 달개지붕, 까치지붕, 4모지붕, 6모지붕, 원형지붕, 왼쪽지붕, 일(一)자지붕, ㄱ자지붕, ㄷ자지붕, ㅁ자지붕, 왼쪽지붕, 무량각지붕, 이어내림지붕, 사면꺽은지붕, 반박공지붕, 겹지붕, 다각지붕이 있다. 팔작지붕만 보아도 정면(용마루, 내림마루, 귀마루, 추녀마루, 기왓등, 기왓골)과 측면(병풍널, 박공널, 박공장식, 꺽쇠, 졸대목, 합각, 목지연)마다 각기 다른 이름이 있다.

지붕의 기와는 분류는 기본기와, 막새기와, 서까래기와, 마루기와(취두, 치미 등), 특수기와로 18가지이다. 기와의 종류는 수키와, 암키와, 토수기와(인정전), 귀면기와(황룡사지)가 있다. 수기와의 끝부분에 대는 수막새는 고구려, 신라, 백제는 물론 통일신라, 고려, 조선시대까지 다양한 유형으로 남기고 있다. 기왓골의 끝에 막새부(드림)에 부착하는 암막새 또한 수십 종류와 용, 봉황, 덩굴, 연꽃, 구름, 기린, 비천, 곤충 등 다양한 문양으로 우리 선조의 시대별 감각을 담아왔다. 요즈음은 지역에 맞게 기와를 바꾸면 된다.

초가지붕도 우리 주변에서 쉽게 찾을 수 있는 재료로 지었고 지붕의 재질은 다르지만, 적잖은 의미와 향수를 담고 있다. 무엇보다도 중국과 일본과 달리 대륙성 기후와 해양성 기후가 공존하는 한반도의 더위(마루)와 추위(구들 온돌)를 동시에 해결한 점에서 두 다리의 디딜방아처럼 우리에게 맞는 법고창신의 집이다.

올해는 유달리 덥다. 그런데 부산시청 등 공공기관에 가면 전기 절약을 위해 더욱 덥게 지내야 했다. 이 때문에 한옥을 통해 최소한 여름에 에어컨 없이 살아야 했던 선조의 지혜가 새삼 느껴진다.

외국인 관광객이 부산에 머물지 않고 경주나 다른 곳에 가는 이유는 부산에는 한국적이고 부산의 정체성이 보이는 곳이 없기 때문이다. 우리나라를 찾는 외국인 관광객들이 '한국의 것'을 보고 싶어하는 것은 당연하다.

앞에서 필자는 아시아하이웨이 'AH1'의 종점이고 출발지인 부산 금정구에 외국인을 위해 상징물이 필요하다고 하였다.

그곳과 가까운(1㎞ 내) 금정구 '선동'에는 한양에서 말을 몰고 마지막 쉬어가는 '주막'이 있었다는 비문(碑文 · 사진)과 1697년(숙종 23년)에 세운 '소산역(영남로의 종착역)의 비(碑)'가 '하정'마을에 지금도 남아 있다. 말이 쉬어가는 역에는 사람도 쉬어가는 곳이다. 그곳에는 주막이 있었다. 주막은 밥과 술 따위를 팔고 나그네에게 잠자리도 제공하는 집이다.

이런 것들이 부산에 다시 생겨나 외국인 관광객 대상의 문화콘텐츠로 자리 잡으면 좋을 듯하다.

부산의 일선 지자체와 민간에서도 박물관이나 역사관 등을 건립하는 시대다. 이들 박물관이나 역사관은 한옥이면 더욱 좋겠지만, 그렇지 않다면 지붕이라도 부산의 정체성을 나타내어야 할 것이다.

(14) 짚신과 부산의 신발산업

〈부산 먹여살렸던 '신발', 축제 생길 법하다〉

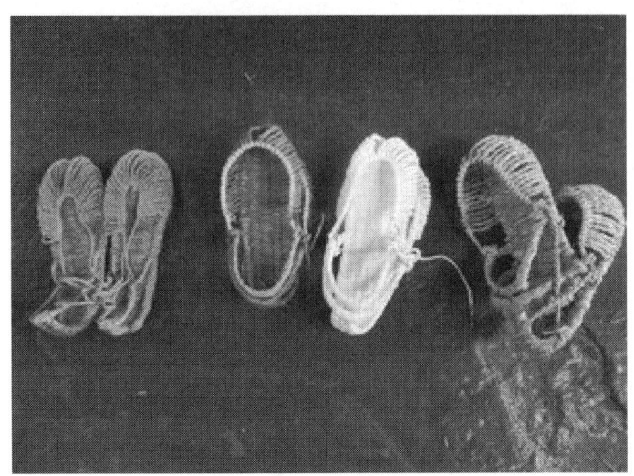

<4-9> 조선시대 짚신

우리나리 전통 민속 신발 가운데 문무백관의 신발인 화자, 의례용인 목화, 국상 때 신는 백화, 사대부가의 남자용으로 태사혜, 사대부가의 부인용으로 운혜, 녹비혜, 조복과 제복에 신는 흑혜, 비오는 날 신는 진신, 사대부가의 여인이 신는 당혜 등은 주로 가죽으로 만들어졌다. 그리고 서민이 신었던 짚신은 볏짚으로 가는 새끼를 꼬아 날을 삼고 신총과 돌기총으로 울을 삼아 만들었다. 삼이나 왕골, 부들, 피나무 껍질, 칡덩굴을 사용하기도 했다.

짚신의 기록은 통전 변방문 동이 마한조에 '초리(草履)'가 나오는데, 신라의 마리전은 관서로 내성에 소속되어 초리(짚신)를 생산하는 곳이다. 진서 사이전 마한조에도 초교(草蹻)가 나오기에 삼국시대 때부터 사용한 것으로 보인다.

짚신의 종류는 왕골총백이, 부들총백이, 까라백이, 고운신, 막치기가 있다. 총백이는 짚신의 총의 재료를 나타내고 있고 까라백이는 짚이다. 만드는 재료에 따라 짚신(짚세기), 고운 짚신, 엄짚신, 부들짚신, 왕골짚신, 미투리, 삼신, 탑골치, 청올치신(칡의 속껍질로 만든 신) 등이 있고 별칭도 다양하다. '성호사설유선'에는 왕골신이나 망혜는 가난한 사람의 신이었다는 기록이 있다. 고운신은 여자용이고 막치기는 남자의 짚신이다. 목이 긴 장화처럼 생긴 둥구니신도 있다.

짚신의 뒤갱기를 감는 재료는 피나무, 닥나무, 옥수수, 뽕나무, 삼, 싸리나무, 가래나무 껍질과 칡덩굴의 속 줄기 등 다양하다. 이 같은 재료는 뒷갱기가 힘을 많이

받고 마찰도 심한 부위이기 때문이다. 짚으로 하면 약하고 쉽게 떨어지는 것을 방지하기 위하여 짚 보완용으로 뒷갱기를 감는데 사용된다. 짚신에는 신총, 앞갱기, 뒷갱기, 돌기총 2개(5㎝), 도갱기(8㎝), 신날, 바닥, 뒤축, 앞축 등 부위에 따라 용어가 따로 있다.

짚신과 미투리의 차이는 짚신은 4줄의 날이고 마혜 또는 마구라고도 하는 미투리는 6줄(8줄도 있음)의 날을 사용한다는 것에 큰 차이가 있다. 보통사람은 미투리를 삼으로 만든 것을 미투리라고 한다. 삼으로 만든 것은 삼신이고 예전에 삼으로 6줄의 날을 미투리를 많이 만들어 신었기에 기인한 것으로 보인다.

짚신 만들기를 할 때는 고정줄, 짚모순, 부띠(허리띠), 짚신틀, 다리기, 토꼬지, 덩두렁 막개 등 또 다른 용어가 있다. 짚신을 만들려면 고정줄을 먼저 만들어야 한다. 고정줄은 짚신의 골격을 말한다. 줄은 튼튼하여야 하므로 재료로 짚뿐만 아니라 삼이나 닥나무껍질을 섞어서 꼬아 고정줄이 튼튼하게 하여야 한다. 고정줄은 짚신을 만들기 쉽게 하려고 줄 다듬기를 하여야 한다. 이를 위하여 고정줄의 표면상태를 칼이나 가위로 다듬고, 그 뒤에는 버린 지푸라기로 고정줄의 표면을 대고 몇 번의 왕복을 하여 줄의 표면상태를 매끄럽게 하여야 한다. 나중에 짚신 다리기에 지장이 없게 하기 위함이다.

짚신을 만들려면 짚 2개로 아주 가늘게 꼰 가는새끼와 고정줄을 허리춤에 연결하여야 하는데 이때 고정줄을 반으로 접어 허리춤에 매고 나머지 두 고리는 양쪽 무릎을 구부린 곳에 끼워서 작업한다. 고정줄은 양쪽 무릎에서 시작하여 양쪽 발바닥 중앙(장심), 양쪽 엄지발가락에 끼워가는 단계를 거치면서 작업한다. 물론 짚신 짜는 틀을 사용하면 이 신체 부위의 과정은 없어진다.

짚신 만들기는 다른 짚풀용구 만들기보다 공정이 까다롭다. 짚을 가리고 새끼를 꼬고 허리에 줄을 매고 4줄로 날로 하여 양쪽에 가장자리에 총을 만들고 가는새끼로 총과 돌기총을 꿰어 신골을 넣어 '덩두렁막개'로 두드려 부드럽고 보기 좋게 모양을 내어 만든다. 신골은 짚신의 마무리 단계로 짚신의 크기와 모양을 낼 때 짚신의 안쪽에 넣어 사용하는 나무토막을 말한다.

신골의 종류는 앞골, 배족, 뒷골이 있다. 앞골은 짚신의 앞쪽에 사용하고 배족은 중앙에 뒷골은 짚신의 뒤꿈치 부분에 넣어 사용한다. 짚신에서 여자용은 곱거나 부드럽게 만들어 사용하였다. '짚신도 제 짝이 있다'. 짚신의 새 신을 신을 때는 왼쪽 오른쪽의 구분이 없다. 누구나 짝이 있고 살면서 맞추어 가면 된다는 뜻이다.

우리나라 신발은 사용 용도와 신분에 따라 종류가 많음을 살펴보았다. 짚신만 보아도 신라 시대 때부터 담당관청의 관련 부서와 지위가 있었다. 신발산업과 이에 따른 문화는 인류가 존재하는 한 기능성이나 예술성이나 실용성을 가미하여 영원히 존재할 것이다.

여기서 1970, 80년대 부산을 먹여 살렸던 신발산업을 생각해본다. 한때는 부산 사상구에는 세계 최대 규모의 신발 공장이 있을 정도였다. 부산에서도 미국의 '뉴욕 신발엑스포'처럼 신발만을 위한 축제가 생길 법하다.

(15) 멍석

예전에 이맘때는 사랑방에서 새끼줄을 꼬고 멍석을 짠다. 멍석은 나락이나 곡식을 널어 말리는 데 쓰인다. 멍석은 삼국시대 이전부터 사용된 우리에게는 오래된 민구(民具)이다. 멍석의 기능은 크게 4가지로 나눌 수 있다. 자리, 채벌, 놀이, 건조이다.

먼저, 멍석의 '자리' 기능은 가난한 집에서는 장판 대신 방바닥에 깔기도 하였지만 대개는 큰 잔치나 상(喪)을 당했을 때 손님을 모시기 위하여 마당에 깔아 사용하였다. 이 자리에서는 이 집 얘기와 저 집 이야기, 이 마을에 돌아가는 이야기와 저 마을에서 돌아가는 이야기가 나오곤 하여 결국은 세상 살아가는 이야기가 도는 곳이기도 하였다.

멍석의 기능 중에 '채벌'의 기능은 '멍석말이'가 있다. 채벌의 멍석말이는 권세 있는 집안에서 사람을 멍석에 말아 놓고 몽둥이로 때리던 형벌이지만, 중앙이나 관청의 멍석말이는 1769년 영조가 국법으로 난장형(亂杖刑)을 금지시켰는데, 이 난장형은 형리들이 죄수 또는 취조대상자를 형틀에 묶어놓고 매로 다스리는 것이고 난장 중에도 피점난장이라 하여 몸에 거적이나 멍석을 덮고 여럿이 무차별로 때리는 것을 멍석말이라 하였다.

멍석의 기능 중에 '놀이'는 멍석을 깔아 놓고 민속놀이를 하는데 주로 윷놀이가 이에 해당된다. 물론 근세에 와서 일본에서 들어온 가마니도 윷놀이 판으로 사용하기도 하였다. 멍석바닥에 숯으로 금을 그어, 윷가락이 하늘로 던져서 떨어지는 한쪽 지점이 윷마당이 되고 다른 한쪽이 윷말을 써는 윷판으로도 사용된다. 이 놀이는 한사람이 하는 것이 아니라 여러 사람의 웃음과 지혜가 함께하는 대동놀이 터였다.

멍석의 기능 중에서 '건조'의 기능은 예전에는 대표적인 기능이라고 하여도 과언이 아니다. 지금의 탈곡은 벼를 탈곡과 동시에 기계적인 나락 건조장으로 가는 시기다. 예전에는 여러 공정의 손길이 있었다. 그 중에 벼나 곡식을 수확하고 탈곡하여 멍석에 말리는 과정이 꼭 있었던 것이 건조과정이 있었다. 건조의 대상이 되는 것은 나락, 보리, 밀, 수수, 콩, 고추 등 다양하였고 햇빛이 좋은 날 멍석이 사용되었다. 멍석의 보관에 있어서는 멍석이 볏짚으로 만들었고 멍석의 기능에 건조가 있는 것처럼 건조는 말리기 위해서 사용되기 때문에 비를 맞히거나 물에 젖어서는 안 되고 그늘지고 건조한 곳에 보관하여야 오래 동안 사용이 가능하고 길면 30년을 넘게 사용하기도 한다. 처마 밑이나 뒤안간 쪽의 그늘 막에 주로 보관을 하였다.

멍석을 만들려면 소요시간이 필자 개인기준으로 여드레 이상이 걸린다. 가로 2m 세로3m의 멍석의 경우 고정 줄을 놓고 날줄 160가닥이상이 들어가고 씨줄을 이어가면서 만든다. 멍석을 잘 만들려면 씨줄의 '짚모숨'의 짚 밑둥 부분에서부터 수냉(이삭)부분에 이르러 짚이 끊어지지 않아야 한다. 또 균일하게 이어서 반바퀴 돌려가며 대 주어야 한다. 물론 멍석의 에음(테두리)부분에는 짚모숨을 아예 새끼를 꼬거나 두 번 이상을 돌려서 질기고 튼튼하게 한 상태에서 돌려주어야 한다.

'멍석을 깔아준다'의 말이 있는데 이는 어떤 일을 할 수 있게 자리나, 상황을 만들어 주는 것을 멍석을 펴 준다는 뜻이다. 멍석은 정치의 장(場)과 같은 역할을 한다. 국민의 기쁨과 슬픔을 이야기 할 수 있는 자리이고, 국민의 따가운 채벌이 있기도 하고, 국민의 신명을 만들어 주는 놀이터이기도 하며, 나락, 보리, 밀, 수수, 콩, 고추 같은 여러 종사자의 눈물이 안 나게 하는 건조장이기도 하여야 한다. 그래서 멍석은 정치적 장소이라고 할 수 있을 것이다. 멍석을 깔아주었는데도 제 역할을 못하면 주변 사람들로부터 좋은 반응을 얻지 못한다.

지금 국회의 돌아가는 상황이 그런 것 같다. 찌그러져 있다. 공직선거법상 선거구 인구 편차를 2대1로 고치라는 헌법재판소의 결정으로 국회는 지난해 2015년 12월31일까지 올해 국회의원 선거 선거구 획정을 의결해야 했다. 그럼에도 선거구를 획정하지 못하자 2016년 1월 8일 김대년 선거구 획정위원회 위원장이 사퇴한 것에 여야는 서로 네 탓 공방이라는 뉴스가 나온다. 이 속에는 현행 300석의 국회의원의 수를 늘리자니 '제대로 된 정치는 안하고 자기밥그릇 수만 늘린다'는 성난 민심을 생각해서 일 것이다. 인구편차나 농촌 지역의 사정을 넣지도 못하고 막무가내로 세월만 까먹고 있는 셈이다. 국민의 눈을 의식한 것이다. 국회의원 선거 선거구 획정은 국회원원 수와 불가분의 관계로 지금까지 여야의 입장에서는 답이 나오지 않고 있다. 이는 국민을 이해시키고 국가가 이익(利益)되는 답안이 없어서가 아닐까?

늦었지만 방법이 없는 것은 아닐 것이다. 멍석과 비교하면 제대로 된 답이 나올 수 있다. 국회의원의 정족수와 선거구 획정은 멍석의 크기에 맞는 날줄과 씨줄이다. 국회의 정족수를 310명이 필요하면 310명으로 하라. 날줄이다. 그리고 그 곳에 맞는 씨줄을 준비하면 된다. 씨줄에 필요한 짚모순의 양이 일정해야 하고 조건도 같아야 한다. 필요한데 억지로 맞추려 하면 제대로 된 멍석이 나오지 않는다. 너무 느슨하면 탄탄하지 않고 힘이 없고 조밀함이 없거나 헐거운 멍석이 나오고, 너무 쪼이고 빡빡하면 균형이 맞지 않거나 찌그러진다. 필요한 만큼의 국회의원 수를 늘리면 된다. 그래서 더 많은 의원이 국가를 위해서 일을 하니 더 나은 국가를 만들면 된다. 현재 300명 국회의원(사무장 등 포함) 전체의 세비와 새로 늘어날 국회의원 310명의 세비가 현행금액보다 낮추거나 아예 국회의원의 월급을 무급으로 하면 된다. 국회

의원의 보좌관 4급 2명, 5급 2명, 비서 6급 1명, 7급 1명, 9급 1명, 인턴 2명까지 9명이나 되는 인원을 앞으로 통합해서 점진적으로 2명으로 줄여야 한다. 지금은 어렵겠지만 장기적으로는 국회의원이나 장관 등은 최저임금 또는 국민의 평균임금에 맞추어 진정으로 국가에 봉사하고자 하는 자(者)를 선출하는 방향으로 검토가 필요할 수 있을 것이다. 다만, 멍석의 에음(테두리) 부분만 쉽게 떨어짐을 방지하기 위하여 짚모숨을 더 돌려주거나 아예 재료는 섬유질이 강한 닭이나 삼, 달피껍질을 대는 것처럼 일정 재산의 이하 자(者)에 대하여는 약간의 활동비 등의 세비를 더 주면 될 것이다.

잘 짜진 멍석은 오래가고 모두를 기쁘게 만든다.

Ⅴ. 부산의 먹거리와 놀이 그리고 부산

제1장. 부산의 먹거리

1. 부산의 갈매기빵

부산의 먹거리를 실제로 먹을 수 있는 갈매기빵(그리고 아이스크림), 먹을 수 없는 기념품 파형동기 2가지를 소개하고자 한다. 지금 부산어묵(삼진어묵 외)이 전국적인 선풍을 일고 있다. 부산의 시조가 갈매기다. 사직야구장에 가면 부산갈매기 노래가 흘러나온다. 요즈음 각 지역별 상징 빵이 나오고 있지만 부산에는 없다. 그래서 2013년에 부산을 찾는 외래 관광객이 가볍게 먹을 수 있는 것이 필요하다고 보았다. 그래서 갈매기 빵을 만드는 기계가 필요하여 제작 해 보았다. 상품화 및 판매는 하지 않았다.

<도면5-1 갈매기 모형 틀>

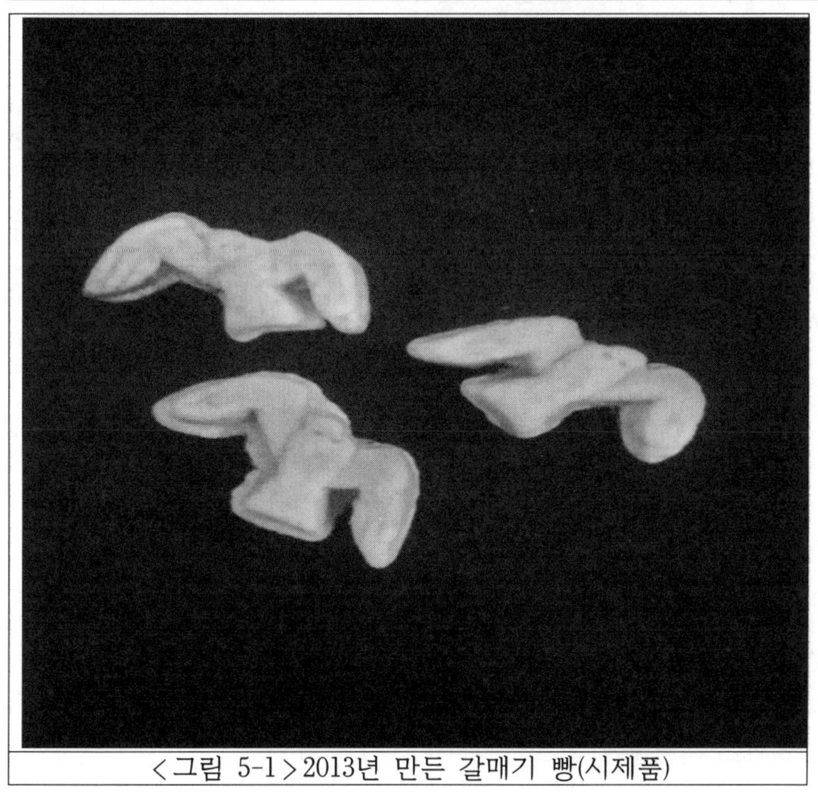

<그림 5-1>2013년 만든 갈매기 빵(시제품)

2. 파형동기

파형동기를 부산에 기념품에 넣고자 하였다. 캐릭터명을 '오복날개(五福 Wings)' 상품명을 오복날개 목걸이로 구상하였다. 이 아이디어는 부경대학교 사학과 이근우[22] 교수님의 의견으로 시작하였다. 파형동기의 아래의 내용들 중 홍보계획이나 매출계획 등 일부 내용은 뺀 내용이다. 저자가 복원 또는 재생산한 전통 민속용품이 400가지가 넘지만 이 기념품은 부산에서의 개발할 수 있는 기념품이 될 수 있기 때문에 이 책에 넣었다.

1) 캐릭터 소개

○ 모양 : 지름이 다른 3개의 동심원에 같은 크기의 다섯 개의 돌귀(날개)가 바람개비처럼 휘감고 있는 모양.

○ 의미 : - 동심원 3개 → 안쪽부터 국가, 세계(지구), 우주
- 다섯 개의 돌귀 → 오복(壽, 富, 康寧, 智慧, 攸好德)
장수, 부유, 건강한 삶, 지혜로운 삶, 덕을 베품.
☞ 온 세상(우주)에 오복이 넘치기를 기원함.

○ 유래 : 일본 아요이 시대 및 한국 가야시대 무덤에서 발굴된 파형동기.
☞ 고대(선사시대) 유물을 모태로 새로운 디자인 창출 (法古創新)

○ 용도 : 오복이 넘치는 세상을 바라는 기념품
또는 액운을 막아주고 오복(五福)을 기원하는 표식.

---

22) 이근우 교수의 의견 : 일본열도의 독자적인 청동기인 파형동기는 부산 동래 복천동 고분과 김해 대성동 고분과 같은 4세기 대를 중심으로 한반도의 남해안 지역의 고분에서도 출토되고 있다. 이는 부산 김해지역과 일본 九州 및 畿內 지역이 4세기까지 밀접한 교류가 있었음을 보여준다. 파형동기는 일본열도에서 특수한 청동기로 중요한 유적이나 수장의 무덤 등에서 발굴되는 점을 생각한다면, 양 지역의 수장 간의 교류를 웅변하고 있다, 파형동기 이외에도 일본에서 제작된 것으로 보이는 筒形銅器, 碧玉製 石製品 등도 부산, 김해에서 발견되고 있다. 이런 여러 가지 물품은 鐵에 대한 대가로 지급되었을 가능성이 있다. 金海 지역은 3세기 경부터 이미 철생산지로 유명하였고, 『三國志』 魏書 東夷傳에 따르면 김해의 철을 한, 예, 왜 등이 받아 썼다고 하였다. 왜의 경우는 철에 대한 대가의 일부로 청동기와 석제품 등을 보냈을 가능성이 있다.

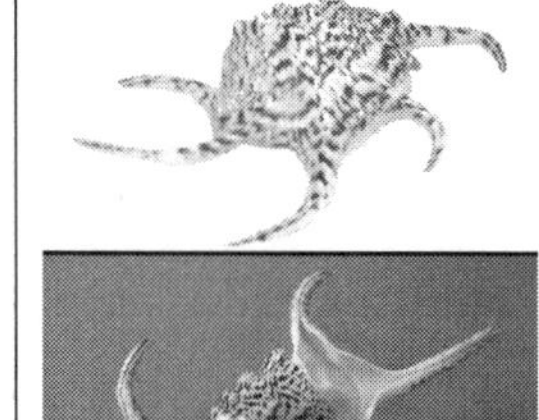
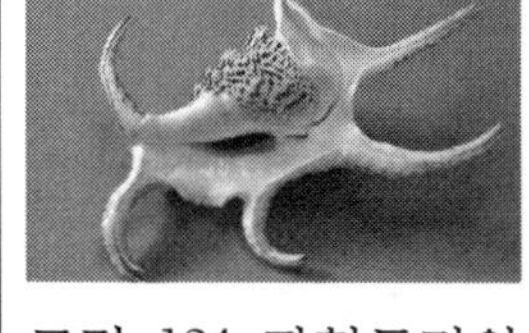
그림 124 파형동기의 모델로 추정되는 육손 고동

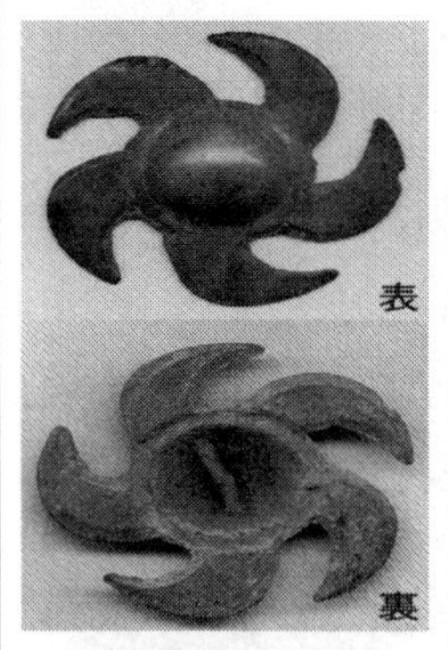

그림 125 파형동기

그림 126 파형동기를 이용한 키홀더

○ 기본형 : 동심원 - 3개 모두 원형
　　　　돌귀 - 뿔형
○응용형 : - 동심원 → 가운데 원형을 태극 모양 및 각 국가 문양 등
　　　　　　　　　또는 고객 요구 문양(글자도 가능)
　　　　- 돌귀 → 날개모양 또는 고객 요구 모양
○ 제품 형태 : 목걸이, 벨트 버클, 반지, 휴대폰 고리, 귀걸이, 구두 버클 등

2) 상품제작 기획의도

지구촌에 한류 바람이 폭풍처럼 불고 있는 지금, 한류 바람의 연속성을 위해, K-Pop 가수그룹이나 한류 단체들에게 역사적 가치와 현대적 감각이 어우러진 대표 문양 또는 악세서리의 필요성이 제기되고 한국 드라마와 K-Pop 등 한류의 영향으로 한국 패션에 대한 선호도가 높아지면서 남녀 의류 및 패션 액세서리 수요가 크게 증가하고 있다는 것이다. 4세기경 귀족 무덤에서 발굴된 파형동기는 한국 및 일본과 동남아를 거쳐 인도까지 이어지던 '해양 실크로드'를 상징하는 유물이다. 파형동기에 현대적 디자인을 가미하였다. 파형동기의 기원이 조개이며, 한국, 일본 및 동남아, 인도 등에서의 조개는 국가의 주요 의식행사에 액운을 막기 위한 인류 최초의 소리이자 천상의 소리로 인식하였다. 인류 최초 천상의 소리를 내는 악기였던 조개 문양에서 파형동기가 유래하였고 한국을 대표하는 K-Pop 가수 그룹들에게 천상의 목소리로 공연을 성공할 수 있도록 기원하는 기념품으로 활용하였다.

3. 시장분석

■ 시장분석

○ 기존의 드라마에 국한하던 한류 바람이 아이돌 그룹의 가요 열풍으로 인해 타켓 세대가 젊은 층으로 옮겨 감에 따라 연계상품이 화장품, 악세서리 등으로 확대됨.

구분	기존한류	新한류
주요 콘텐츠	드라마	가요 (아이돌 그룹)
타켓 세대	중장년층 (가족)	젊은 층 (여성)
지역	중화권과 동남아시아,일본	중동, 중남미, 유럽 등 전 세계
연계 수출상품	승용차, 가전제품 등 내구소비재	여성대상 화장품, 의류, 악세서리와 휴대폰 등

○ 일본 악세서리 시장 : 약 4조원

○ 한국 악세서리 시장 : 3천억원 (패션잡화 1조 5천억원)

○ 현재, 한류를 주도하는 단체들을 상징하는 마크(대표 문양)가 없음.

☞ 한류 단체 전체를 상징하는 대표 문양(캐릭터)으로 지정하여 한류팬들이 공히 사용하도록 유도하고 한류팬 전체의 자긍심과 단합 등을 통해 한류 열풍의 장기화를 유도할 필요가 있음

4. 상품제작 세부 내용

파형동기의 상품에 대하여 상표등록을 특허청에 하였다. 디자인의 대상이 되는 물품은 장식용 장식물이고 디자인의 설명에 재질은 금속(철, 순금)재로 하였다. 본 디자인은 파형동기 모양의 장식용 장식물로써, 벽면에 부착하거나, 정면도에 도시된 바와 같이, 구멍에 고리를 결합하여 휴대 가능한 장식물로 사용되는 것이다. 디자인의 창작내용의 요점은 "장식용 장식물"의 형상과 모양의 결합을 디자인 창작 내용의 요점으로 하였다.

입체도	정면도

배면도	좌측면도
우측면도	평면도
저면도	참고도

〈도면 5-2〉 파형동기 모형도

* 제품제작 방식

구분	내용
크 기(cm)	- 용도에 따라 크기 다를 수 있음 (기존형 외곽 크기 : 지름 5cm)
무 게(g)	- 재질에 따라 무게 다를 수 있음 (기본형(철) : 28g)
재 질	- 순금, 구리 및 철
색 상	- 황금색
기 능	- 벽걸이用 및 목걸이, 버클 등 악세서리用
구 성	- 지름이 다른 동심원 3개, 돌귀 5개 - 목걸이용 목걸이 줄
제조 수량	- 초기 물량 : 5,000개

<표 5-1> 제작방식

■ 제품 시안

완성품

<그림 5-2>

구 분	내 용
기 본 형	- 동심원 3개 : 원형 - 돌귀 5개 : 뿔형 - 용도 : 목걸이
응 용	- 동심원 3개 : 가장 작은 동심원을 태극문양 - 돌귀 5개 : 날개모양 또는 고객 요구 모양 - 용도 : 버클, 고리 등

<표 5-2> 기본형과 응용형

5. 기대효과

○ 고대 전통 문양을 활용한 현대적 감각의 디자인 재창출(法古創新)
- 동남북아시아 해양국 사람들에게 역사적 근거를 바탕으로 친숙함 어필.
☞ 역사적 문양에 대한 권리 선점
※ 국내용 제품은 동심원을 태극문양으로 하여 애국심 고취

○ K-Pop 가수를 활용한 캐릭터 기념품 및 악세서리 시장 개척
- 국내, 일본, 동남아 및 인도에는 직접적인 영향이 나타날 것으로 예상
- 미주, 남미 및 유럽에는 간접적 영향 예상
☞ 매출 계획 : 20억 원(국내 : 10억 원, 해외 : 10억 원, 2012년)
※ 일자리 창출 효과 : 연 10명(당사 2명(영업), 제조사 3명(생산), 판매사 5명)

○ 한류 바람의 선봉에 선 K-Pop 가수 그룹의 대표 문양으로 활용하여, 대표 로고화 추진
☞ 한류 팬들의 자긍심 및 단합을 유도하여 한류 바람의 장기화에 일익 담당

제2장. 부산의 놀이: 널뛰기

필자는 부산의 놀이로 '공연널뛰기'에 대하여 고민하여 보았다. 많은 컨텐츠 중에 왜 '공연널뛰기'이냐는 여러 의견이 개진 될 수 있지만 공연에 대하여 존 맥캔지(Jon Mckenzie)는 "21세기의 가장 중요한 용어"라고 하였고[23] "글씨기는 춤으로 추어지지 못하고, '신체'에 생기를 불어넣지 못하고 테이블 위에 그리고 책속에 고정되어 붙어버린다"[24]고 지적하며 공연이야 말고 지금 시대에 세계문명을 재탄생할 수 있다는 것을 암시하고 있다. 널뛰기는 다른 나라에서 찾을 수 없고 다이나믹[25]한 우리나라의 여성들의 민속놀이기 때문에 관심을 깊게 본 것이다. 본 내용은 널뛰기와 '낙동강의 그네축제를 생각한다'에서 언급하였듯이 '그네뛰기와 공연 널뛰기'가 다른 지역에서 관심을 가지기 전에 부산에서 부산의 놀이로 정착되기를 기원함을 부정할 수가 없다. 이는 중국의 사신이 한국에 들어올 때 '모화관(慕華館)'[26]에 머물 때 조선은 이들을 위해 놀이판을 벌였다.[27]고 한다. 그래서 부산에 크루즈선이 들어오는 곳이나 용두산, 시민공원이나 누리마루 같은 곳에 상시공연을 꿈꿔봤다.

1. 한국널뛰기의 문헌자료로 본 시대적 전승 상황

널뛰기의 문헌자료는 문헌에 나타나는 것들을 대상으로 조사하여 약간의 제시하는 것으로 정리하였다. 또 필요에 의한 한자가 필요하다고 본 것은 한자표기를 하였다. 널뛰기는 여성들이 정초나 단오, 추석명절 때에 즐기던 세시풍속의 하나로 그네뛰기와 더불어 전근대 한국여성의 대표적인 민속놀이이다. 중국에서의 조선족, 북한, 그리고 우리나라의 널뛰기에 대한 유래와 변천사를 분석하였다. 여성들은 몸가짐에 대한 제약이 많고 활동 역시 지극히 제한적이었음에도 불구하고, 정월의 세시풍속이자 여성이 전유하는 놀이로서 널뛰기를 전승시켜왔다는 사실이 이를 잘 말해준다. 그리고 문학작품이나 그림, 민요 등에서 널을 뛰는 여성의 묘사가 다양하다는 사실 또한 널뛰기가 지역이나 연령, 계층에 따른 한정 없이 조선 여성들의 보편적인 놀이문화 역할을 해왔다는 것을 보여준다. 다른 나라보다 월등히 많은 문인들의 문집, 그림, 속담 등의 자료를 확보할 수 있고 이는 다른 어떤 나라에서도 찾기 어려운 우리 민족의 고유한 여성들의 민속놀이로 인식하고 일찍부터 그 기원을 찾을 수 있음을 알 수 있다. 이에 현대에 있어서의 널뛰기라는 것에서도 우리 것의 보존과 전승에 그 가치를 높이는 토대가 되어야 할 것이다.

23) Jon Mckenzie(1994), "Virtual reality performance, immerion, and the thaw",
TDR: The Journal of performance Studies 38(4): 83-106, (2001),
Performance or Else: From discipline to Performance, London: Routledge.
24) Gilles Deleuze & Felix Guattari(1972), L'Anti-Oedipe, Paris: Editions de Minuit, P.243.
25) 부산의 대표 슬로건
26) 지금의 서울 독립문 근처로 사신이 서울 입경전에 머물던 곳
27) 전경욱, 『한국의 전통연희』, 학고재, 2006

1) 널뛰기의 유래

널뛰기는 한국여성의 대표적인 민속놀이이다. 1802년에 편찬된 어휘집인『물보(物譜)』「박희(博戱)」에는 “축국일작답국(蹴踘一作蹋踘) 널뒤기”28)라고 기록하고 있어 이미 오래전부터 널뒤기 혹은 널뛰기라는 이름으로 불려왔음을 알 수 있는데 조선 후기 이후의 여러 기록에서 약판(躍板), 도판(跳板), 도판전(跳板戰), 초판희(超板戲), 축판희(蹴板戲), 답판(蹋板), 판무(板舞) 등으로 다양하게 표현되었다. 약판(躍板)은 판에서 약진하고 도판(跳板)은 판에서 도약하고 도판전(跳板戰)은 판에서 도약하는 경기, 초판희(超板戲)는 판위에 뛰어오르는 놀이, 축판희(蹴板戲)는 판을 밟(구르는)는 놀이, 답판(蹋板)은 판에서 밟기(구르기), 판무(板舞)는 판에서 뛰거나 춤춘다는 뜻이다. 이러한 표현들을 정리하면 모두 널판 위를 밟아 뛰거나 솟구쳐 오르는 널뛰기의 모습을 나타낸 것이다. 따라서 널뛰기는 대체로 한 사람이 올라 설 수 있는 폭의 긴 널판 양쪽 끝에서 두 명의 여성이 발로 널판을 굴러서 번갈아 오르락 내리락을 반복하는 놀이라 할 수 있겠다.

널뛰기의 그 기원시점에 관해서는 주로 널뛰기에 나타나는 여성의 활동성과 개방적인 측면을 통해 주자성리학적 가치관이 확고해지기 이전의 고려시대에 널뛰기가 생긴 것으로 보는 것이 가장 일반적인 견해이다.

조선 후기의 실학자인 유득공은『경도잡지(京都雜誌)』「세시(歲時)」에서 널뛰기에 대해 “주황(周煌)의『유구국기략(琉球國記略)』29)에「그곳 부인들이 널빤지 위에서 춤을 추는데 이를 판무(板舞)라고 한다」고 했다. 이것과 비슷하다. 이조 초에 유구가 입조(入朝)할 때 도리어 어떤 이가 그것을 사모해서 본받은 것인지”라고 기록했다. 이는 유구의 사람이 이조 초에 조선에 들어와서 널뛰기를 본받아 유구국 부인들이 널을 뛰었다는 해석이 된다. 다만 고려시대라는 것은 명확히 나타나지 않다. 다만, 고려 말과 조선 초에 류구국인(使商)이 많이 왕래하였다는 것에서 고려시대이거나 조선시대 초에 널뛰기가 있었다는 가정을 할 수 있다.

그리고 최남선 또한 일제강점기에 쓴『조선상식(朝鮮常識)』「세시」편에서 “남자의 윷놀이에 대하여 여자의 세수(歲首)에 있는 대표적 유희는 널뒤기라 할 것인데, 활발용약(活潑勇躍)으로 표현(表現)을 삼는 이 유희는 유교적 유한정정(幽閑貞靜)을 강요하던 후세에 산출할 바 아니요, 대개 기마(騎馬) 격구(擊毬)라도 자유로 하던 우리 여성 고쇄기(錮鎖期) 이전의 고유한 민속임은 살피기 어렵지 않다”고 설명하였다. 최남선은 여자의 대표적 유희를 ‘널뒤기’라 하면서 기마와 격구가 여성들이 왕성하게 행하여지던 고려시대를 지칭하는 것으로 보아 널뛰기가 고려시대의 놀이임을 짐작하고 있다.

반면 널뛰기를 고려보다 앞선 시기에 생겨난 것으로 보기도 하는데 이러한 견해들은 널뛰기의 원리가 디딜방아의 원리와 유사하다는 사실30)이나 당 현종과 양귀비

28) 축국(蹴踘)과 답국(蹋踘)은 보통 축국 혹은 제기차기를 일컫는데,『物譜(물보)』에서는 축국(蹴踘)과 답국(蹋踘)을 널뛰기로 기록하고 있으며 축국(蹴踘)과 음이 같은 축국(蹴鞠)은 제기차기로 기록하고 있다. (한글학회 편집부,「[물보] 영인본 1」,『한글』216, 1992, p. 하4ㄴ)

29) 이규경은『오주연문장전산고(五洲衍文長箋散稿)』에서『유구국지략(琉球國志略)』으로 기록하고 있다.

의 총애를 받던 안녹산이 궁 밖을 구경하고 싶어 하는 양귀비를 위해서 널뛰기와 그네를 가르쳐주었다는 유래담도 전한다. 서 이 부분에 대한 설을 근거로 한다면 삼국시대로 볼 수 있는 것이다.

이러한 널뛰기의 유래와 관련해서는 3가지 속설들이 전해지고 있다. 먼저 남편을 감옥으로 보낸 한 아내가 감옥에 갇힌 남편을 보기 위해서 같은 처지에 있는 여인과 함께 널을 뛰어 감옥 안의 남편을 살펴 본데서 유래되었다는 이야기가 있으며, 두 번째로 바깥세상을 자유로이 왕래가 어려웠던 그 시절에는 주로 닫힌 사회생활에 대한 바깥세상을 접하지 못하는 여성들이 명절을 통하여 담 밖의 세상이나 밖의 사내들을 보기 위해서 널뛰기를 했다는 이야기도 있다. 또 당 현종과 양귀비의 총애를 받던 안녹산이 궁 밖을 구경하고 싶어 하는 양귀비를 위해서 널뛰기와 그네를 가르쳐주었다는 유래담도 전한다. 이러한 사실들은 결국 세상을 마음껏 나가는 남성과 어른들이 여성을 위한 배려의 정신들어있는 것을 보여 준다.

그 유래가 명확하지는 않지만 활동이 제한되었던 전근대 한국 여성에게 널뛰기가 지니는 의미는 상당했던 것으로 보인다. 고려시대의 기마격구(騎馬擊毬)도 하던 화려하고 자유스러운 행동은 조선의 성리학적 질서 아래에서의 사회는 가부장적인 사회질서 유지에 필요한 '삼종지도(三從之道)'와 '남녀칠세부동석'이라는 관념과 틀에 묶여 자유로운 바깥의 활동이나 신체활동이 제어된 구조였다. 이러한 상황에서 여성들은 몸가짐에 대한 제약이 많고 활동 역시 지극히 제한적이었음에도 불구하고, 정월의 세시풍속이자 여성이 전유하는 놀이로서 널뛰기를 전승시켜왔다는 사실이 이를 잘 말해준다. 그리고 비록 표본은 많지 않으나, 문학작품이나 그림, 민요 등에서 널을 뛰는 여성의 묘사가 다양하다는 사실 또한 널뛰기가 지역이나 연령, 계층에 따른 한정 없이 조선 여성들의 보편적인 놀이문화 역할을 해왔다는 것을 보여준다.

2) 중국과 북한의 널뛰기

(1) 중국의 널뛰기

오늘날 중국은 체육운동사의 한 개 구성부분[31]으로 널뛰기를 자국의 문화재로 등록시켜 놓았다. 그러나 이는 중국 전체보다는 부분의 조선족 문화로서 널뛰기를 등록한 것으로, 중국 여성들이 전통적으로 널뛰기와 같은 놀이를 즐긴 것은 아닌 것으로 보인다. 중국은 국가수립 이후 1953년 천진에서 제1회 전국민족형식체육경기 및 표현대회를 개최하여 소수민족들을 규합하고 그들의 전통체육을 국가차원에서 공유하고자 하였는데, 이때 널뛰기와 그네뛰기가 조선족의 전통체육으로서 등장하여 많은 이들의 이목을 집중시켰다. 그리고 1982년의 제2회 대회에서 표현경기종목으로 채택된 이후 널뛰기는 조선족의 전통놀이이자 중국의 소수민족문화에 포함되었고, 중국민족사무위원회와 국가체육총국이 이를 공식인정하고 있다.[32]

30) 문화원형백과, "널뛰기", 한국콘텐츠진흥원 문화콘텐츠닷컴(http://www.culturecontent.com)
31) 리재호 · 김률철, 『연변조선족 체육운동 산생과 발전으로 본 남북체육교류의 필요성』 2004, p.208

중국에서는 근대 이전의 명·청 시대에도 널뛰기와 유사한 놀이를 인식하고 있었는데, 조선의 널뛰기에 대한 기록은 아니지만 조선과 마찬가지로 중국의 책봉조공 체제에 속해 있었던 유구의 판무(板舞)에 대한 기록이 전하고 있다. 유구의 판무는 주황의 『유구국지략(琉球國志略)』과 서보광(徐葆光)의 『중산전신록(中山傳信錄)』에 기록되었는데, 널뛰기에 대한 글을 남긴 조선의 문인들도 대부분 이 기록들을 인용하고 있다. 이 중 『유구국지략』은 청나라의 책봉유구부사(冊封琉球副使)였던 주황이 그보다 앞서 명나라의 책봉부사로 유구에 다녀온 서보광의 여행기인 『중산전신록』을 인용하여 기록한 것인데, 19세기 조선의 학자 이규경의 『오주연문장전산고(五洲衍文長箋散稿)』에는 『유구국지략』에 인용된『중산전신록』의 내용이 다음과 같이 기록되어 있다.

정월 16일에 남녀가 다 같이 조상의 산소를 참배하고 나서는, 여자들이 격구와 널뛰기놀이를 벌인다. 널뛰기놀이는 큰 널빤지를 나무로 된 등상(凳床) 위에 가로 올려 놓고 두 사람이 널빤지의 양쪽 머리에 마주 서서 두 발을 굴러 하나가 솟구칠 적에는 하나는 내려서게 되는데, 한번 굴러서 4~5척(尺) 정도의 높이로 솟구쳐도 한쪽으로 기울거나 미끄러지지 않는다.[33)]

그리고 이규경은 주황이 인용한 서보광의 작답화번사(鵲踏花翻詞)도 또한 기록했는데 그 내용은 다음과 같다.

널빤지 양쪽에 서서 솟구쳤다 내려서니	一版横蹻兩頭起落
쌍쌍이 오르내리는 모습 신선이 나누나	雙雙瞥見飛仙駕
제비처럼 가볍게 굴러 낮았다 높아지니	翩反如燕身輕借勢低昂
소매에 봄바람 가득 안고 묘한 재주 겨루네	春風擫袖爭高下
한쪽서 까치가 나뭇가지에 앉듯 사뿐 내려서는가 하면	一邊乍踏鵲翻枝
한쪽은 벌써 까마귀 뽕나무에서 나는 듯 훌쩍 솟구치니	一邊已打烏飛柘
정월에 뻗친 저 채홍 뉘 힘으로 가로막으랴	那羈正月彩虹齊跨
놀란 기러기 그넷줄 그냥 스쳐 나는 듯	驚鴻不着鞦韆架
또 육척의 가벼운 떼 절로 흔들리듯 하니	掀動六尺經槎
제아무리 신선인들 홀딱 반하여	縱然平地歸客猶詫
섬약한 발로 허공에 오르는 재주 부럽게 여기며	羡他纖趾會騰空
능파곡만 배웠으면 무가의 보배 되리	凌波可學應無價[34)]

서보광은 유구의 여성들이 널판 위를 뛰는 모습을 보고 사람의 재주가 아니라 제비, 까치, 까마귀, 기러기와 같은 우리나라 새들의 움직임인양 묘사하고 있으며 신선마저도 반할 재주로 표현하고 있다. 이는 서보광이 처음 판무를 접하고 나서 생소하면서도 신기한 심정을 그대로 드러내는 부분으로 명나라 당시까지 중국 내에는 널뛰기와 같은 놀이가 존재하지 않았음을 간접적으로 보여준다.

최근 중국에서 널뛰기를 하는 지역은 조선족이 많이 거주하는 조선족들에 의하여 이루어지고 있었다. 중국조선족[35)] 널뛰기는 중국 랴오닝(遼寧)·지린(吉林)·헤이룽

32) 나영일, 황현자, 「중국조선족 전통체육의 전승과 변용」,『스포츠인류학연구』3-2, 2008, p. 27

33) 이규경, 『오주연문장전산고(五洲衍文長箋散稿)』권 11, 판무변증설(板舞辨證說)

34) 이규경, 위의 책

35) 중국 랴오닝(遼寧)·지린(吉林)·헤이룽장(黑龍江) 등 동북3성과 그 밖의 중국 땅에 흩어져 거주하고 있는 한민

장(黑龍江) 등 동북3성과 그 밖의 중국 땅에 흩어져 거주하고 있는 주민들이지만 널뛰기 공연은 주로 길림성에서 있었다. 길림성에서는 훈춘시와 연길시에서 공연 널뛰기로서 육성을 하고 있다. 중국에서의 널뛰기를 기록할 때에는 〈그림〉 중국의 널뛰기 상패와 상장에서 보듯이 도판(桃板)이라고 적었다.

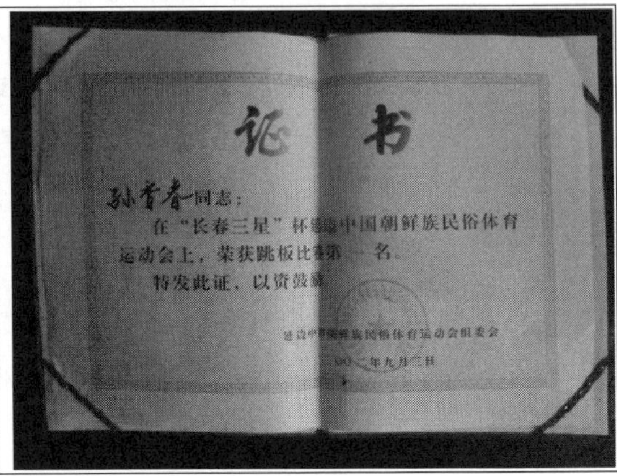

〈그림5-3 〉 중국의 널뛰기 1등 상패와 상장

중국의 널뛰기는 손소리[36]의 인터뷰에 의하면 "길림성 연변조선족자치주 8개시(훈춘, 도문, 연길, 룡정, 안도, 돈화, 화룡, 왕청)는 2년에 1회 9월 3일의 전 후일로 '조선족자치주 설립기념일 기념'으로 하는 '조선족 민속체육대회'를 개최한다"는 것이다. 또 김광천의 인터뷰에 의하면 "널뛰기는 동북 3성(요녕성, 흑룡강성, 길림성)에 만 있고 그네뛰기는 9성(요녕성, 하북성, 호남성, 길림성, 흑룡강성, 하남성, 호북성, 절강성, 몽골자치주)이 있다"는 것이다. 물론 여기에 추가로 2개의 성이 더 참여하는 경우도 있다는 것이다. 또 김광천은 "그네뛰기는 4년에 1회를 중국 9개의 성이 전국대회를 지역별 돌아가면서 경기 종목과 규칙을 정하여 개최할 때 5개의 성이 들어가면 '전국대회'의 명칭을 사용 할 수 있다"는 것이다. 여기서 "널뛰기는 동북3성(길림성, 요녕성, 흑룡강성)의 시(市)단위 내(內)의 경기는 있지만 3성(省)간의 경기대회는 없다. 그래서 길림성의 연변 자치주(自治州)까지의 경기 대회는 있어도, 중국의 성(省)이나 전국 국가대회는 없다는 뜻이고, 단지 큰 행사의 개막식에 참여하여 널뛰기 표현연기만을 한다"는 손소리의 말이다. 여기서 표현 연기란 공연 널뛰기를 가리키는 말이다. 따라서 중국의 널뛰기는 공연 널뛰기와 경기 널뛰기가 있다. 참고로 널뛰기를 교육하는 학교는 연길에서는 연북초등학교와 연길 제10중학교이고 훈춘에서는 제1실험초등학교와 훈춘 제5중학교이다. 이 두 중학을 마치면 한국의 고등학교 격인 체육전문학교[37]가 있다. 널뛰기의 방식에 있어서 훈춘시의 경우 훈춘 제5중학교 김광천[38]의 널뛰기에 대한 소개 프린트 글(2008 년 8 월 19 일)을 보면,

족(韓民族) 혈통을 지닌 중국 국적의 주민들이 19세기 중엽부터 제2차 세계대전 종전 시까지 정치적 이유나 경제적 어려움 등으로 중국 동북 지역으로 이주한 한(韓)민족과 그 후손들이다. 출처 다음백과사전

36) 고려대학교 4학년 학생

37) 체육전문학교를 졸업하면 체육선생을 할 수 있다.

38) 중국 길림성 훈춘시 제5중학교 체육교사

“오늘날 널뛰기운동은 시대의 발전과 더불어 조선반도와 중국조선족 사이에 행하는 방법과 형식이 현저한 차이점을 보이고 있다. 중국조선족의 널뛰기는 서커스의 묘기처럼 보다 긴 널빤지를 리용하여 공중에 치솟는 높이도 훨씬 더 높으며 공중회전까지 도입함으로서 민속적 전통놀이의 범주를 넘어 있는 경향을 보이고 있다. 널뛰기는 신체의 유연성을 늘이고 대담성을 키워주는 민속운동이다.”라는 널뛰기의 특징에 대한 글에서 보듯이 크게 2가지로 나누어서 설명하고 있는데 먼저 중국의 널뛰기는 조선반도(남·북한)와 차이가 있다는 것이고 또 하나는 전국 방방곡곡에서 명절이면 여성들이 하던 우리 고유의 민속놀이의 범주를 넘어서 경기화는 물론이고 널뛰기에 대한 공연화를 하였다는 것이다. 여기서 경기 방식과 도구에 대하여는 약하고자 한다.

〈그림 5-4〉 교련선생과 책임강사 김광천(왼쪽) 그리고 훈춘제 5중학교 교육학생, 2012.12〉

“중국은 이미 지난 2006년부터 조선족의 농악과 널뛰기, 그네타기, 장구춤과 전통혼례 등을 국가급 무형문화재로 지정했습니다. 이 가운데 농악은 지난달 말 중국에 의해 유네스코 세계문화유산에 등재돼 중국의 문화로 공식 인정받았습니다.”[39]라는 SBS 뉴스의 보도가 우리나라에서 보는 전통민속문화와 중국에서 보는 전통 민속문화 중요성에 대한 심각한 차이를 나타내는 기사이다.

또한 중국의 널뛰기에 대한 관심사가 높다는 것에 대한 기사의 내용을 아래의 글에 잘 나타나고 있다.

연변 모이자 http://yanbian.moyiza.com/ 2012-06-10

<u>그네와 널뛰기 인재양성에 진력</u>

연변대학 사범분원 부속소학교에서 조선족전통체육항목인 그네와 널뛰기 인재양성에 진력하고있다.

이 학교에서는 2000년부터 그네와 널뛰기를 제2수업에 넣었다. 당시 연길시에는 그네와 널뛰기 단계별 후계자양성체계가 형성, 소학교는 연변대학 사범분원 부속소학교, 초중은 연길시 제10중학교, 고중은 연변대학부속중학교가 그 특색학교로 알려졌다.

2010년 각종 원인으로 한동안 주춤했던 연변대학 사범분원 부속소학교 그네, 널뛰기 항목은 지난해 6월에 출범된 “연변조선족자치주 조선족전통체육 보호 및 발전조례”에 힘입

39) SBS 8시뉴스. 2009-11-01

어 재개됐다.
이 학교에서는 전국소수민족운동회에서 그네와 널뛰기 항목 금메달획득자인 연길시 과외체육학교의 하일몽, 지춘란[40]을 그네, 널뛰기 지도교원으로 초빙했다.
현재 이 학교에는 그네팀에 10명, 널뛰기팀에 20명 선수가 있으며 매일 하학후 오후 5시까지 훈련하고있는 상황이다.
연변대학 사법분원 부속소학교 그네팀과 널뛰기팀은 오는 8월 전 주 중소학교민속항목운동회 금메달을 목표로 훈련에 땀동이를 쏟고 있다. 리은파

위 내용으로 보아 중국은 널뛰기에 대한 법적인 조례를 만들어 민속놀이에 대한 관심이 어느 정도 궤도에 올라 있다는 것이다. 그리하여 지정 학교와 교육 지도 교원까지 확보하여 널뛰기에 대한 인재 양성에 나섰다는 것을 엿볼 수 있다. 그러나 2016년 6월 16일 연길중학교 체육담당 지춘란씨의 전화 인터뷰에서 "요즈음 아이들이 널뛰기를 기피한다. 너무 훈련과정 힘들어서요"라고 하여 중국이나 한국에서 널뛰기 인력확보가 쉽지 않다는 것을 엿 볼 수가 있었다.

(2) 북한의 널뛰기

북한의 널뛰기는 국가와 민족을 강조하면서 널뛰기를 포함한 전통놀이와 전통문화에 대한 인식과 활용이 이루어졌다. 남한과 마찬가지로 널뛰기의 기원 시기에 대해서는 조선 후기와 근대초의 인식과 크게 다르지 않다. 다만 널뛰기의 유래를 "여성들의 해방 염원 및 봉건사회에 대한 반감과 결부"[41]로 인식하고 널뛰기의 성격에 풍부한 인민성을 부여하는 것은 북한의 체제적 특징이라고 할 수 있다.

북한은 국가주도로 50년대 중반부터 민속경기와 관련된 규정을 만들고 민족체육대회와 일반체육대회로 분류해 경기를 치르기 시작했는데 널뛰기는 고난도 기술 개발과 함께 56년부터 체육대회의 정식종목으로 채택되었다.

<그림 5-5> 막대로 높이를 측정하며 널을 뛰는 장면

40) 중국 길림성 왕청지역의 널뛰기 선수 출신임
41) 최진순, 「널뛰기」, 『북한학자가 쓴 조선의 민속놀이』, 푸른숲, 1999, p.142

이러한 측면에서 남한과 비교했을 때 북한의 널뛰기는 경기의 성격을 크게 발전시켜왔다고 할 수 있다. 북한에서 널뛰기 경기는 그림 8에서 보여주듯이 그네뛰는 여성이 손에는 부채를 들고 뛴 높이를 평균내서 채점하는 ‘곧추뛰기’, 4명이 조를 이루어 ‘곧추뛰기’의 복식형태로 하는 ‘엇바꾸어뛰기’, 널을 뛰며 재주를 부리는 ‘재주뛰기’의 세 가지 종목으로 나뉘어 치러진다.

한편 북한의 널뛰기가 지니는 또 하나 특징은 교예적 성격이라고 할 수 있다. 한 바퀴를 돌고 내려오는 ‘데사리’나 허리를 뒤로 굽혔다가 내려오는 ‘중등꺾기’는 본래 옛날부터 널을 뛰는 기술로서 널뛰기는 운동효과 뿐만 아니라 시각적으로 대중을 긴장시키는 측면도 가지고 있다. 북한은 이를 적극 활용하여 ‘재주뛰기‘라는 경기종목을 만들었으며 교예단의 교예종목으로 육성시켰다. 특히 널뛰기와 그네뛰기 같이 민속놀이를 교예화한 종목들은 민족적인 성격을 강하게 부여하여 ’민족교예‘로서 높이 평가하고 있으며 평양교예단과 같은 국가차원의 기구운영을 통해 이를 지속적으로 발전시키고 있다.

결국, 북한 널뛰기는 민속널뛰기에서 남한과 중국의 널뛰기보다는 더욱 더 변형된 널뛰기로 주로 공연을 위주로 북한의 자료화면(사진-YouTube.com[42]) 등을 통해서 알 수 있다.

<그림 5-6> 북한의 공연널뛰기

“민속경기와 관련, 북한은 지난 50년대 중반부터 규정을 만들고 ‘민족체육대회’와 일반 체육대회로 분류해 경기를 치르고 있다. 널뛰기의 경우 재주 뛰기 등의 고난도 기술이 개발되면서 지난 56년부터 체육대회의 정식 종목으로 채택됐다.”고 하였고 “경기 종목도 북한의 월간 대중잡지 ‘천리마’ 6월호에 따르면 널뛰기 경기는 ‘곧추뛰기’, ‘엇바꾸어뛰기’, ‘재주뛰기’ 등의 종목이 치러진다.”는 것이 통일뉴스의 기사 내용에 찾아 볼 수 있었다. 또 널뛰기의 경우 민속체육대회 중 한 경기로, 국가대표 널뛰기 선수도 있다는 것이다.[43]

42) http://www.youtube.com/watch?v=IJJxxIF6Z4g
43) 북한 전망대 2013/01/27 기사

종목	경기자 수	시간	점수		
			높이	점수	비고
곧추뛰기	2명	2분	2.3m 이상	10점	규정된 시간을 채우지 못했을 경우, 널빤지에서 한발 또는 두발이 떨어진 경우, 널빤지에서 떨어져 경기가 중단된 경우, 공중 자세와 내리는 동작이 아름답지 못하고 부정확한 경우 등의 실수는 그만큼 점수를 삭감
			2m 이상	9.5점	
			1.7m 이상	9.0점	
			1.5m 이상	8.5점	
			1.3m 이상	8점	
			1.0m 이상	7.0점	
			1m 이하	6.0점	
엇바꾸어 뛰기	2명	2분	2m 이상 24회 일정한 높이와 자세가 이뤄지면 경기를 하고 있는 선수가 왼쪽으로 내리고 오른쪽에서 대기하고 있던 선수가 신속히 올라 경기	10점	
재주뛰기	무도구 경기	2분	다리들기 1.5m	기준점수 3점, 재주횟수 5점, 기술점수 2점	
			앞뒤로 다리벌리기 1.5m		
			360회전 1.5m		
	도구 경기	부채			
		북			
		리본			
의상은 한복					

〈표 5-3〉 북한의 경기 종목과 점수 산정방법

북한의 경기방식에 대한 내용에 대하여 통일뉴스의 기사는 다음과 같은 내용을 제시하고 있다.

> 곧바로 위로 치솟는 '곧추뛰기'는 2인 경기로 2분 간 뛴 결과를 점수로 환산, 승부를 결정한다. 점수는 뛴 높이를 평균 내 2.3m 이상이면 10점, 2m 이상은 9.5점, 1.7m 이상은 9.0점, 1.5m 이상은 8.5점, 1.3m 이상은 8.0점, 1.0m 이상은 7.0점, 1m 이하는 6.0점으로 채점한다.
>
> 그러나 규정된 시간을 채우지 못했을 경우, 널빤지에서 한발 또는 두발이 떨어진 경우, 널빤지에서 떨어져 경기가 중단된 경우, 공중 자세와 내리는 동작이 아름답지 못하고 부정확한 경우 등의 실수는 그만큼 점수를 삭감한다.
>
> '엇바꾸어뛰기'는 2명이 한 조가 돼 '곧추뛰기'를 하다가 일정한 높이와 자세가 이뤄지면 경기를 하고 있는 선수가 왼쪽으로 내리고 오른쪽에서 대기하고 있던 선수가 신속히 올라 경기를 계속한다. 이 경기 역시 2분 동안 평균높이가 2m 이상 24번 엇바꿔 뛰었을 때 10점을 얻는다.
>
> '재주뛰기'는 소도구 없이 하는 경기와 부채, 소고, 댕기 등 소도구를 가지고 하는 경기가 있다. 도구 없이 하는 경기의 대표적인 기술은 다리 들기, 앞뒤로 다리 벌리기, 360도 회전하기 등이 있다. 이 경기는 2분 동안 평균 1.5m를 뛰었을 때 기준점수 3점을 받고 재주를 부린 동작의 회수에 대한 기준점수가 5점, 기술에 대한 기준점수가 2점이다.

위의 내용으로 보아 북한의 널뛰기나 중국 조선족의 널뛰기 기구의 재원은 동일하다. 널빤지의 두께나 길이 4.5-5m, 넓이 35-40cm, 고임목의 높이도 30-35cm가 같다는 것을 볼 수 있다. 의상은 한복이라는 점도 같다고 할 수 있으며 다만, 북한의 선수들은 개량형 공연형 복장을 사용하기도 한다. 이상에서 살펴보면 북한의 널뛰기는 크게 두 가지로 구분되는데 하나는 민간에서 전해오는 일반적인 널뛰기 대회와 또 다른 하나는 교예단이 실시하는 곡예적이고 서커스성이 있는 묘기 널뛰기가 있다는 것으로 정리가 된다. 일반적인 널뛰기는 명절에 주로 경기대회를 하고 교예단의 널뛰기는 북한 당국의 국가적이고 특정행사나 외국인들에게 보여 줄 목적으로 공연을 한다는 것으로 풀이 된다. 널뛰기 등 민속놀이를 교예단에 활용하는 것은 민속의 현대화에도 관심이 많다는 뜻이라고 볼 수 있다.

〈그림 5-7〉 북한 널뛰기 선우정옥[44] 대표선수(출처: mbc 통일전망대)

44) 선우정옥 선수의 널뛰기 경력은 30년이며, 평양시 소속으로 있다고 합니다. 올해 열린 12회 민속체육대회 중 널뛰기 부분에서 평양시가 우승을 하고 그 중 MVP는 단연 이 선수(출처 : mbc 통일전망대)

3) 한국의 널뛰기

널뛰기가 우리나라 고유의 민속놀이라는 증거는 중국보다 기록이 많다는데 있다. 조선후기의 문인 유재(游齋) 이현석은 **"오직 우리나라 풍속에만 있는 놀이라 중화에는 명칭이 보이는 노래가 없다. 동국(東國)에는 여러 글이 있으니 일찍이 한 번에 그치지 않았다. 나는 비록 견문은 좁지만 하나의 예를 만들어 그것을 전하고 자랑하고자 하니 이를 위해 탕화판희(蕩花板戲)라 이르고 명명한다"**고 하여 일찍부터 고유의 민속으로서 널뛰기를 이해하고자 했고 그의 말처럼 조선에는 중국측 기록에 비해 수적으로 많은 글들이 남아있다.

한국의 전통 풍속으로서 널뛰기를 다룬 기존의 연구들은 이 같은 기록 중에서 이미 잘 알려진 유득공의 『경도잡지』, 홍석모의 『동국세시기(東國歲時記)』, 이규경의 『오주연문장전산고』, 이학규의 「답판사(踏板詞)」등을 주로 인용하고 참고하였다. 물론 이러한 기록들이 과거의 널뛰기를 살펴보는데 있어 중요한 부분을 차지하는 것은 사실이다. 그러나 그동안 널뛰기를 다룬 연구들은 이 같은 인용문들을 참고한 기존의 연구 성과들을 반복해서 활용하고 있는 까닭에 널뛰기와 관련된 그 외의 기록들을 다양하게 다루지는 않았다고 할 수 있다. 따라서 이 글에서는 기존의 연구에서 활용된 기록들과 함께, 그 외의 시대별 다양한 형태의 널뛰기 관련 문집, 회화, 속담, 구전 민요, 신문기사 등의 기록과 자료들도 살펴보고자 한다.

(1) 조선시대 이전

사실상 널뛰기에 관한 조선시대 이전의 기록은 찾기가 어렵다. 다만 널뛰기의 유래 시점을 고려시대로 보았던 조선시대의 여러 문인들과 근대 이후에 이루어진 널뛰기에 관한 민속학 연구들은 대부분 『고려사』에 나타나는 아래 기록에 근거하고 있다.

당시 개경에 남아 있던 모든 관리들이 의장(儀杖)과 악대를 준비해 마천정(馬川亭)에서 어가(御駕)를 맞았는데, 대악(大樂)과 관현(管絃)의 양 부에서 경쟁적으로 독특하고 사치스럽게 보이려고 온갖 힘을 쏟았다. 심지어 부녀자로 하여금 말을 타고 달리며 격구놀이를 하게 했는데 왕이 내치라고 분부하는 통에, 그 놀이는 결국 없어지고 말았다.[45]

우왕이 기생 개성(改成)과 나란히 말을 달려 송안(宋安)의 집으로 갔다.
우왕이 호곶(壺串)에서 사냥판을 벌이고, 밀직(密直) 반복해(潘福海)에게 말을 하사했다. 환관들을 시켜 행인들의 말을 빼앗아 기생들을 태우게 했는데 그 뒤로 상습적으로 이런 짓을 저질렀다.
우왕이 기생 10여 명을 데리고 이리저리 돌아다니며 사냥판을 벌이면서 해풍군(海豊郡)까지 갔다가 돌아왔다.[46]

이러한 기록에서 살펴 볼 수 있는 바와 같이 고려시대에는 부녀자들이 말을 타고

45) 『고려사』 권 14, 세가(世家) 예종, 11년 4월
46) 『고려사』 권 135, 열전(列傳) 신우, 11년 5월

격구를 즐기기도 했으며 기생들 또한 말을 타거나 사냥에 참가하기도 하였다. 이렇듯 활발한 놀이를 즐기는 여성에 대한 묘사는 조선시대에서는 거의 찾아보기 힘들다. 더욱이 여성이 격구를 즐겼음을 보여주는 예종 11년의 기록은 『중산전신록』의 기록과 비교해 보았을 때 고려의 여성들이 즐긴 격구와 널뛰기가 유구로 같이 전래되었을 가능성도 보여준다고 할 수 있다.

(2) 조선시대

조선시대에 들어서면 널뛰기에 대한 묘사들이 나타하게 되는데 이는 거의가 조선후기에 이루어진 것들이다. 특히 널뛰기는 18~19세기에 이르면 다양한 형식으로 묘사 되고 있다. 이 시기의 사람들은 널뛰는 장면을 시로 표현하거나 그 장면을 풍속화로 그리기도 했으며 조선의 고유 세시 풍속으로서 널뛰기를 설명하는 세시기(歲時記)나 백과사전식의 글들을 쓰기도 하였다.

① 문집

이규경은 『오주연문장전산고』 「판무변증설(板舞辨證說)」에서 중국의 기록을 인용하여 널뛰기에 대해 자세하게 설명했다.

> 대저 풍속이란 지방에 따라 각각 다르므로 1백 리 밖에는 풍속(風俗)이 같지 않고 10리 밖에는 습속(習俗)이 같지 않다는 말이 있는데, 하물며 큰 바다가 가로막힌 수만 리 밖에 있는 나라야 그 습속이 어찌 같을 수 있으랴. 다만 공통된 습속으로는 군신(君臣) · 부자(父子) · 형제(兄弟) · 부부(夫婦)와 음식을 먹고 의복을 입는 일과 슬퍼하고 즐거워하는 일과 살고 죽는 것 뿐, 놀이하는 도구 따위에 있어서는 같을 수 없는 것이다. 우연이 청나라 상서(尙書) 주황의 《유구국지략》을 보니, 그곳 계집아이들의 널뛰기놀이가 보이는데, 우리나라의 놀이와 매우 같기에 지금 대충 기록하려 한다. 즉 《유구국지략》에 인용된 서보광은 명나라 때 학사(學士)로, 일찍이 사신으로 유구국에 다녀왔었다. ... 중략 ...[47] 그 연묘(姸妙)한 동작을 짐작할 수 있다. 우리나라 여자들도 정월 초하루부터 15일 이후까지 아름다운 단장과 고운 옷차림으로 이 놀이를 경쟁하는데, 이름을 널뛰기놀이라 한다. 지금 유구국은 바다가 가로막힌 수만리 밖에 위치하여, 마치 암내 난 말이니 소기 그 짝을 구하지만 밀리 떨어져 있어 반날 수 없는 것과 같은 나라인데, 그곳 여자들의 놀이가 꼭 우리나라와 같다니 매우 색다른 일이다. 영재(泠齋) 유득공(柳得恭)의 《경도잡지》에도 이 놀이에 대해 더욱 자세히 기재되어 있으니, 영재 이전에 누가 이를 언급해 놓았단 말인가[48]

이규경이 언급한 바와 같이 유득공은 이규경보다 앞서 『경도잡지』에 널뛰기에 대한 기록을 남겼다. 이규경이 지역에 따라 생겨나는 풍속의 차이에도 불구하고 조선과 유구의 풍속이 비슷한 사실에 대해 놀라움을 표현하면서 그 선후를 규정하는 데에는 다소 유보적인 입장을 표현한 반면 유득공은 조선 초에 입조한 유구사람이 널뛰기를 유구로 전래시켰을 것으로 보고 있다.

47) 이미 각주 6, 7에서 인용하였으므로 이곳에는 이미 인용한 부분만을 생략한다.
48) 이규경, 앞의 책

항간의 부녀들이 흰 널조각을 짚단 위에 가로로 놓고, 양쪽 끝에 갈라서서 굴러뛰기를 몇 자까지 올라간다. 그때 패물 울리는 소리가 쟁쟁하고, 지쳐 떨어져나가는 것으로 낙을 삼는다. 이것을 초판희(超板戱)라 한다. 생각건대 주황의 『유구국기략』에 「그곳 부인들이 널빤지 위에서 춤을 추는데 이를 판무라고 한다」고 했다. 이것과 비슷하다. 이조 초에 유구가 입조(入朝)할 때 도리어 어떤 이가 그것을 사모해서 본받은 것인지?[49]

이 뿐만 아니라 유득공은 판무를 언급한 시를 남기기도 하였는데 이는 『연대재유록(燕臺再遊錄)』에 전한다. 『연대재유록』은 1801년 순조즉위책봉에 대한 사은사의 일행으로 유득공이 중국에 갔을 때의 기록인데 유득공은 이미 1790년의 사행에서 교류한 바가 있는 묵장(墨莊) 이정원과 재회하여 유구에 관한 문답을 나눈다. 이 때 이정원의 요청으로 그가 소장중인 과해도(過海圖)에 제시(題詩)로 써주었는데 이 시에서도 판무를 소재삼아 시를 쓴 것이다.

구양이라 풍물을 묻노라 어떻던가　球陽風物問如何
사신의 층층배는 백 길 우뚝하이　詔使樓船百丈峨
고미촌 색시들은 판무를 춤추면서　姑米村娘呈板舞
채필을 휘둘러 죽지사를 쓰는구나　彩毫題徧竹枝歌[50]

널뛰기는 일반적으로 정월 초하루의 세시풍속으로 즐겼던 놀이지만 지역에 따라서는 단오, 추석 등의 큰 명절에 행하기도 했다. 홍석모의 『동국세시기』에서 널뛰기는 아래와 같이 여도판희(女跳板戱)라는 이름으로 설명되어 있는데, 섣달(12월)의 세시풍속으로서 정월 초까지 즐긴 놀이로 기록되어 있다. 그러나 여기서 정월 초라는 의미는 민속놀이가 많은 정월 대보름까지를 의미하는 것으로 보인다.

항간의 부녀들은 흰 널조각을 짚단 위에 올려 놓고 그 널빤지 양 끝에 마주 서서 뛰면 서로 반대적으로 올라갔다 내려왔다 하여 몇 자가지 올라간다. 그리하여 힘이 빠져 지치는 것으로 낙을 삼는다. 이것을 여도판희(女跳板戱)라고 한다. 정월초까지 이것을 한다.
생각건대 주황의 「유구국기략」에 「부인들이 널빤지 위에서 춤추는 것을 판무라고 한다」고 하였으니 이 풍속과 비슷하다.[51]

이외에도 유한준은 『자저(自著)』에서 기록할 만한 열한 종류의 세시풍속을 제시하면서 그 두 번째로 널뛰기를 기록[52]하였고, 김려의 『담정유고(藫庭遺藁)』의 문집에는 널뛰기를 묘사한 시와 더불어 주(主)에 널뛰기가 놀이로 소개[53]되어 있다. 여기에는

---

49) 유득공,『경도잡지(京都雜志)』, 권2, 정월 원일
50) 유득공, 『연대재유록(燕臺再遊錄)』
51) 홍석모, 『동국세시기(東國歲時記)』, 12월
52) 유한준, 『자저(自著)』, 권5, 歲時詞
내가 나라의 풍속을 채록하니 그 중 세시에 기록할 만한 열한가지가 있더라. 각각은 모두 사(詞)가 있어 읊어 볼 만 하다. ... 중략 ... 두 번째는 널뛰기이다. 세시의 풍속이다. 여자아이들이 무리지어 널을 뛰는데 이로써 민첩함을 다툰다.
余採國俗 其於歲時可記者有十一 事事各有詞以歌詠之 ... 중략 ... 二曰跳板 俗於歲時 衆女兒結隊跳板 以矜趫捷
53) 김려, 『담정유고(藫庭遺藁)』, 권2, 상원리곡(上元俚曲)
나무가까이 널뛰어 서쪽으로 높이 솟으니　隣丫跳板板橋西

널뛰기의 경기에 대한 내용이 나오는 데 높이 뛰는 사람이 이긴다고 하여 경기방식에 대한 내용이 나오는데 주목할 필요가 있다. 또 이덕무도 그가 어린 시절에 쓴 세시잡영(歲時雜詠)이라는 시에서 여자아이들이 널뛰기하는 모습을 묘사[54]했고 널판에 구르는 신발바닥이 내리치는 소리가 지금도 순식간에 '패옥'하는 소리가 들리고 이민보[55]와 김조순[56], 이학규[57] 등도 널뛰기를 소재로 삼아 시를 썼다.

한편 앞서 살펴본 널뛰기에 관한 시와 기록들은 거의 18~19세기의 기록들로써 기존의 널뛰기에 대한 이해와 연구에서 자주 다루어졌던 반면 그보다 앞선 시기의 기록들은 그동안 상대적으로 잘 다루어지지 않았다.

아주 다양한 소재의 시를 모은 『유재집(游齋集)』은 조선 후기의 문인 이현석의 시집이다. 그는 조선 중기 때 『지봉유설』을 편찬한 것으로 잘 알려져 있는 이수광의 증손이기도 한데 『유재집』은 널뛰기에 대한 시와 설명을 남기고 있으며 이는 17세기의 기록으로 앞에서 다루었던 기록들보다 시기가 다소 앞선 것이다.

동방의 풍속이다. 어린 여자아이들이 세시풍속으로 판을 뛰어오르는 놀이가 있었다. 연한 짚을 땅에 두어 몇 척 정도의 높이로 하고 판을 그 위에 올린다. 판의 허리(가운데)가 짚에 위치한다. 아래 위로

언니는 온전히 높이 솟고 동생은 아래 있네 阿姊全高阿妹低
아이들 집안신수 걱정은 생각할 틈 없으니 不念兒家身忒健
언니를 단정치 못하다 수군거리네 喃呢罵姊苦難齊
여자아이들이 큰 나무판을 짚에 놓고 그 양 끝에 올라 서로 뛰어올라 놀이로 삼으니 높이 솟은 사람이 이긴다.
女兒輩以長木板安藁篙 上踏兩頭 相跳爲戲 高聳者勝

54) 이덕무, 『청장관전서(靑莊館全書)』, 권2, 세시잡영(歲時雜詠)
전략 ...
두 계집아이는 마치 오리처럼 二女輕如梟
가볍게 널 끝에서 오르락 내리락 하니 低仰白板頭
패옥소리 쟁쟁하게 울리고 梟梟繁鳴佩
하나하나 누각보다 높이 솟아오르네 箇箇高出樓
후략 ...

55) 이민보, 『풍서집(豐墅集)』, 권5, 제야감음(除夜感吟)
전략 ...
널뛰는 처녀들의 소리가 뜰에 퍼지고 跳板靑娥響動庭
근심으로 해를 보내도 감히 슬프지 않구나 愁爲餞年非敢惜
후략 ...

56) 김조순, 『풍고집(楓皐集)』, 권1, 제야유회(除夕有懷)
제야라 부르는 섣달 그믐밤에는 季冬晦日稱除夕
예부터 좋아하는 놀이 많은데 古來好事多戲劇
폭약소리 산대나무 쓰러뜨리고 火聲爆裂驚山竹
진흙 봉한 틈 터 측백술통 채우고 泥封坼開盈樽柏
편안한 고요 보내고 여자들 널뛰며 妖韶寂歷跳板娘
큰소리로 미친 듯이 손님들 저포놀음하네 大擲狂叫摴蒱客

57)이학규, 『낙하생집(洛下生集)』, 권5, 답판사(蹋板詞)
매해 정월 초에 어린 여자들이 모여 긴 나무판자 가운데 밑을 짚덩이로 괴고, 나무판 양끝을 밟고 올라서서 서로 뛰어 노는 마을 풍속이 있다. 이를 일컬어 답판놀이라 하는데, 2월까지 논다. 널을 뛸 때는 발에 꼭 맞는 짚신을 신고, 거추장스러운 긴치마는 입지 않는다. 2월 뜰 앞마당에서 널뛰는 모습을 보면 치마를 치마끈으로 바짝 가다듬고 담 위로 치솟는데, 높이 오를 때는 3척이나 이르게 된다. 담과 집은 보이지 않고 그 위로 솟았다 내려갔다 하는 아가씨의 모습만 보이니, 지나가던 사람이 어찌 발길을 멈추지 않으랴. 자색 빛깔의 새 배자를 입고 발을 거두고 방 밖으로 나와 머리카락을 휘날리며 뛰어 노는 아가씨의 모습이 어찌 황홀하지 않겠는가.
邨俗每歲自正月 兒女聚會 用長木板 腰搘藁枕 隨勢低昂 人蹋板兩頭 一跳一下 謂之蹋板戲 至二月乃止 織鞵不用芒 縫裳不用長 庭前二月蹋板場 板頭對立相低昂 就勢一蹴三丈強 擵帬結帶競頡頏 挺身直上出垣牆 連牆比屋誰所在 何不羞人候女 上聲 傍 新衣紫裲襠 開簾出前房 見女膩首發容光 惟恨見女太悤忙

비스듬히 기울게 한다. 풍판을 눌러 두드리는 대장장이와 유사하다. 그러나 판 길이는 4, 5척은 되어야 한다. 양 판 머리에 각각 한 소녀씩 서고 밝게 단장하고 고운 옷을 입은 채 서로 번갈아 뛴다. 번갈아 올라갔다 내려간다. 나부끼듯 춤추는 나비 같이 높이를 다툰다. 나부끼듯 바람을 타고 서로 날아오르니 특히나 볼만하다. 만약 시가를 지어 불러 퍼져나갔다면 그네뛰기에 못지않을 것인데 오직 우리나라 풍속에만 있는 놀이라 중화에는 명칭이 보이는 노래가 없다. 동국(東國)에는 여러 글이 있으니 일찍이 한 번에 그치지 않았다. 나는 비록 견문은 좁지만 하나의 예를 만들어 그것을 전하고 자랑하고자 하니 이를 위해 탕화판희(蕩花板戲)라 이르고 명명한다.[58]

그가 이 글을 쓴 시점은 명의 책봉부사 서보광이 유구로 파견되어 여행하는 것보다 앞선 시기이다. 따라서 이현석은 널뛰기를 설명하며 중국에서는 기록에도 나타나지 않고 그 명칭도 없는 조선 고유의 놀이라고 표현하였으며 탕화판희(蕩花板戲)라는 독특한 이름을 붙였다.

이불이 따스하니 자줏빛 원앙 무늬일세	衾暖紫鴛鴦
그네를 뛰다가 꽃 비녀를 떨어뜨리고	蹴繩墮花鈿
널을 뛰니 옥 귀고리가 흔들린다	蹋板搖玉璫
축국을 차매 발이 몹시 빠르고	戲鞠足鬪趫
농환을 하느라 손이 매우 바빠라	弄丸手誇忙[59]

이 시 역시 16세기 말 ~ 17세기 초의 작품으로 당시의 문인인 권필의 쓴 「술회연구(述懷聯句)」이다. 권필의 문집인 『석주집(石洲集)』에 전하는 이 시는 당시의 놀이문화를 잘 보여주는데 특별히 여성의 놀이인 그네, 널뛰기와 남성의 놀이인 축국과 농환(弄丸)이 대비되고 있다. 그리고 이 시를 통해서는 꽃 비녀와 옥 귀걸이를 한 양반층 여성이 그네와 널뛰기를 즐겼음을 파악할 수 있으며 여성들의 널뛰기가 비단 정월 초에만 국한 된 것이 아니라 남성의 축국과 농환처럼 일상의 놀이 역할을 했었음을 추측할 수 있다.

출처	간행년도	지은이
『물보(物譜)』「박희(博戲)」	1802	이가환(재위)
『경도잡지(京都雜誌)』「세시(歲時)」	정조,1800	유득공
『조선상식(朝鮮常識)』	1948	최남선
『중산전신록(中山傳信錄)』	명, 1719	서보광
『유구국지략』	청,1784년 이전	주 황
『오주연문장전산고(五洲衍文長箋散稿)』	19세기	이규경
유재집(游齋集)』	17세기	이현석
『동국세시기(東國歲時記)』	1849	홍석모
『낙하생집(洛下生集)』, 권5, 답판사(蹋板詞)	1810~1835	이학규
『연대재유록(燕臺再遊錄)』	1801	유득공
『자저(自著)』	미상	유한준
『담정유고(藫庭遺藁)』권2, 상원리곡(上元俚曲)	1882	김려
『청장관전서(青莊館全書)』, 권2, 세시잡영(歲時雜詠)	미상	이덕무
『풍서집(豐墅集)』, 권5, 제야감음(除夜感吟)	1750년 이후	이민보

58) 이현석, 『유재집(游齋集)』, 권5, 탕화판시(蕩花板詩)
59) 권필, 『석주집(石洲集)』, 권8, 술회 연구(述懷 聯句)

『풍고집(楓皐集)』, 권1, 제야유회(除夕有懷)	1854	김조순
『석주집(石洲集)』「술회연구(述懷聯句)」	16세기 말 ~17세기 초	권 필
주요 키워드 : 약판(躍板), 도판(跳板), 도판전(跳板戰), 초판희(超板戱), 축판희(蹴板戱), 답판(踏板), 판무(板舞)		

〈표 5-4〉 조선시대의 널뛰기에 대한 문집 자료에 대한 정리

〈표5-4〉 조선시대의 널뛰기에 대한 문집 자료에 대한 정리로 나타날 수가 있다. 널뛰기에 대한 관한 전반적인 내용은 그 시대의 풍속이나 여성의 모습이 나타나고 널뛰기의 실시하는 계절과 행위자의 행태와 경기방식을 나타내기도 하였다. 또 널뛰기의 높이의 정도나 여성들의 의상에 대한 내용도 있다. 이인보는 처녀들의 널뛰는 모습에 자신의 마음을 달래기도 하였고 권필의 경우는 남자의 축국과 농환을, 여자는 널뛰기를 소재로 삼아 남녀의 놀이에 대한 비교를 하기도 하였다.

② 회화

널뛰기는 왕실의 문화도 아니었고 유교적인 문화도 아니었다. 따라서 사군자화나 산수화가 주를 이루었던 시기에는 그림의 대상이 될 수 없었고 백성들의 일상생활을 화폭에 담은 풍속화가 등장한 이후에야 그림으로 묘사될 수 있었다.

조선시대 풍속화가의 대표격인 단원 김홍도 또한 널 뛰는 모습을 풍속화로 그렸다. 단원이 그린 널뛰기 풍속화는 그 표지에 영조 혹은 정조의 어필로 '취하하노초(翠下霞老樵)'라고 쓰인 12곡 병풍의 한 부분을 차지하고 있는데, 고종은 자신의 어의였던 독일인 의사 분시에게 이 병풍을 하사했고 1978년 분시의 손녀인 크라우젠이 보관 중이던 병풍을 슬라이드로 찍어 와서 국내에 알려지게 되었다.[60]

한편 단원 김홍도 외에 조선시대에 널뛰기를 소재로 작품을 남긴 풍속화가로는 기산(箕山) 김준근이 거의 유일하다. 기산 김준근은 그 생몰년대가 명확하지 않지만 주로 개항 이후 활발하게 작품 활동을 했으며 조선사람 보다 외국인들에게 인정받았던 인물이다. 따라서 그의 작품은 현재 세계 각국의 박물관과 미술관에 소장되어 있으며 널뛰기를 소재로 한 그의 그림들 역시 여러 곳에서 소장하고 있다.

〈그림 5-5〉는 현재 펜실베니아 대학교 박물관에 소장 중인 김준근의 널뛰기 그림으로 「널 뛰는 모양」이라는 제목이 달린 이 작품에는 두 명이 널을 뛰는 모습이 묘사되어 있으며 이 두 명은 모두 댕기를 늘어놓고 있는 소녀들이 널의 넓이가 넓은 널이고 가운데에서 중심을 잡아주는 사람도 없이 둘이서만 널을 뛰고 있는데 그 때문에 주인공들은 상대적으로 양 끝의 간격이 좁은 널판에서 널을 뛰고 있으며 그 높이 또한 높지 않고 다소 불안정한 자세를 취하고 있다. 고임목을 볏짚 둥치(거적을 말아)를 괴어 많은 준비를 하지도 않고 일상적인 놀이를 하고 있는 모습이다.

60) 『동아일보』, 1978년 10월 5일

〈그림 5-5 〉「널 뛰는 모양」
미국 펜실베니아 인류고고학 박물관 소장

〈그림 5-6 〉「계집아이 널 뛰는 모양」
오스트리아 비엔나 민족학 박물관 소장

「계집아이 널 뛰는 모양」이라는 제목의 〈그림 5-6〉 역시 제목에서 드러나듯 여자아이들의 널 뛰는 모습을 그리고 있다. 〈그림 5-5〉은 〈그림 5-6〉과 거의 같은 구도로 널뛰기를 묘사하고 있는데 널을 뛰고 있는 아이들 외에 두 명의 여자아이들이 더 등장하여 구경꾼이자 다음 차례를 대기하고 있는 대기자의 모습으로 그려지고

있다. 〈그림 5-6〉과 마찬가지로 아이들의 널뛰기라 공중에 있는 여자 아이가 뛰어 오른 높이는 높지 않지만 〈그림 5-5〉에 비해 안정적인 자세 취하고 있으며 상대적으로 널판의 길이도 길고와 두 명의 간격 또한 넓게 묘사되어 있다. 무엇보다 숙련된 널뛰는 모습니다.

〈그림5-7 〉「널 뛰는 모양」
덴마크 코펜하겐 박물관 소장

〈그림 5 -8〉「상원도판(上元跳板)」

〈그림 5-5〉, 〈그림 5-6〉와 마찬가지로 〈그림 5-7〉, 〈그림 5-8〉도 기산의 풍속도로써, 거의 같은 구도로 장면을 묘사하고 있다. 그러나 세부적인 묘사에서는 조금씩 차이가 나타난다. 「상원도판(上元跳板)」이라는 제목의 〈그림 5-8〉는 그 제목대로 정월 무렵 명절의 분위기가 좀 더 드러나고 있다. 〈그림 5-7〉에 비해 더 많은 인원수가 등장하는 이 그림에는 널뛰기를 뒤로 한 채 대화를 나누는 아낙들의 모습, 엄마의 등에 업힌 채 널뛰기에 관심을 보이는 사내아이, 설빔으로 보이는 옷 등 여러가지 요소들이 명절의 분위기를 한껏 자아내고 있다. 반면 〈그림 5-7〉은 어른들은 물론 갓난아이까지 널뛰기에 집중하고 있으며 두 아낙의 진지한 대결분위기를 그려내어 긴장감을 조성하고 있다. 성년을 넘긴 여성들이 널을 뛰는 〈그림 5-7〉과 〈그림 5-8〉는 〈그림 5-5〉, 〈그림 5-6〉와는 달리 널의 가운데서 중심을 잡아주며 본격적으로 널을 뛰고 있어서 널뛰는 높이도 높고 훨씬 안정적인 분위기가 연출되고 있다. 또 그림에 나타나는 성별은 모두 여자라는 것이 널뛰기가 여성놀이라는 것을 보여주고 있다.

한편 최미애[61]는 조선시대 회화에 나타나는 스포츠를 다루면서, 기산의 풍속도 외에 〈그림 5-9〉 곡산의 널뛰기라는 작품을 제시하고 그림에 묘사된 널뛰기의 장면을 분석하였다. 그러나 이 작품의 작가와 소장처에 대한 정보는 따로 서술하지 않았으며 다만 19세기 말에 그려진 8곡 병풍의 그림이라고 설명하고 있다.[62]

곡산의 널뛰기에는 총 5명의 인물이 묘사되어 있는데 널의 중심을 잡고, 널을 뛰

61) 최미애, 「회화에 나타난 한국스포츠」, 국민대학교 대학원 박사학위 논문, 2006
62) 최미애, 위의 논문, p. 42

〈그림 5-9〉 곡산의 널뛰기

는 세 명의 처녀와 이를 구경하는 두 명의 처녀가 등장한다. 기산의 작품에 비해 표정 묘사는 다소 부족하지만 인물 중심의 기산 풍속도와는 달리 양반집의 담 안으로 배경이 묘사되어 있다. 널을 뛰는 인물들은 모두 댕기를 하고 있으면서도 자세나 옷차림에서 성숙함이 느껴지는데 그만큼 널을 뛰는 자세도 안정되어 보인다.

③ 속담, 구전 민요

처녀시절에 널을 뛰지 않으면 시집을 가서 아기를 낳지 못한다거나 정초에 널뛰기를 하면 1년 내내 가시에 찔리지 않는다는 이야기는 널뛰기와 관련된 속담, 속신이다. 이러한 속설들은 한국에서 뿐만 아니라 중국의 조선족들에게도 거의 그대로 전해지고 있다.[63] 이 같은 속설들은 아마도 여성들의 널뛰기를 유도하고 권장하는 차원에서 생겨난 것으로 생각되며 남성에 비해 활동이 적은 여성들의 건강을 확인하거나 증진시킬 수 있는 다른 방법들이 거의 없었기 때문으로 여겨진다.

속담과 함께 민간에서는 널뛰기를 하면서 부른 민요들도 구전되었는데, 일제 강점기에 총독부의 주도로 이루어진 조선의 민속놀이 조사에서도 씨름과 더불어 전국적인 놀이로 파악되었던 만큼 널뛰기 노래는 지역별로 다양하게 구전되었다.

쿵더쿵 쿵더쿵 널뛰는데
싸래기 받아서 닭 주고
왕겨 받아서 개 주고
종두래기 옆에 차고
하늘에 별 따러 가세[64]

‘싸래기소리’라는 명칭을 지닌 이 노래는 널뛰기를 하며 부르는 노래 중 가장 널리 알려진 노래이다. 널을 뛸 때 널에서 나는 소리나 그 오르락 내리락하는 모양이 방아 찧을 때와 비슷한데서 이와 같은 가사를 지은 것으로 보이는데 하늘에 별 따러 가듯 높이 널을 뛰려는 마음이 깃들어 있음이 느껴진다. 짧게 줄여 부르는 싸래기소리는 “싸래기 받자, 콩 받자”만을 반복하기도 하며, 싸래기소리 외에도 이 외에 문열어라소리, 네머리흔들소리, 풀무소리 등의 널 뛰는 소리가 있다.[65] 경북 지역에서는 “아가리 딱딱 벌려라, 열무김치 들어간다”[66]를 반복하면서 널을 뛰어 올랐을 때 다리를 양쪽으로 벌리며 놀이를 즐기기도 하였다.

63) 김선풍, 「재중 한족의 민속놀이 연구」, 『한국민속학』26, 1994, p. 105
64) 한국세시풍속사전, “널뛰는소리”, 국립민속박물관 한국민속대백과사전 (http://folkency.nfm.go.kr)
65) 한국세시풍속사전, 위의 자료
66) 문화원형백과, “아가리 딱딱 벌려라”, 한국콘텐츠진흥원 문화콘텐츠닷컴 (http://www.culturecontent.com)

묵은 해는 지나가고
새해 신원 맞이했네
앞집의 숫개야 네왔느냐
뒷집의 순이야 너도 왔니
만복무량 소원 성취

(후렴) 널뛰자 널뛰자
새해맞이 널뛰자

금년 신수 좋을시구
서제도령 공치기가
널뛰기만 못하리라

(후렴)

규중 생장 우리몸은
설놀음이 널뛰기라
널뛰기를 마친 후에
떡국놀이 가자세라

(후렴)[67]

이 민요 또한 경북 안동지방에서 구전된 민요로 널을 뛰면서 한 번씩 주고 받기 쉬운 박자감을 지니고 있는 것이 특징이다. 조선족들 사이에도 같은 민요가 전승되고 있는데[68] 일제강점기 경북 안동의 여러 독립운동가와 주민들이 만주로 이주하는 과정에서 북부 지역으로 전래되었을 것으로 추측해 볼 수 있다. 정월초에 새해를 맞이하여 널을 뛰면서 한 해의 소원성취를 기원하는 장면이 그려진다.

허누자 척실루
늬당기 팔랑
내 치마 랑 턱
허누자 척실루
늬 눈이 휘 휘
내 발이 얼 얼[69]

이 민요에 나타나는 '허누자 척실루'는 몸을 솟수칠 때 나는 널 소리를 의성화한 것이다.[70] 이는 함경도 지방의 민요로 솟아올랐을 때 팔랑거리는 댕기나 떨어지며 발을 구를 때의 얼얼함을 묘사하여 널을 뛰고 있는 사람들의 마음과 시선이 고스란히 드러나고 있다.

67) 손인수, 『한국인의 교육세시풍속』, 문음사, 1991, pp. 506 ~ 507에서 재인용
68) 김선풍, 앞의 논문, p. 106
69) 김광언, 『동아시아의 놀이』, 민속원, 2004, p. 697에서 재인용
70) 김광언, 위의 책, p. 697

경남 고성지방에서는 **"고운처녀 올라간다 옥황상제야 문열어라"** 반복하며 널을 뛰거나

우리 아바이 떠온댕기
우리어매 접은댕기
우리동생 눈물댕기
내한테는 좋은댕기
우리 오라버이 분주댕기

성안에서 널뛰다가
성밖에 잃은 댕기
열다섯 서지군
주은댕기 나를주라
치맛자락 마주칠 때
너를주마 너를주마
동솥걸고 큰솥걸고
살림살 때 너를주마[71)]

라는 민요를 부르기도 했다. 이 민요의 주된 소재는 댕기인데 소녀들이 널뛰기 할 때 가장 역동적으로 움직이는 것이 바로 댕기인 것이다. 민요의 앞 소절은 이러한 댕기를 5인 가족에 빗대어 묘사하고 있다. 그리고 뒷 소절에는 널을 뛰다가 잃어버린 댕기를 매개로 남녀 간의 만남이 이루어지고 있는 장면이 묘사되는데 널을 뛰면서 서당 다니는 소년과의 낭만을 꿈꾸는 옛 소녀들이 소박함이 느껴지는 부분이다.

(3) 근대

① 저서

전근대에도 이미 널뛰기가 조선 고유의 민속이라는 인식이 이루어지고 있었지만 근대에 들어서면 이러한 경향이 근대적인 민족의식과 결합하여 더욱 강화되었다. 게다가 일본의 식민지라는 시대적 배경은 근대화에 실패하고 멸망의 길로 들어섰던 조선에 대한 비판적인 의식을 형성했다. 따라서 여러 사람들이 조선의 성리학적 질서가 지니고 있는 부정적인 측면을 강조하면서 민족 고유의 놀이인 널뛰기의 기원이 조선시대가 아닌 그보다 앞선 시기에 형성되었음을 강조하게 되었다.

그러한 기록 중 하나가 바로 최영년의 『해동죽지(海東竹枝)』이다. 최영년의 『해동죽지』는 역사적 사건들과 민간 풍습에 대한 간단한 서문과 악부체(樂府體) 시를 모은 문집이다. 최영년은 고려시대에 널뛰기가 생겨났음을 집적 언급하였고 이와 함께 「도판희」라는 시를 써서 활발하고 정력적인 젊은 여인들을 묘사했다.[72)]

---

71) 『매일경제』, 1983년 11월 28일
72) 최영년, 『해동죽지(海東竹枝)』, 도판희(跳板戲)
봄날 덜컥덜컥 널뛰는 소리
붉은 단장 젊은 여인 힘드는 줄 모르네

최남선의 『조선상식문답(朝鮮常識問答)』과 『조선상식』「세시」편은 기존 널뛰기 연구에서 가장 많이 인용되고 있는 기록이다. 『조선상식문답』은 1937년 『매일신보(每日新報)』에 연재한 「조선상식」을 광복 후에 간행한 것인데 이를 학술적 자료로 활용할 수 있도록 다듬어서 다시 출판한 것이『조선상식』이다. 최남선도 기본적으로는 조선 후기의 여러 학자들과 다르지 않게 『조선상식』에서 널뛰기와 『중산전신록』에 보이는 유구의 판무를 비교하고 있는데 조선 중종 이전까지 유구의 사신이나 상인들과의 교류가 활발했던 시기에 널뛰기가 유구로 전래되었을 가능성이 높은 것으로 이해했다.

그러면서 최남선은 최영년과 마찬가지로 식민지로 전락했던 조선의 유약함에 대한 부정적인 인식을 보여주고 있다. 그는 널뛰기가 유교적 유한정정이 강요되던 조선시대에 기원 했을 리가 없다고 보고 있으며 조선 이전의 여성들이 지닌 활발함과 거기에서 비롯되는 상무적인 성격을 강조하고 있는 것이다.

널뛰기는 무슨 의미의 것입니까
정월 초생에 여자들이 높은 받침 위에 긴 널을 얹고 좌·우 끝에 한 사람씩 올라서서 널 끝을 구르면서 겨끔내기로 몸 솟음하여 서로 오르락내리락하는 널뛰기는 아마 조선에만 있는 여자의 장난인 양합니다. 다만 조선의 남방 해상에 당(當)하는 옛날 유구국(琉球國)에 이 비슷한 장난이 있다고 하지마는, 유구(琉球)는 조선을 상국(上國)으로 섬겨서 교통이 잦았으니까, 대개 조선에서 배워 간 것으로 보아도 결코 틀림없을 것입니다.
그러면 널뛰기는 어째서 생긴 것이냐 하건대, 대개 조선 옛날의 여자는 우리가 상상함보다 이상으로 심히 활발하여, 말타고 격구하는 것까지도 예사로 하고 평시로부터 나라에 큰 일 있을 때를 예비(豫備)하는 여러 가지 연성(練成)이 있었는데, 정초(正初)에 널뛰고 단오(端午)에 그네뛰는 것이 다 이러한 연성(練成) 과목(科目)의 하나로서, 뒤에 중문 안으로 잡아넣은 바 되었으니 고풍(古風)만은 전해 내려온 것일까 합니다.73)

남자의 윷놀이에 대하여 여자의 세수(歲首)에 있는 대표적 유희는 널뒤기라 할 것인데, 활발용약(活潑勇躍)으로 표현(表現)을 삼는 이 유희는 유교적 유한정정(幽閑貞靜)을 강요하던 후세에 산출할 바 아니요, 대개 기마 격구라도 자유로 하던 우리 여성 고쇄기(錮鎖期) 이전의 고유한 민속임은 살피기 어렵지 않다.
그런데 도판(跳板)의 유형적 시실을 시이소(Seesaw)에끼지 소구(溯求)힌디 히면 세계적 보펀성을 띠게도 되지마는 여성에 한하는 직립적(直立的) 도약형(跳躍型)의 장판교호(長板交互) 상하동유희(上下動遊戲)로 말하면 별로 이 많은 유례를 찾을 수 없으며, 다만 유구(琉球)에 비슷한 속(俗)이 있어 지나의 유람자가 판무라고 이름 지은 일례(一例)가 있다.
서보광의 유구 여행기인 『중산전신록』에 「여자는 세초(歲初)에 격구로 희(戲)를 삼고, 또 판무란 것이 있으니 거판(巨板)을 장공목(長槓木)의 위에 가로 얹어 양두(兩頭)의 아래를 2, 3척쯤 떼어 놓고 두 여자가 판상(板上)에 대립하여 일기일락(一起一落)하되, 한참 세(勢)를 얻으면 5, 6척이나 약등(躍騰)하되 쓰러지거나 빗나가지 아니한다」고 함이 그것이다. 조선과 유구와의 간(間)에 보는 이 유사한 습속이 서로 원류(源流)의 관계를 가지는 여부는 얼른 판단하지 못할 바로되, 고려 말년으로부터 이조의 중종조(中宗朝)까지 걸쳐서 유구 사상(使商)의 내왕이 빈수(頻數)하고 도 그네의 망명객(亡命客) 혹 표류민이 다년(多年) 아토(我土)에 있었은 즉 이 동안에 속상(俗尚)의 전통(傳統)이 있자면 얼마든지 있었을 것이 무론이다.74)

비단 치마 쌍 날개처럼 펄럭이는데
제비 한 마리 내려오면 또 한 마리 올라간다. (김광언, 앞의 책, p. 694에서 재인용)
73) 최남선, 『조선상식문답(朝鮮常識問答)』「풍속」

② 그림

조선시대에 그림으로 묘사된 널뛰기는 전부 조선의 화가에 의해 풍속화로서 그려진 것이었다. 반면 개항 이후에는 많은 서양인들이 한국에 들어왔는데 이들에게 널뛰기는 그들이 보지 못하던 신기한 문화였다. 따라서 자신이 널뛰기를 그리거나 널을 뛰는 모습을 담은 그림을 구하는 경우도 있었다. 이는 곧 이때부터 서양의 시각 혹은 서양의 화법에 의해 널뛰기가 묘사되기도 한다는 것을 의미한다. 사실 엄밀히 말하자면 앞서 살펴본 기산 김준근의 그림 또한 많은 작품들이 개항 이후 서양인들의 요청에 의해 그려진 것이라 할 수 있는데 김준근의 작품은 그 형식이 조선 후기의 풍속화를 계승한 것이며 화법 또한 근대 서양의 화법을 적용한 것은 아니었다.

〈그림 5-10〉 엘리자베스 키스가 그린 널뛰기 그림

〈그림 5-11〉 김기창, 「판상도무」

엘리자베스 키스는 영국인 화가로 널뛰기 그림을 직접 그린 서양인이었다. 그녀는 동아시아와 동남아시아를 여행하며 많은 그림을 그렸는데, 3.1 운동 이후 한국으로 여행 와서 그린 그림 중 하나가 널뛰는 모습을 그린 〈그림 5-10〉이다. 그림자 묘사나 명암, 원근법 등 근대 서양화의 기법으로 그려져 그 이전까지 조선의 화가에 의해 그려진 널뛰기 풍속화와는 완전히 다른 분위기를 자아낸다.

〈그림 5-11〉은 근대 이후 한국의 대표적 화가로 평가받는 운보(雲甫) 김기창의 「판상도무」로, 이 그림은 이당(以堂) 김은호로부터 그림을 배운 그가 제10회 조선미술전람회에서 입상하여 그 이름을 처음 외부에 알리게 된 작품이다. 다만 입상작의 경우 지금은 전해지지 않고 있는데 김기창이 이후에 같은 그림을 다시 그린 것이 전해지고 있다. 원작의 경우 세브란스 병원의 치과과장이었던 부츠박사가 구매하여 세브란스 병원에 걸어놓았는데 6.25전쟁 이후 행방을 찾을 수 없게 되었다고 한다. 그림을 살펴보면 널판 위를 뛰고 아이들과 구경하는 여자가 화려한 비단 옷을 입고 있으며 땋은 머리끝에 댕기를 달고 밝은 표정을 짓고 있는 것과 달리 널의 가운데

74) 최남선, 『조선상식(朝鮮常識)』「세시」

앉아 있는 아이의 옷은 다소 소박하고 표정 또한 그리 즐거워 보이지 않는데 아마도 널을 뛰지 못함의 소극적임을 나타내고 있는 것 같다.

③ 신문

널뛰기는 현실에서 정월을 대표하는 여성의 놀이이자 운동이었고 신문에서도 새해를 알리는 신호의 대명사였다. 설날을 전후로 해서 널을 뛰는 모습을 담은 사진이 지면을 장식하는가 하면 문예코너에서도 널뛰기는 시나 동시의 단골 소재가 되었다. 또 신문은 한말 때부터 당시 지식인들의 공론장의 역할도 한 까닭에 지식인들의 연재 글과 기고문도 많이 올라왔는데 널뛰기도 그 중 하나의 주제로 종종 다루어지기도 했다.

그 기원 지금으로부터 약 일천일백팔십년전이다. 당나라 현종황제는 세상에 다시 없으리라고하는 양귀비라는 미인을 데리고 향락의 세월을 보내고 있을 때 현종황제가 제일 사랑하는 충신 한사람이 있었다. 이 사람은 안녹산이라는 청년이다. 안녹산은 본래 조선사람으로 현종황제에게만 사랑을 받은 것이 아니라 양씨로부터도 격별한 사랑을 주고 받았다.
이때에 양씨는 궁내의 몸으로 외출을 못함으로 바깥형편이 어떠한지 알고도 싶었고 또 듣고 보고 싶었지만 궁외를 한걸음도 임의로 내어 놀 수 없는 몸이었다. 이를 동정하는 안녹산은 널뒤기와 건네(추천)을 가르쳐 이 운동으로써 담 넘어 궁외의 형편을 보게 한 것이 최초라고 한다.
그리하여 그것이 점차로 민간에 유행되었으며 멀리 조선으로까지 전래하여 음력정초가 되면 집집마다 앞마당 뒤뜰에 의례 히꼬까당기를 날리며 여자들이 널(을) 뛰기에 까지 (이르게) 되었다.[75]

이 글은 당나라 현종 때 안녹산과 양귀비에 의해 널뛰기와 그네뛰기가 유래된 것으로 보고 있다. 이때 안녹산을 조선 사람이라고 설명했는데[76] 이는 우리 고유의 민족임을 강조하는 동시에 그 기원도 오래되었음을 강조하기 위한 글쓴이의 의도가 작용한 것으로 보인다. 「내 몸 내 운동으로 튼튼히 하자」라는 제목의 이 연재 글은 그 다음날 널뛰기에 대한 속편을 기고하여 정신적 측면과 육체적 측면으로 분류하여 널뛰기의 운동적 효능도 설명하고 있다.

그 내용을 살펴보면 글쓴이는 육체적 측면에서 널뛰기는 내장기관의 운동효과도 있으며 전신운동인 까닭에 신체 하부는 물론 복부의 근육도 크게 발달되고 흉부와 목 부근의 근육까지도 발달하게 된다고 보고 있다. 널뛰기를 근대 이후에는 단순한 민속과 풍속으로만 보지 않고 건강을 위한 생활운동으로도 인식하고 있음을 여기에서 확인 할 수 있다.

그리고 **"정신적방면 이 운동을 함으로 말미암아 정신적 방면으로는 그 모임이라는 것으로 보드라도 친목 협동 동정 등의 모든 정신을 수양하는 것은 물론이오 운동을 하는 이의 자신에게도 과단, 용기, 기민등 모든 정신을 함양할 것이다"**[77] 라고 하면서 부녀자에게 권장하고 여학교 및 유치원에 널뛰기 기구를 설치할 필요성을 주장했다.

75) 『동아일보』, 1930년 2월 15일
76) 『동아일보』는 몇 일 후에 "15일 기사 안녹산은 조선사람이 아니라 호지사람임의 오보"라고 정정기사를 냈다. (『동아일보』, 1930년 2월 18일)
77) 『동아일보』, 1930년 2월 16일

그리고 「조선여속소고」라는 제목을 단 또 다른 연재글은 『경도잡지』, 『오주연문장전산고』, 「답판사」 등의 조선 후기의 기록들을 인용하며 널뛰기를 설명하고 여성의 널뛰기에 대한 본인의 견해를 드러낸다. 그 내용 안에는 여성에 대한 발전된 인식을 보여주는 동시에 식민지 시대 제국주의에 굴하지 않을 민족적 기질을 널뛰기와 같은 풍속에서 찾고 있다.

특히 새파란 색시들이 궁둥이를 들먹거리고 옷자락을 펄펄 날리면서 분바른 얼굴이 담 밖으로 널름거리고 시시덕소리가 동내집으로 흘러나가는 널뛰기가 빈소행지의 사람 한목노릇하는 모든 것이 여자의 행세가 저게 무어야 한 소리에 통거리로 거부 박탈되는 조선에 행한다함은 성도나마에 흑마술이 성행하고 공자님나라에 방중술이 공인되는 이상의 불가사의사라고도 할 것이다. 그러나 이것은 실로 민속의 강인력 토풍의 연면성이라 할 것으로 일국 일민족의 뿌리 깊은 습속은 아무리 외래윤리의 폭위에 유린능학되어도 일종초절한 생명을 보유해나가는 좋은 예증을 조선의 널뛰기에서 본다할 것이다.[78]

한편 일제 강점기 당시 신문기사와 연재 글을 통해 확인 할 수 있는 특이한 점은 널뛰기에 대한 일제의 태도이다. 이미 강제병합 이전부터 식민지화를 위해 조선의 거의 모든 분야를 조사, 분석해왔던 일본은 총독부 차원에서 조선 고유의 향토오락도 조사 대상으로 삼았다. 이보다 앞서 민속학자 송석하도 조선의 향토오락을 계절적, 관념적, 지리적 분류로 나누어 널뛰기를 각각 정월, 체육경기, 남, 중, 북조선 지역에 분포하는 전조선적 오락으로 이해한 바 있는데[79] 총독부 사회교육과의 향토오락 조사 결과에도 널뛰기는 씨름과 함께 전조선 236개 모든 고을에 분포한 것[80]으로 나타났다.

〈그림 5-12〉일제시대의 소학교 교과서에 나온 조선의 널뛰기

일제는 이러한 결과를 바탕으로 향토오락을 장려하는 정책을 펼쳤는데 이는 1930년대가 일본이 내선일체사상과 일선동조론을 바탕으로 민족말살정책을 펼쳐 조선을 일본화 시키는 작업이 이루어지던 시점이라는 시대적 분위기와는 다소 어울리지 않는다. 하지만 일제는 널뛰기를 식민지배에 실용적으로 활용하고자 한 것이었으며 농촌진흥운동의 하나이자 전시 동원체제를 위해 권장했다. 일본은 널뛰기를 포함하여 조선 전역에 분포하거나 반 이상의 지역에 분포하는 13가지 향토오락을 선정하

78) 『동아일보』 1931년 12월 27일
79) 『동아일보』 1935년 6월 23일
80) 『동아일보』 1935년 7월 28일

여 적극 장려함으로서 도시에 비해 열악한 농촌환경의 체위, 체력향상을 도모하고 협동정신을 강화하고자 했다. 이는 총동원령체제 이후에는 이들을 노동력으로 적극 활용할 수 있는 기반을 만드는 것이었고 여기에 군수품에 사용되는 철강, 가죽 등의 원료가 소모 되는 기구 없이 할 수 있는 전통 향촌오락들이 활용된 것이었다. 특히나 거의 예외 없이 전국적으로 즐기고 있으며 널판 하나와 짚단만 있으면 할 수 있는 널뛰기는 일제가 생각했을 때 아주 적합한 대상 중에 하나였다. 이와 같은 사실들은 아래 기사에 아주 잘 드러난다.

현하 시국이 국가초비상시이니만큼 이러한 군수적 필수품인 철강, 가죽 등을 사용치 않더라도 체위향상과 체력단련을 위한 운동용구를 사용치 않는 운동으로는 일반적인 동시에 보편적인 등산, 라디오체조, 목검체조, 국민보건체조, 수영, 마라톤, 씨름 등이 있고 협조정신을 조장시키며 민속적인 조선 각지 농촌에서 실행되고 있으며 보편화 된 것은 그네, 윷놀이, 조선씨름, 줄다리기가 있고 여자의 운동으론 널뛰기, 그네, 아이들 것으로 팽이돌리기, 연날리기 등이 있는데 이는 각 지방 풍속, 습관에 따라 각각 다소 틀린 바가 있다.[81]

일제 식민지 말에 실용적 운동으로 변모했던 널뛰기는 해방과 대한민국 정부수립을 거치며 다시 민족적, 민속적 성격의 놀이로 되돌아오게 된다. 널뛰기는 3. 1과 제헌절과 같이 정부를 기념하는 체육행사의 빠지지 않는 단골 종목이 되었고 이 같은 대회들을 거치며 나름 경기로서의 형태도 갖추어 나갔다. 그러나 점차 시간이 지날수록 널뛰기는 민속, 전통이라는 측면이 강조되면서 현대와는 다소 괴리가 있는 종목이 되었고 다양한 놀이문화가 유입되면서 본래의 명절놀이로서의 역할도 상실하게 되었다. 특히 80년대 프로스포츠와 컬러텔레비전의 등장은 여기에 직접적인 영향을 미쳤다고 볼 수 있는데 이 시기 신문기사에서도 널뛰기와 같은 명절민속놀이가 잊혀져가고 있는 사실에 대한 안타까움을 표현하는 글[82]이 자주 실렸다. 그런 한편 널뛰기는 명절놀이로서가 아닌 민속놀이로서, 각종 행사에 활용되는 종목으로 자리 잡아 갔는데 88서울올림픽 개최로 스포츠 및 한국적인 것에 대한 관심 고조에 힘입어 다른 민속놀이와 더불어 '세계한민족체전'에 공식민족경기 종목으로 채택되기도 했다.

최근에는 중앙일보에 이어령의 널뛰기에 대한 상생을 설명[83]하는 기고문은 조선시대와 현대 시대의 여성에 대한 사회적인 시각 차이를 잘 나타내고 있다.

마른 사람과 뚱뚱한 사람처럼 신체조건이 서로 다른 사람들이라 해도 함께 널뛰기 시합을 할 수 있다. 상대방과 무게의 균형을 이룰 수 있도록 고인 목으로 널빤지의 길이를 조절해 주기 때문이다. 그것을 '밥을 준다' 고 한다.
,,,중력,,,상대방이 높이 오르도록 힘껏 굴러줘야 하고 힘껏 구르기 위해서는 상대편의 리듬과 타이밍을 잘 맞춰줘야 한다. 결국 널 위에서는 누구나 경쟁자이면서 동시에 협력자가 돼야만 하는 것이다.
,,,중략,,,협력이 경쟁이 되고 경쟁이 협력이 되는 널뛰기 경쟁원리야말로 우리 사회가 미래로 나가는

81) 『동아일보』 1935년 7월 18일
82) 『동아일보』 1982년 1월 4일, 『경향신문』 1981년 1월 1일, 2월 6일, 1982년 9월 29일 등
83) 『중앙일보』 2001년 08월 24일

출구요, 그 화살표다. 그렇다. 이기기 위해서는 오히려 경쟁자의 호흡에 맞춰 힘껏 굴러줘야 한다. 그래서 하늘 높이 솟아오르면 거기 행복한 우리 미래의 마당이 보인다.

그러나 최근의 널뛰기 경기는 조선시대의 방식과 다르다. 요즈음의 널뛰기는 같은 널판위에 있다면 늘 같은 편이 대부분이다. 이어령의 말처럼 널뛰기는 마주보는 두 사람이 상대방이 아니다. 널 위의 마주보고 뛰는 사람은 한 팀이기 때문에 무조건 상생을 하여야 한다. 물론, 동리에 아이들이 널 위에서 장난을 치기 위해서 널을 돌아가게 하여 마주한 사람을 넘어지게 하는 경우는 있지만 보통의 널뛰기는 우리나라의 여성들이 즐겁게 뛰는 민속놀이이다. 다음은 경기 규칙에 대하여 살펴보고자 한다.

2. 널뛰기의 경기 규칙

널뛰기는 여자만의 경기 종목이다. 본 내용은 전국이 같은 규칙으로 진행하면 좋겠다는 취지이며 이 내용은 중국 길림성에 있는 훈춘 제 5중학교와 한국에 있는 사단법인 한국민속문화원의 내용과 거의 일치하는 규칙이다. 널뛰기 경기 방식은 크게 세 가지다. 하나는 두 선수가 허리에 줄을 매고 널에 오른 후 규정된 시간 내에 어느 선수가 더 높이 뛰는가를 비기는 경기이며 또 한 가지는 발에 맨 줄을 더 많이 뽑는가를 비기는 경기이기도 하다. 여기에다가 여성의 표현 점수를 더 하기가 있다. 점수를 많이 취득하기 위한 경기이기도 하다.

2009년 널뛰기 대회 현수막	널뛰기 상위 수상자

〈그림 5-13〉한국의 최근 널뛰기 대회

1) 경기장

경기장은 널뛰기 경기장은 평탄한 땅 혹은 잔디를 심은 장방형 경기장이여야 한

다. 경기장의 길이는 10~12m이고 너비는 6m이다 경기장의 8m 공간에는 장애물이 없어야 한다.

2) 기자재는 사용되는 기자재로는 널판자와 널받침대 등 여러 가지이다.

① 널판과 널받침 및 매트

널판의 목질은 어린송이 좋다. 널판의 규격은 길이는 5m이고 너비는 35~40cm 이며 널판자 중간의 두께는 5~6cm 이고 양 끝 의 두께는 3~4cm 이다. 널판의 발판계선은 널판의 양 끝 에서부터 50cm 되는 곳에 너비 5cm 되는 붉은 선, 흰 선, 붉은 선을 그어 표시한다. 널판 중간에 2~3cm 너비로 붉은 선을 그어 중간임을 표시한다.

줄구멍 : 널판의 두 끝 뒷면 중간과 널판자 끝에서 약 20cm 되는 널 양 옆 면의 중간에 못 혹은 쇳줄(2cm 좌우로) 반원형이나 원형이 되게 처넣어 줄이 아래위로 나들 수 있게 한다.

널받침은 높이가 30~35cm 되는 나무 혹은 철로 만든 말안장형의 고압목을 널판에 놓는다. 매트는 길이가 1m, 너비가 50cm, 두께가 3~5cm 이상이 되는 매트를 각기 1개씩 널판자 양 끝 밑에 펴 놓는다.

② 높이뛰기와 줄 뽑기 경기 측정 용품

- 줄 : 직경이 5mm, 길이가 10~15m 되는 비닐 줄 2개.
- 허리띠 : 너비가 0.5~2cm, 길이가 1~1.2m 되는 채색 끈 2개
- 고무줄 : 길이가 10~20cm, 너비가 1~1.5cm 되는 고무질 2개
- 붉은 천 : 길이가 2cm, 너비가 5mm 되는 천 2개
- 줄이 통과하는 모래통과 모래
- 모래통 : 길이가 30cm, 너비가 10~15cm, 높이가 15cm 되는 모래통(두 측면에 대칭되게 직경이 약 1cm 되는 구멍을 낸 통) 2개
- 모래 : 비닐주머니에 모래를 0.5kg씩 담아 모래통 안에 넣는다.
- 미터자 : 길이 5cm 이상인 줄 자 2개
- 기타 용품 : 호루라기 1개, 초시계 1개, 푸른 깃발과 붉은 깃발 각 1개, 징 1개 그리고 표현 경기용에 사용할 장비는 개개 선수가 스스로 준비하여야 한다.

3) 선수와 코치

선수는 경기시간에 근거하여 경기 30분 전에 등록하여야 한다. 복장은 한복 (“높이뛰기”와 “줄 뽑기” 경기를 할 때 운동복을 입을 수 있음)을 입어야 한다. 그리고 안전을 위하여 긴 장식품을 달지 말아야 한다.

코치는 경기 규칙에 맞추어 선수를 지도하여 경기에 참가하게 한다. 코치와 보조인원(1~2명)은 선수를 따라 경기장에 들어 갈 수 있으며 경기가 시작 된 후 선수를

보호하기 위하여 선수의 주위에 서 있을 수 있다.

4) 경기규칙

경기 종류는 단체경기와 개인 종합 경기로 나눈다.

경기 종목은 널뛰기 경기 종목에는 "높이뛰기", "줄 뽑기" 와 "자유 표현" 등 3가지 종목경기가 있다.

경기 방법에 있어서 단체 경기는 팀 마다 두 조(짝)의 대표를 선정하고 그 대표조 들의 "높이뛰기", "줄 뽑기", "자유 표현" 등 3가지 종목경기에서 취득한 성적을 점수로서 순위를 정하는 경기이다.

개인 종합 경기는 한 개 조가 "높이뛰기", "줄 뽑기", "자유 표현" 등 3가지 단종목 경기에서 획득한 총점에 따라 높은 점수부터 차례로 그 순위를 결정하는 경기이다.

경기 시간은 3가지 종목경기의 시간은 각기 1분 30초 이다. 경기 순서는 제비를 뽑아 결정한다. 일반적으로 경기 전 인솔자가 참가한 회의에서 진행한다.

5) 심판

경기 준비는 심판원이 "경기 준비"란 구령을 내린 다음에 선수가 경기장에 들어갈 수 있다.

- 널의 길이를 조절한다.
- "높이뛰기"를 하기 전에 두 선수는 허리에 줄을 매고 널판자 양 끝에 두 발 뒤축을 맞추고 선다. 그 다음 심판원은 모래통을 조절하여 놓는다.
- "줄 뽑기"를 하기 전에 두 선수는 발등에 줄을 맨 후 널판자 양 끝에는 두 발 뒤축을 맞추고 널판자 양 옆에는 두 발 바깥쪽을 맞추고 선다. 그 다음 심판원은 모래통을 조절하여 놓는다.
- "자유 표현"을 하기 전에 두 선수는 자기가 선택한 수구를 들고 널판자 양 끝에 두 발 뒤축을 맞추고 선다.
- 경기 준비를 마친 다음 경기 준비가 끝났다고 심판원에게 보고하고 경기시작 신호를 기다린다.

경기 시작은 심판원이 선수의 경기준비가 끝났다는 보고를 받은 후 호루라기를 분다. 선수는 호루라기 소리에 따라 경기를 시작해야 한다.

심판의 경기 진행에 있어서 아래와 같은 경우에는 징을 두드려 해당 널뛰기 경기가 끝났음을 알린다.

- 경기 시간이 1분 30초가 되었을 때 경기를 끝마치게 한다.
- 널을 뛸 때 선수 혹은 코치가 이번 경기를 끝마치겠다고 요구를 제기할 때 심판원은 징을 두드려 경기를 끝마치게 한다.

- 널판 등 기자재가 고장이 생겨 경기를 정지 하였을 때 고장을 해결한 다음 경기를 다시 시작할 수 있으며 기자재 고장으로 하여 선수에게 영향을 미쳤을 때에는 다시 경기 참가할 수 있다. 선수가 다시 뛰는 것을 포기하면 고장 나기 전의 성적을 유효로 한다.

6) 널뛰기 경기 순위의 판정

순서와 참가 자격은 단체경기, 개인 종합경기, 단일종목경기 등 3가지로 나누어 진행할 수 있는데, 단체 종합 경기에서는 각 급 대표선수가 참가하고 개인 종합경기와 단일종목경기에서는 단체 경기의 높이뛰기, 줄 뽑기, 자유 표현 등 각 종목에서 1-8등을 취득한 조가 참가할 수 있다. 즉 경기 참가 자격을 가진다.

먼저, 단체 경기는 한 개 대표 팀의 기술 수준과 정신 상태를 충분히 나타낼 수 있고 경기를 통해 각 조의 성적을 제고 시킬 수 있으며 예선 경기를 통하여 그 성적을 결정지을 수 있다.

- 점수 계산 방법은 다음과 같다. 1등은 모든 참가한 조의 수에 "+1"을 하여 점수를 내고 2등부터 모든 참가한 조는 모든 참가한 조의 수에 "-1"을 하여 점수를 준다. 즉 3등은 "-2", 4등은 "-3" 이런 순서에 따라 모든 조에게 점수를 준다.
- 각 팀의 선수가 모든 종목경기에서 취득한 성적을 합치여 그 순위를 정한다. 각 팀이 얻은 점수를 합하여 총 점수가 높은 팀으로부터 낮은 팀까지의 순서에 따라 단체 순위를 정한다.
- 만약 총 성적이 같을 때에는 1등을 한 종목이 많은 팀이 앞 순위를 차지한다. 만약 그래도 같을 때에는 2등을 한 종목이 많은 팀이 앞 순위를 차지한다. 그래도 같을 때에는 3등을 한 종목이 많은 팀이 앞 순위를 차지한다. 이렇게 절차에 따라 최후 순위를 정한다.

개인 종합경기는 매 선수가 장악한 여러 가지 종목 기교들을 충분히 표현하게 되므로 널뛰기 선수들의 전면 발전을 추진하는데 일정한 의의를 가지게 된다.

- 점수 계산 방법은 다음과 같다. 1등은 9점을 주고 2등부터 모든 참가안 소는 7, 6, 5, 4, 3, 2, 1점을 준다.
- 각 종목의 성적에 따라 모든 조에게 점수를 준 다음 나중에 각 팀이 얻은 점수를 합하여 총 점수가 높은 팀으로부터 낮은 팀까지의 순서에 따라 개인 종합 경기 순위를 정한다.
- 만약 총 성적이 같을 때에는 1등을 한 종목이 많은 조가 앞 순위를 차지한다. 만약 그래도 같을 때에는 2등을 한 종목이 많은 조가 앞 순위를 차지한다. 그래도 같을 때에는 3등을 한 종목이 많은 조가 앞 순위를 차지한다. 이렇게 절차에 따라 최후 순위를 정한다.

기권은 경기 시간 5분이 지났는데도 경기장에 도착하지 않았을 때 기권으로 판정한다. 심판원의 판정에 불복하여 경기 진행을 거절하거나 5분 이상 경기를 중단하였을 때 기권으로 판정한다. 이의는 선수가 심판원의 판정에 이의가 있을 때 인솔자 혹은 코치가 경기가 끝내기 전 2시간 내에 서면 형식으로 총 심판 위원회에 이의서를 제출한다. 총 심판 위원회에서는 심판 조례에 따라 이의처리를 한다.

7) 심판규칙

"널뛰기 경기 심판규칙"은 널뛰기 경기의 특성에 근거하여 설정한 것으로서 심판원이 반드시 지켜야 할 준칙이기도 하다.

규칙은 심판들의 직책을 명확히 해주고 경기 과정에 생기는 각종 상황을 정확하게 정하고 처리하게 하며 경기 과정의 각가지 문제들을 조화롭게 한다. 심판의 결정 실수로 하여 생기는 오판을 미연에 막아주고 선수들로 하여금 널뛰기 수준을 충분히 발휘하게 함으로써 경기가 더욱 활기를 띄게 한다. 경기성, 오락성과 신미성을 한층 더 체험하게 하며 널뛰기 경기로 하여금 규칙에 따라 공정, 공평하게 진행하게 한다.

심판 소질은 한 심판이 심판 임무를 훌륭히 완수할 수 있는가 없는 가를 가늠하는 기본 소양이다. 심판은 건실한 도덕수양과 건전한 심성, 업무 소질, 그리고 튼튼한 신체 소질이 구비되어야 한다.

- 심판은 건전한 도덕함양이 구비되어야 한다. 체육 경기의 집행자로서 공정, 공평의 원칙을 견지하고 전반 경기과정에 개인적인 감정을 갖지 말아야 한다.
- 심판은 널뛰기 종목과 그 특징을 익숙히 장악하고 경기의 규정을 깊이 습득하여야 한다. 특히 규칙 중의 중점과 난점에 대하여 깊이 있게 연구하고 경기 중에 발생할 수 있고 처리하기 비교적 어려운 상황들을 사전에 예견할 수 있어야 한다.
- 심판은 건전한 심성이 구비되어야 한다. 경기 과정에서 생기는 돌변사건들은 심판의 건전한 심성이 구비되어야만 양호한 상황대처능력을 가질 수 있으며 즉석에서 정확하게 판단할 수 있고 경기의 국면을 바로 잡을 수 있다.
- 심판은 양호한 신체를 갖추어야 한다. 양호한 신체는 심판과업을 잘할 수 있는 물질증거인 기초로 된다.

8) 심판원들의 구성

심판은 심판장 1명, 부심판장 1명, 심판원, 등록원, 계시원, 기록원, 발표원, 보조 심판원 등 인원으로 구성된다.

가. 심판장

(1) 심판장의 경기 전의 업무

① 심판조의 사업 회의를 조직하여 열어야 한다.

경기 임무를 잘 완성하기 위하여 심판장은 경기 전에 응당 전체 심판원들을 조직하여 사업회의를 열고 학습을 통하여 아래와 같은 몇 가지 문제들을 해결하여야

한다.

(a) 경기 과정에 모든 심판원이 공정, 공평하게 집정하게 하기 위하여 사전에 직업도덕을 강화하여야 한다.

(b) 심판원들을 조직하여 경기 규칙을 학습하고 그 규칙을 익숙히 하여야 한다. 필요할 경우 경기 규칙에 관한 시험을 치며 규칙 중의 중점, 난점에 대하여 토론을 진행하여 심판 기준을 숙지해야 한다.

② 지도원과 인솔자가 참석한 회의에 참가하여 심판 기준과 경기 규칙, 요구와 주의할 상황을 명확하게 설명해 주어야 한다.

③ 기자재의 준비 상황을 검사한다. 널뛰기는 공중에 뛰어 올랐다 널판에 내렸다 하면서 진행하는 경기 종목인 만큼 선수의 안전은 매우 중요하다. 때문에 심판장은 경기 전에 심판원을 거느리고 기재검사를 진행해야 하며 안전을 위협하는 문제들을 제때에 발견하여 사전에 선수의 안전을 보장해 주어야 한다.

④ 각 심판원의 특이점에 근거하여 심판업무를 분담하여야 한다.

⑤ 경기 전에 심판 실습을 배치하며 실습을 통하여 문제를 발견하고 해결책을 상의함으로써 경기의 순리대로 진행을 보장하여야 한다.

(2) 경기 중의 업무와 요구

① 심판장은 심판의 각종 업무를 전면적으로 조직하고 안내하며 심판사업의 진행을 순조롭게 하여야 한다.

② 정확한 경기 규칙의 집행을 보증하고 규칙 중 명확하게 규정되지 못한 유관문제를 해결하며 최종판결을 내려야 한다.

③ 경기 중에 발생한 논쟁이나 의문은 그 경기장에서 집행했던 심판원을 통해 정황을 성실히 이해하고 정확하게 의견청취를 한 기초 상에서 정해진 규칙과 규정에 근거하여 최종판결을 내려야 한다.

④ 부정한 행실이 있는 선수 혹은 지도원에 대해서는 행실의 경중에 따라 경고 또는 경기자격 취소를 선포해야 한다.

⑤ 모든 경기성적과 순위결정에 대해 심사를 한 다음 사인을 한다.

⑥ 기자재의 사용상황을 관찰하고 기재의 안전 사용을 보장해주어야 한다.

(3) 경기 후의 업무

매 경기가 끝났거나 경기 과정에서 심판에 대한 논쟁이 생겼을 때는 전체 심판원이 참석한 회의를 열고 심판 업무 총회를 하여야 한다. 총회를 통해 다음과 같은 문제를 해결 하여야 한다.

① 심판원의 업무태도와 심리상태.

② 규칙을 집행한 상황과 심판기준의 통일 상황 등.

③ 심판 간의 상호 배합 상황.

④ 판결에 논쟁이 있는 문제들을 분석하고 자기의 관점을 설명하며 인식을 통일한다.

⑤ 중대한 문제의 처리 의견을 통보한다.
⑥ 전 단계 경기에서 나타난 정황과 문제점에 근거하여 다음 경기에서의 임무와 구체적 요구를 조치한다.

나. 부심판장

(1) 경기 전의 업무
① 심판장을 협조하여 심판 학습과 실습을 주제한다.
② 심판장을 협조하여 규칙, 규정의 학습과 심판실습을 책임지고 집행하며 등록처의 준비 사항을 검사한다.
③ 운동장, 기자재, 심판원 용품의 준비업무를 책임지고 심판장을 협조하여 운동장, 기자재를 검사한다.
④ 각 종목경기를 시작하기 전에 심판원을 조직하여 동일하게 입장하도록 한다. 입장 순서는 심판장, 등록원, 심판원, 기록원, 계시원이다.

(2) 경기 중의 업무
① 경기 중의 보조업무를 잘하여야 한다.
② 경기 기자재의 안전사용을 보장하여야 한다.
③ 계시원과 기록원의 업무를 검사하고 감독하며 심판업무를 관리하고 협조한다.
④ 심판장을 협조하여 경기과정에 생긴 논쟁이나 의문을 제때에 해결해준다.

(3) 경기 후의 업무
① 제때에 문제를 발견하고 자기가 책임진 사업을 슬기롭게 진행한다.
② 심판장을 협조하여 전체 심판원의 업무회의를 연다.

다. 심판원

한 차례의 널뛰기 경기에는 심판원 5명 (발표원 1명, 심판원 4명)이 참석한다.

(1) 경기 전의 업무
① 대회의 유관 문건, 경기 규정과 규칙을 정확하게 학습하며 규칙에는 명확히 규정되고 있지만 경기 과정에 생길 수 있는 정황, 통일적인 심판 기준 등을 정확하게 파악하여야 한다.
② 복장과 경기용 기구를 준비 한다.
③ 심판장을 협조하여 경기장, 기자재를 검사하고 운동장을 익숙히 한다.
④ 경기 전의 심판실습에 적극 참가하고 실습을 통하여 각 팀과 선수의 정황을 익숙히 파악한다.

(2) 경기 중의 업무

① 경기 종목과 선수의 요구에 따라 준비를 잘하여야 하며 뽑은 줄을 정확하게 측량하고 표현 경기 동작의 채점을 한다.

② 준비 시간 내에 선수의 준비가 다 되었다는 신호를 듣거나 혹은 보았을 때 경기를 시작하게끔 호루라기를 붊과 동시에 깃발을 든다. 이 때 선수가 출발 반칙을 하였는가를 판정한다. 만약 심판원의 출발 신호가 내리기 전에 뛰었다면 호루라기를 불어 다시 뛰게 한다. 규칙에 근거하여 벌점을 줄 수 있다.

③ 경기 중 기자재를 검사하고 기자재의 안전을 확보한다. 안전하지 못한 요소를 발견하면 즉시 심판장에서 통보하여 경기를 중단시킨다.

④ 경기 시작 후 선수의 반칙 상황에 대한 판정을 내린다.

⑤ 선수의 안전을 보호 한다.

⑥ 선수의 경기 성적에 대하여 판정을 내린다.

⑦ 경기장의 질서를 유지한다.

(3) 경기 후의 업무

① 각 종목 경기가 끝날 때 마다 운동장과 기자재를 검사한다. 만약 안전을 위협하는 점을 발견 하였다면 심판장에게 보고한다.

② 경기를 진행하고 심판장을 협조하여 마지막까지 심판업무를 책임진다.

라. 등록원

(1) 경기 전의 업무

① 복장과 기자재를 준비한다.

② 대회의 유관 문건, 규정, 규칙을 정확하게 학습한다.

③ 운동장을 익숙히 파악한다.

(2) 경기 중의 업무

① 경기 일정과 경기 순서에 근거하여 경기 시작 30분 전에 등록을 시작한다.

② 선수의 신분을 책임지고 확인한다.

③ 선수가 스스로 가져온 발판이 규칙에 부합되는가를 검사한다.

④ 선수의 머리 모양, 운동 복장을 장식품을 걸거나 단 정황 등이 규칙에 부합되는가를 파악한다.

⑤ 등록한 결과를 심판장에게 제때에 통보한다.

⑥ 선수의 경기장 안내를 책임진다.

(3) 경기 후의 업무

① 각 종목경기가 끝난 후 심판용 기자재를 정확하게 거두어 제출한다.

② 경기 운영에 심판장을 협조하여 마지막까지 심판업무를 책임진다.

마. 계시원

(1) 경기 전의 업무
① 대회의 유관 문건, 규정, 규칙을 정확하게 학습한다.
② 복장과 경기용 기자재(초시계, 징, 징걸이)를 준비한다.

(2) 경기 중의 업무
① 경기용 시계를 맞추고 아래와 같은 심판사업을 책임진다.
(a) 선수의 경기 전 준비 시간을 기록한다.
(b) 각종 경기에서의 경기 시간(1분 30초)을 기록한다.
② 아래와 같은 상황에서는 시계를 정지시키고 징을 쳐서 경기의 중단신호를 책임진다.
(a) 경기 중 선수 혹은 지도원이 경기의 주단을 요구할 때 징을 쳐서 경기의 중단을 알린다.
(b) 심판원이 선수에게 경기를 끝내라는 판정을 내리면 징을 쳐서 경기의 중단을 알린다.

(3) 경기 후의 업무
① 심판용 기자재를 검사한다.
② 경기를 진행하고 심판장을 협조하여 마지막까지 심판직무에 대해 책임진다.

바. 기록원

(1) 경기 전의 업무
① 대회의 유관 문건, 규정, 규칙을 정확하게 학습한다.
② 복장과 경기용 기자재를 준비한다.

(2) 경기 중의 업무
① 경기 성적을 기록한다.
② 선수의 순위를 기록하고 심판장의 심사와 사인을 받는다.
③ 경기 성적을 아나운서에게 주어 발표하게 한다.
④ 각 종목의 경기순서를 통계하고 심판장의 심사와 사인을 받는다.

(3) 경기 후의 업무
① 각 종목 경기성적을 정리하고 컴퓨터에 등록한다.
② 경기를 진행하고 등록처의 사업을 주관하는 부심판장을 협조하여 마지막까지 심판직무에 대해 책임진다.

사. 발표원

(1) 경기 전의 직무

① 대회의 유관 문건, 규정, 규칙을 정확하게 학습한다.

② 복장을 준비하고 방송용 기자재를 실험해본다.

③ 널뛰기 운동의 기원과 발전을 이해하고 각 참가팀과 선수의 상황을 익숙히 한다.

(2) 경기 중의 직무

① 심판원 입장을 선포한다.

② 관중들에게 널뛰기 운동 및 경기규칙 그리고 경기에 참가한 팀과 선수를 소개한다.

③ 경기 성적을 선포한다.

④ 음악을 방송한다.

(3) 경기 후의 직무

경기를 진행하고 심판장을 협조하여 마지막까지 심판직무에 대해 책임진다.

9) 운동장에서의 심판원 간 상호 소통

선수는 높이뛰기 경기에 참가 할 때에는 허리에 줄을 메고, 줄 뽑기 경기에 참가할 때는 발등에 줄을 달고, 자유 표현 경기에 참가할 때는 손에 기자재를 들고 널판자에 올라선다. 이 때 부심판장은 경기장에 있는 심판원들의 준비 사항을 확인한 다음 “준비” 라는 구령을 내린다.

(1) 출발심판원이 호루라기를 불면서 깃발을 들면 널뛰기 경기를 시작한다. 경기를 시작하면 계시원은 정확하게 초시계를 작동시켜 출발 심판원과 긴밀히 소통하여야 한다.

(2) 경기 시작 후 심판장은 경기의 전체 상황을 파악하고 부심판장은 주요하게 기자재의 운영과 사용상황 그리고 등록처의 직무를 책임진다.

(3) 등록원은 선수를 경기장으로 안내한다. 심판원 2명은 각각 널판자 양쪽 앞에 선다.

(4) 기록원은 심판원의 판정을 수시로 주시하는 한편 심판원의 판정에 근거하여 경기성적을 제때에 기록한다.

(5) 발표원은 심판원의 판정에 따라 성적을 발표한다. 발표원은 발표할 성적에 의문이 생기면 기록원과 재확인을 한다.

(6) 공포란을 책임진 보조 심판원은 발표원의 선포에 따라 성적을 공포한다. 잘 들

지 못하였을 때는 기록처에 가서 재확인을 할 수 있다. 기록처에서는 정확하게 공포하는데 편리를 주어야 한다.

(7) 계시원은 심판원의 판정에 근거하여 즉각 시계를 누르면서 징을 쳐서 경기를 마치하게 한다.

10) 널뛰기 각 종목 경기의 심판 방법

가. 높이뛰기 경기의 심판 방법

높이뛰기 경기에서는 규정된 시간 내에 두 도약자의 허리끈에 줄을 매고 두 무릎을 굽히거나 펴고, 두 다리를 벌리거나 모으면서 위로 뛰어 올랐을 때 모래통을 통과하여 나온 줄의 길이를 각기 자로 잰 다음 두 도약자의 성적을 합하여 그 조의 높이뛰기 성적으로 판정한다.

반칙과 벌:

(1) 출발 반칙

선수가 심판원의 호루라기가 올리기 전에 먼저 뛰기를 시작하게 되면 이것을 출발반칙이라 한다. 첫 반칙에는 권고를 주고 두 번째 반칙에는 경고를 주며 세 번째 반칙에는 널뛰기 취소로 판정한다.

(2) 높이뛰기 동작에서의 반칙

높이 뛰면서 손으로 줄을 당기는 동작을 하였을 때, 고의적으로 발로 줄을 차는 동작을 하였을 때 혹은 뛰어올라 제일 높은 곳에 이르렀을 때 고의적으로 윗몸을 앞으로 굽히고 엉덩이를 뒤로 높이 드는 동작을 하면 다 반칙으로 판정한다. 이러한 반칙동작을 하였을 때 심판원은 운동원에게 경고를 줄 뿐만 아니라 이미 뽑은 줄을 모래통 반대 방향으로 더 많이 당겨낼 수 있다.

나. 줄 뽑기 경기의 심판 방법

줄 뽑기 경기에서는 규정된 시간 내에 두 도약자가 서로 교대하여 공중에 뛰어오르면서 줄을 맨 발을 앞뒤로 흔들었다가 또 다시 앞으로 높이 차올려서 모래통을 통과하여 나온 줄의 길이를 각기 자로 젠 다음 두 성적을 합하여 그 조의 줄 뽑기 성적으로 한다.

반칙과 벌:

(1) 출발 반칙

선수가 심판원의 호루라기가 불기 전에 먼저 뛰기를 시작하게 되면 이것을 출발반칙이라 한다. 첫 반칙에서는 권고를 주고 두 번째 반칙에는 경고를 주며 세 번째

반칙에는 널뛰기 자격취소로 판정한다.

(2) 줄 뽑기 동작에서의 반칙

뛰면서 손으로 줄을 당기는 동작을 하였을 때, 혹은 고의적으로 발에 줄을 감아 줄을 더 많이 뽑았을 때 반칙으로 판정한다. 이러한 반칙동작으로 하였을 때 심판원은 운동원에게 경고를 줄 뿐만 아니라 이미 뽑은 줄을 모래통 반대방향으로 더 많이 당겨낸다.

다. 자유 표현 경기의 심판 방법

자유 표현 종목은 규정된 시간 내에 두 도약자가 기교수준에 따라 기자재를 선택하여 공중에 높이 뛰어올라 아름답고 다양한 동작을 표현한 성적을 심판원이 판정하여 점수에 따라 순위를 정하는 경기이다. 점수는 높은 난이도 동작 3개, 중간 난이도 동작4개를 완수하여 얻은 성적을 합하여 그 조의 자유 표현 점수(성적)로 한다.

① 한 조 두 사람의 표현 경기 성적은 20점이 만점이다.
② 높은 난이도 동작 1개의 점수는 1.0점이다.
③ 중간 난이도 동작 1개의 점수는 0.5점이다.

규정된 시간 내에 자유 표현을 할 때 각 선수가 완수한 난이도 동작 횟수, 질, 통제능력, 등이 아름답게 동작을 완성한 정도에 따라서 성적을 정한다.

반칙과 벌:

(1) 출발 반칙

선수가 심판원의 호루라기가 울리기 전에 먼저 뛰기를 시작하게 되면 이것을 출발 반칙이라 한다. 첫 반칙에는 권고를 주고 두 번째 반칙에는 경고를 주며 세 번째 반칙에는 널뛰기 자격 취소로 판정한다.

(2) 자유 표현 동작에서의 반칙

선수가 완성한 난이도 동작 수량, 질, 통제 능력 등이 표준에 도달하지 못하였거나 완성한 동작이 아름답지 못하였을 때 반칙으로 판정한다. 이러한 반칙 동작을 하였을 때 심판원은 반칙한 동작에 따라 감점을 한다.
일반적으로 경한 착오동작은 한번에 0.1~0.2점을 감점하고 명확한 착오동작은 한번에 0.3~0.4점을 감점하며 엄중한 착오동작은 한번에 0.5~1.0점을 감점한다.
아래와 같이 특수한 경우에는 다음과 같이 감점을 한다.

(1) 리듬이 파괴(엇박자)되고 중심을 잘 잡지 못하여 널판자의 한계선을 초과하였을 때 한발로 디디면 0.1점을 감하며 두 발로 디디면 0.2점을 감한다.

(2) 경기 중 널이 중지되거나 뛰는 리듬이 정확하게 맞지 않았을 때(엇박자) 0.2~0.3 점을 감한다.
(3) 경기 중 한발 혹은 두 발이 다 땅에 떨어지면서 널이 중지되었다가 다시 뛸 때에는 0.5~1.0점을 감한다.
(4) 손에 쥔 수구를 떨구었을 때 한번에 0.3~0.5점을 감한다.
(5) 1분 30초 전에 경기를 중지하면 매 10초에 0.1점을 감한다.
(6) 경기 중 코치 혹은 다른 운동원이 심판원의 직무에 영향을 주었을 때 처음에는 경고를 주고 두 번째에는 운동장을 퇴장의 판정을 내린다.

3. 부산 공연 널뛰기의 동작

부산에 공연 널뛰기가 있기를 원했다. 그래서 공연 널뛰기를 조직함은 부산의 문화상품이 하나 등장하는 것과 같다는 것이다. 이번에 제시하는 그림은 추후에 널뛰기 공연에 관심을 가지는 지자체나 학교, 지역 문화 관계자에게 조금이나마 도움이 되길 바란다. 널뛰기는 널을 뛰는 성격에 따라서 〈표5-5〉일반 널뛰기와 공연 널뛰기 및 경기 널뛰기와 같이 크게 세 가지로 나누어 설명할 수 있다. 단순히 놀이 차원에서 일반 널뛰기를 하는 경우와 많은 사람들에게 보여주기 위한 공연 널뛰기, 그리고 실력이 어느 정도 있는 이들이 뛰는 경기 널뛰기로 분류 할 수 있다.

<table>
<tr><th colspan="2">널뛰기의 종류</th><th colspan="2">널뛰기 방식</th><th>세부 동작</th><th>비고</th></tr>
<tr><td colspan="2">일반 널뛰기</td><td colspan="2">단순 놀이</td><td></td><td></td></tr>
<tr><td rowspan="17">공연 널뛰기</td><td rowspan="7">기본 동작</td><td colspan="2">손돌리기</td><td></td><td></td></tr>
<tr><td colspan="2">선자리에서 뛰기</td><td></td><td></td></tr>
<tr><td colspan="2">손들며 곧추뛰기</td><td></td><td></td></tr>
<tr><td colspan="2">무릎 들기</td><td></td><td></td></tr>
<tr><td colspan="2">다리벌리기</td><td></td><td></td></tr>
<tr><td colspan="2">중등꺾기</td><td></td><td></td></tr>
<tr><td colspan="2">천리마 동작</td><td></td><td></td></tr>
<tr><td rowspan="10">재주 뛰기</td><td rowspan="5">도수형식</td><td>무릅꺽기</td><td></td><td></td></tr>
<tr><td>다리벌리기</td><td></td><td></td></tr>
<tr><td>천리마동작</td><td></td><td></td></tr>
<tr><td>중등꺽기</td><td></td><td></td></tr>
<tr><td>회전하기</td><td></td><td></td></tr>
<tr><td rowspan="5">기구형식</td><td>북</td><td>무릅들기, 다리벌리기, 중등꺽기, 천리마 동작</td><td>한손 사용</td></tr>
<tr><td>링</td><td>〃</td><td>한손 사용</td></tr>
<tr><td>리본(댕기)</td><td>〃</td><td>한손 사용</td></tr>
<tr><td>부채</td><td>〃</td><td>두손 사용</td></tr>
<tr><td>줄</td><td>〃</td><td>양발 사용</td></tr>
</table>

			풍선	〃	한손 사용
			박	〃	한손 사용
널뛰기 경기		높이뛰기	허리에 줄	곧추뛰기와 무릎들기	
		줄뽑기	발에 줄 고정		
		재주부리기	규정된 동작		
			자유연기		

〈표 5-5〉 일반 널뛰기 및 공연 널뛰기와 경기 널뛰기

지금부터 제시하는 내용은 일반 널뛰기와 경기 널뛰기는 생략하고 공연 널뛰기에 대한 것만 설명하고자 한다.

부산의 공연 널뛰기에 대한 동작은 크게 기본동작, 부채공연, 리본공연, 소북공연, 링 공연, 줄뽑기 공연, 풍선터트리기, 공중회전, 박터트리기의 9가지로 나눈다. 이를 다시 널을 뛰는 형식에 따라 기본동작과 재주뛰기가 있다. 또 재주뛰기는 도수형식과 기구형식이 있다. 재주뛰기는 널뛰기 동작가운데 기구를 사용하지 않음과 기구의 사용함에 따라 전자를 도수형식이라 하고 후자를 기구형식이라고 한다. 도수형식은 동작의 난이도가 높은 공중회전 등이 이에 속한다. 기구형식이란 부채, 북, 리본(댕기), 링, 줄, 풍선, 박 등 기구를 사용하여 다양한 방법의 재주가 있다. 도수형식에서는 무릅꺽기, 다리벌리기, 천리마동작, 중등꺽기 등이 속하는 외에 고난동작으로는 회전하기가 있다. 회전동작에는 무릎굽혀 회전하기와 무릎펴고 회전하기가 있다. 회전동작은 널뛰기에서 가장 난도가 있는 동작으로서 안전에 유의하여 매트를 이용하여 지면에서의 훈련을 강화해야 한다.

1) 기본 동작

기본동작은 널뛰기의 첫 번째 순서이고 기본이 되는 내용으로 여러 가지 동작이 있으나 총 7가지 구분동작으로 나누어 설명이 가능하다. 손돌리며 높이뛰기, 다리벌리기, 무릅들기, 중등꺾기, 한다리차기. 천리(부산)마, 중등꺽기 천리(부산)마 동작 로 나눈다. 먼저, 손돌리며 높이뛰기는 내리 드리운 두 손을 자연스럽게 90도로 들었다가 제자리에 내려놓는다. 계속하여 재차 원 방향으로 180도로 머리 위 지켜든 후 계속하여 360도로 뒤로 돌려 원자리로 돌아온다. 이를 높이 뛰면 손동작을 표현하는 것이다.

손돌리며 높이뛰기

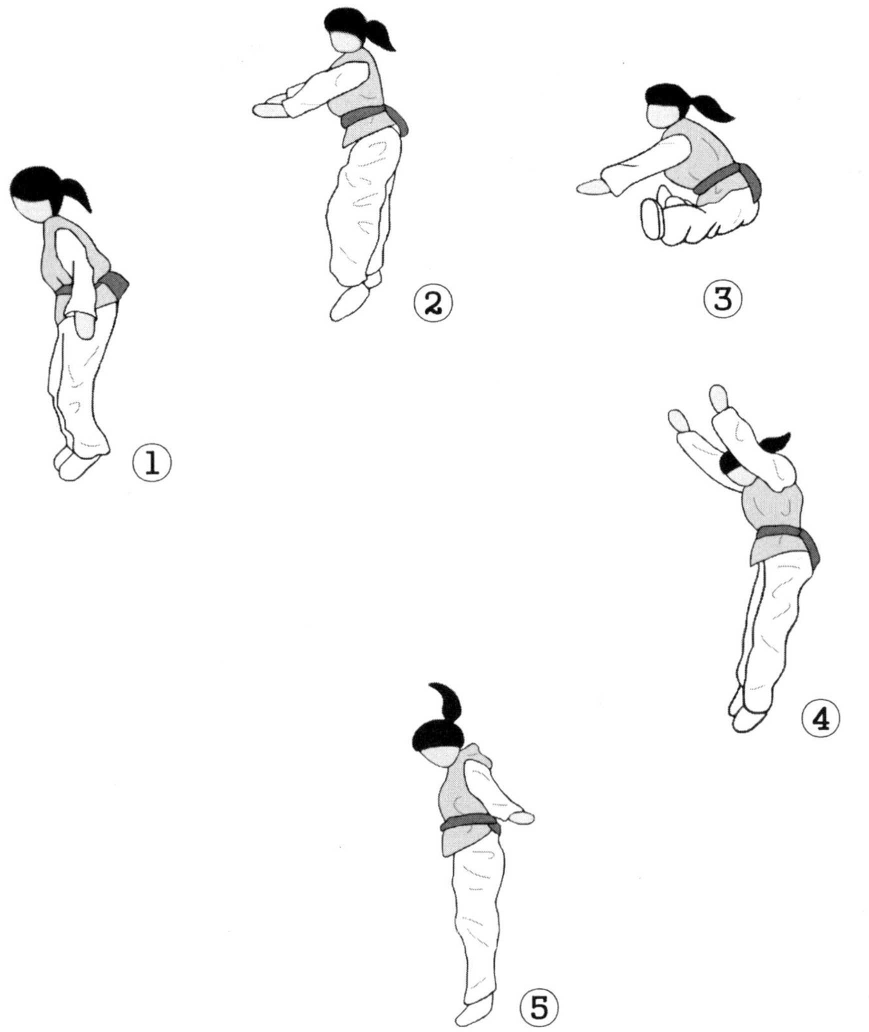

① ② ③ ④ ⑤

다리벌리기

다리벌리기는 널판 위에서 높이 도약한 후 신체의 중심을 잘 잡고 양다리를 양 옆으로 크게 벌리는 동작이다. 이때에 다리는 일자로 되어야 한다.

무릅들기

무릅들기는 손돌리기와 무릎을 드는 복합동작으로서 무릎은 90도로 굽혀야 한다. 무릎들기를 할 때 먼저 땅에서 익숙한 후 널에 올라서야 한다.

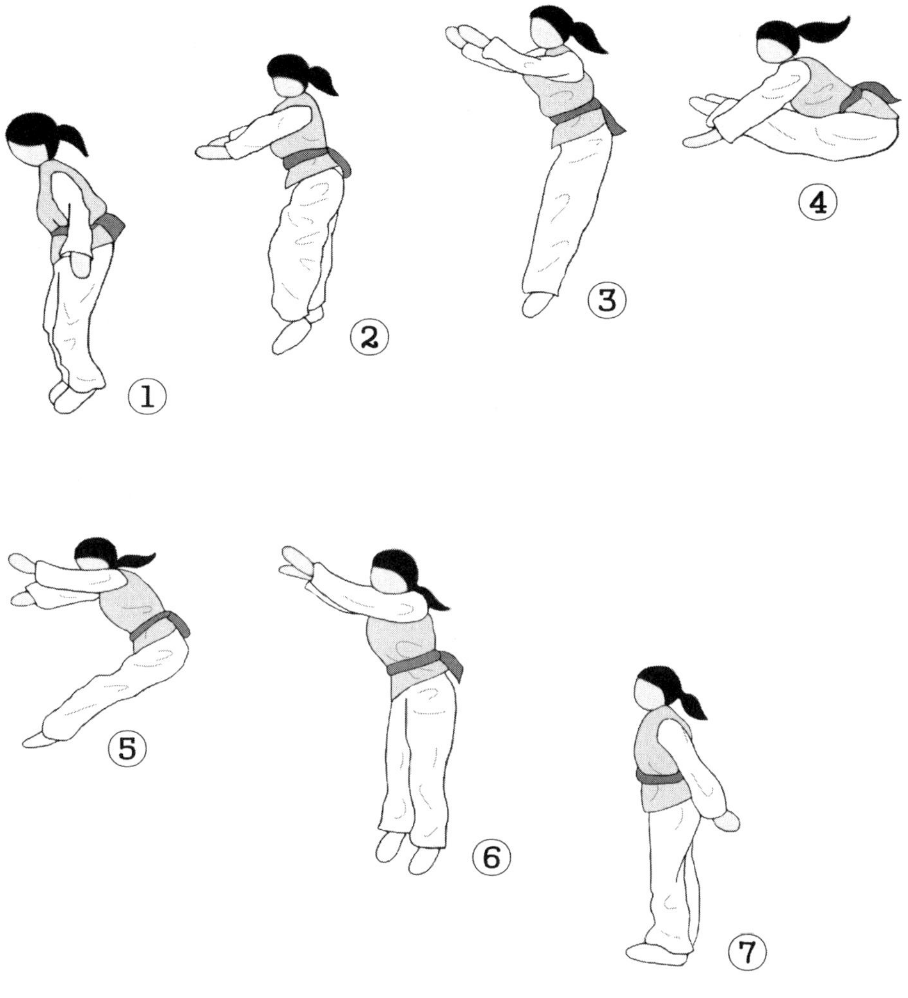

①
②
③
④
⑤
⑥
⑦

중등꺾기

중등꺾기란 널에서 도약과 동시에 두 다리를 모아 양 엄지발끝을 붙이고 앞으로 꺾어 드는 고급동작을 말한다. 도약과 동시에 두 다리를 모으는 것은 공중에서 정점에 도달할 때에 꺾임이 제대로 이루어진다.

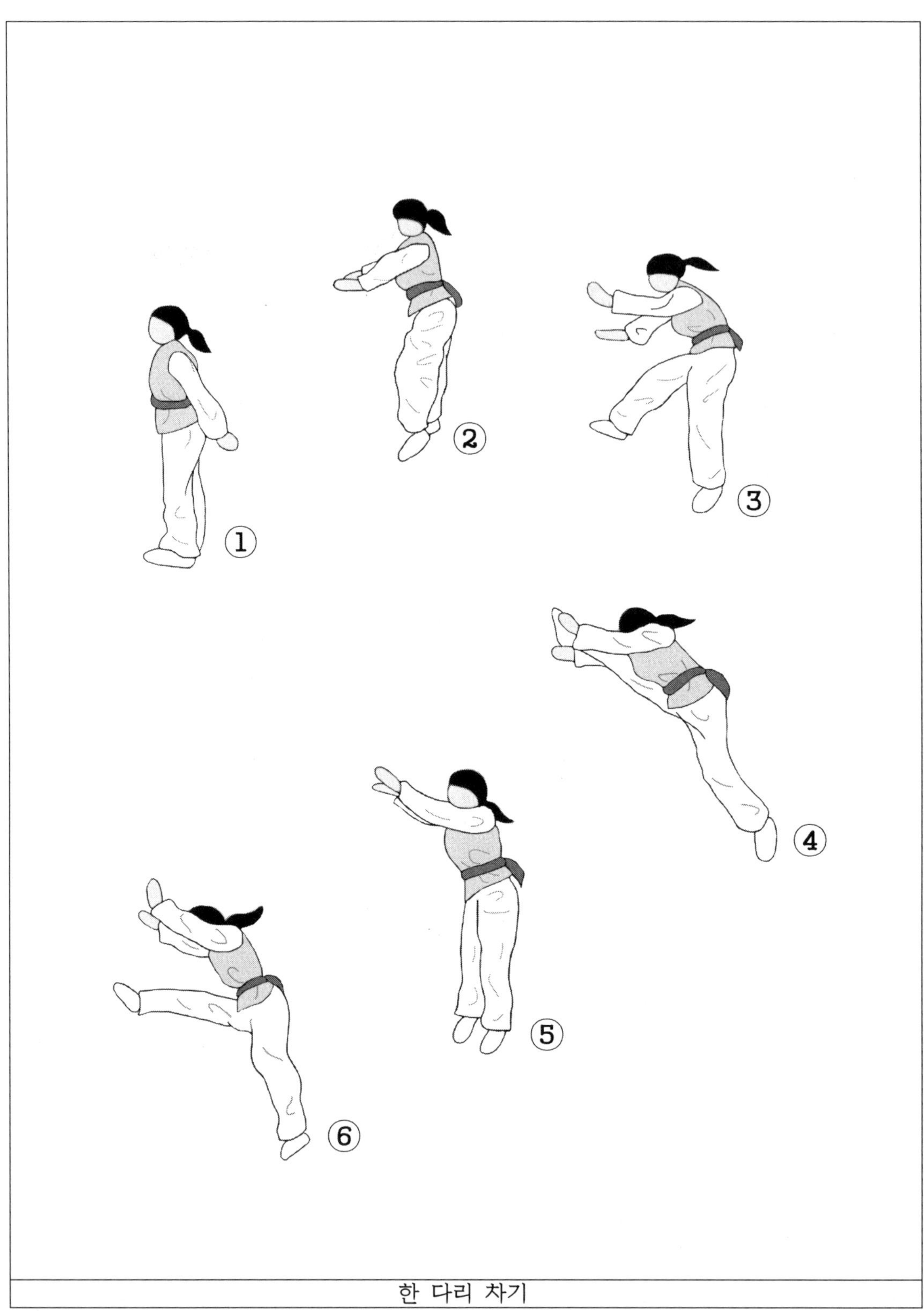

한 다리 차기

한 다리 차기는 기구형식의 전초 동작이라 하여도 과언이 아니며 공중에서 한 다리가 공연자 자신의 머리위에까지 올라가야 제대로 된 동작이다.

천리마(부산마)

천리마(부산마)는 널 위에서 한 다리를 꺾어 들고 다른 한 다리는 뒤로 뻗치는 고급자세를 말한다. 여기서 천리마는 천리를 달리는 명마의 뜻으로 명마의 좋은 자세를 뽐내어야 하고 부산마는 부산에서 공연을 출발하고 부산의 동작이라는 의미가 있다.

중등꺽기 천리마(부산마)

중등꺽기 천리(부산)마는 두 동작을 동시에 표현하는 것을 말한다.

〈5-15〉기본동작

2) 부채공연

부채공연은 널뛰기 동작 중에 부채를 이용하여 공연을 펼치는 것을 말한다. 세부 동작을 구분하면 높이뛰기, 뒤로 꽃잎 만들기, 무릎들기, 부채펴며 다리벌리기, 앞에 꽃잎 만들기, 머리위에서 펼치기, 좌우 흔들기, 중등꺽기, 천리(부산)마, 한발차고 천리(부산)마가 있다.

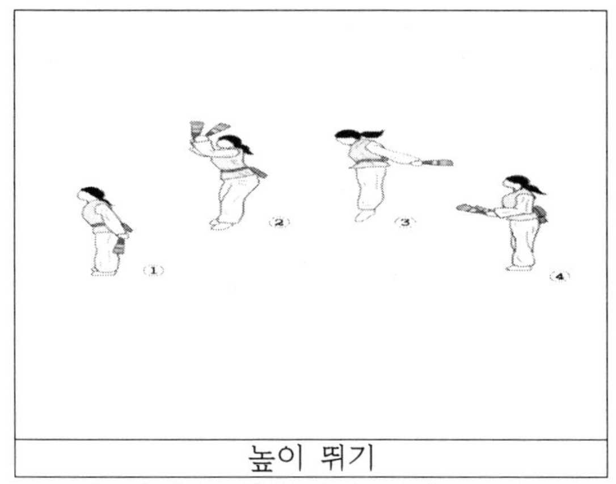

높이 뛰기

- 높이 뛰기는 처음부터 부채를 들고 높이 뛰어 오른다.

뒤에 꽃잎 만들기

- 뒤에 꽃잎 만들기는 머리 위에, 팔벌려 펼치기 등이 있지만 포인트는 엉등이쪽에서 양손으로 부채를 펴어 엉덩이가 보이지 않게 부채를 펼치는 것이다. 널뛰기 위에서 부채공연은 양손으로 하고 리본 공연은 한 손으로 한다.

무릎들기 | 부채 펴서 다리벌리기

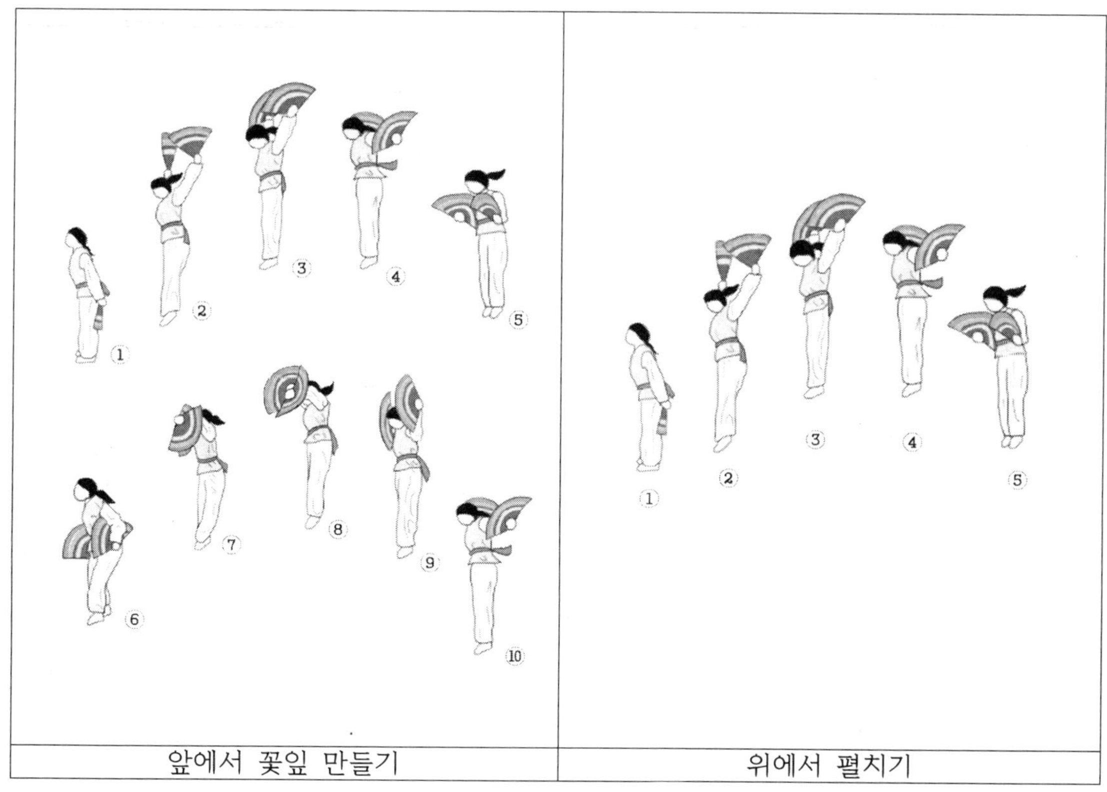

앞에서 꽃잎 만들기 | 위에서 펼치기

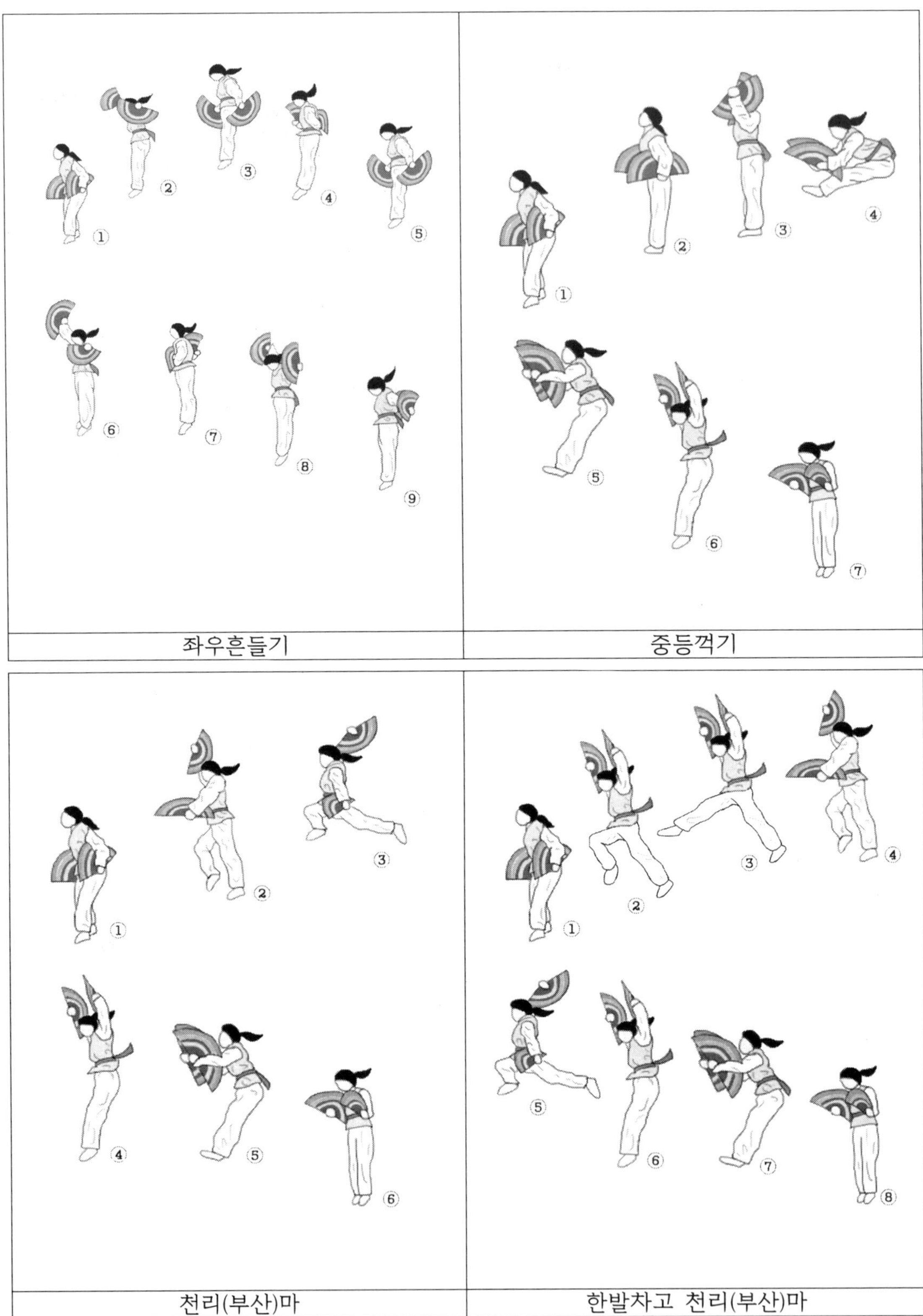
좌우흔들기
중등꺾기
천리(부산)마
한발차고 천리(부산)마

부채공연 중 천리(부산)마

3) 리본 공연

리본공연은 높이뛰기, 리본풀기, 다리벌리기, 리본몸감기, 무릅들기, 앞으로 물결표 돌리기, 옆으로 물결표 돌리기, 중등꺽고 리본빼기, 중등꺽고 천리(부산)마, 중등꺽기, 천리(부산)마, 8자 돌리기, 한다리 들어 리본빼기가 있다.

높이뛰기

리본풀기	다리벌리기
몸감기	무릎들기

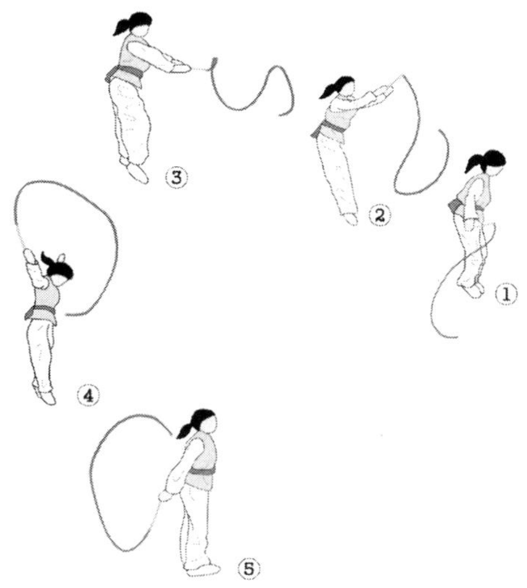

앞으로 물결표 돌리기	옆으로 물결표 돌리기
중등꺽고 리본빼기	중등꺽고 천리(부산)마

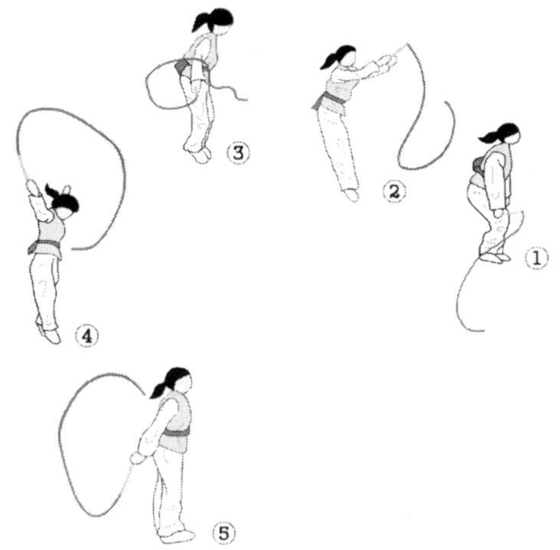

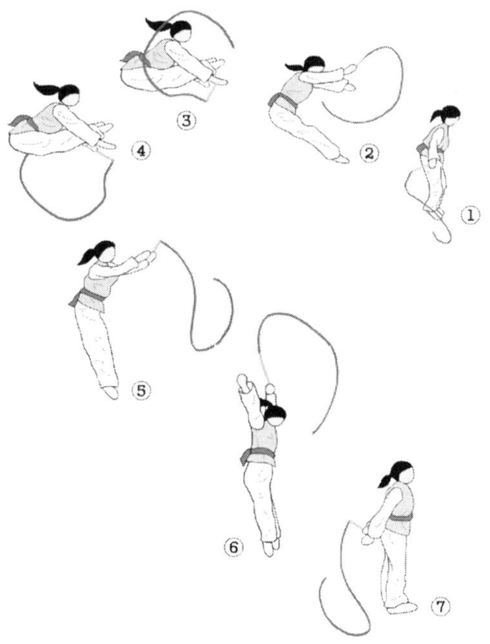

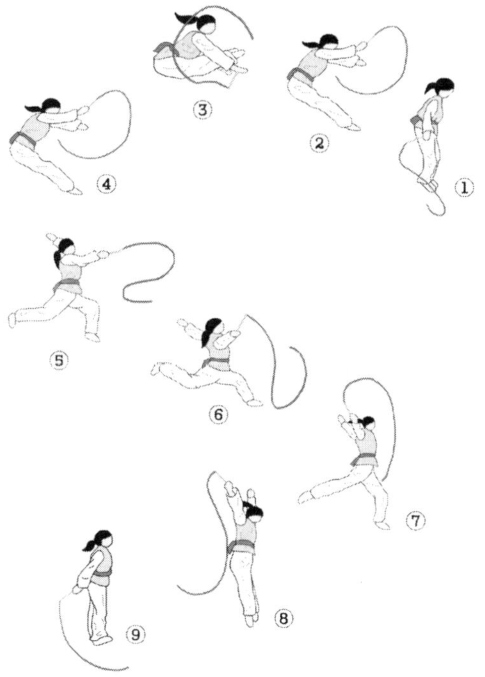

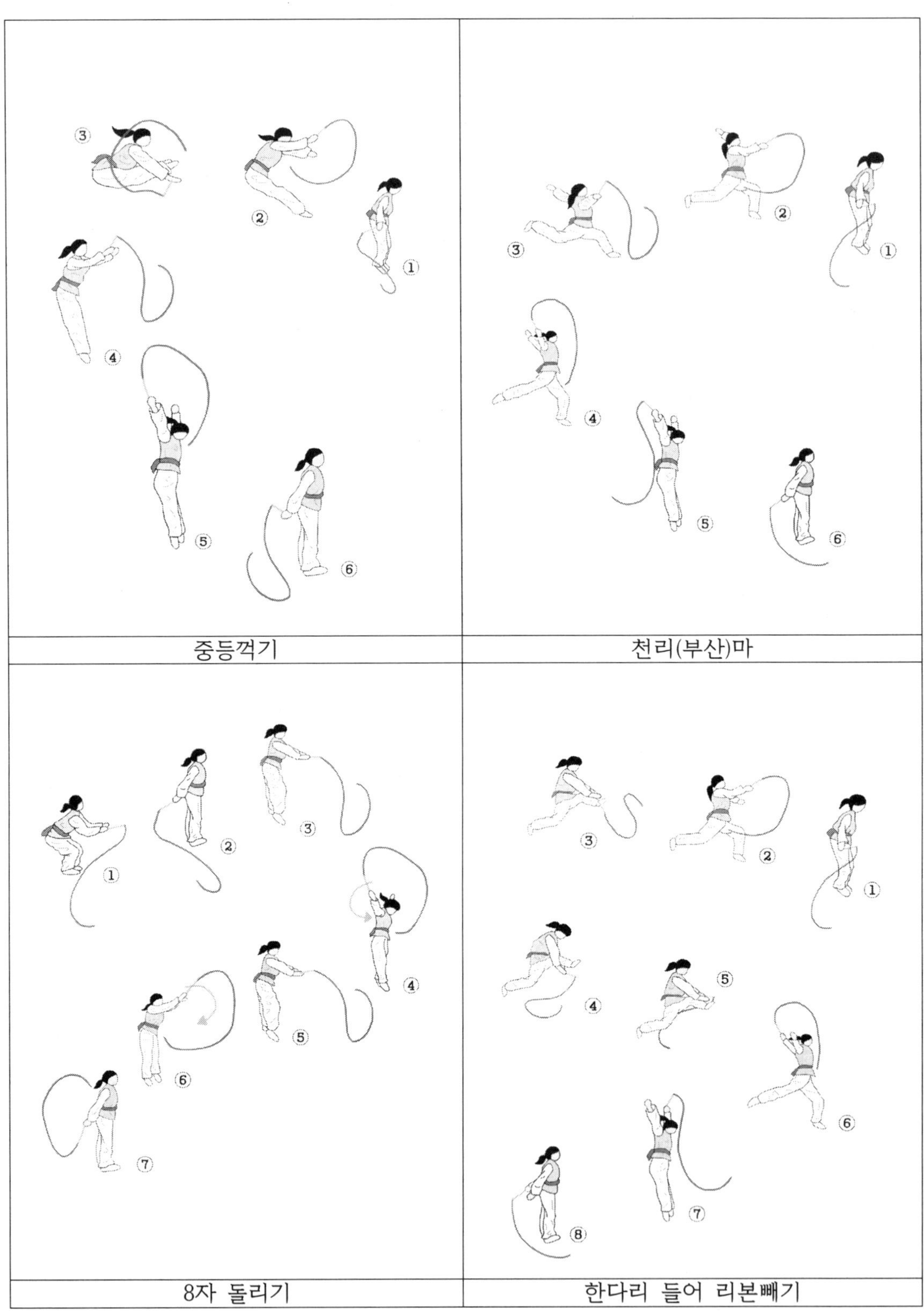

③
②
①
④
⑤
⑥
중등꺾기
③
②
①
④
⑤
⑥
천리(부산)마
①
②
③
④
⑤
⑥
⑦
8자 돌리기
③
②
①
④
⑤
⑥
⑦
⑧
한다리 들어 리본빼기

BEXCO
2008
부산세계
사회체육대회
The 4th Busan TAFISA
World Sport For All Games
Tr
Traditional-Sports
E
Electronic-Sports
X
2008부산국제
스포츠산업전
BEXCO
아메리카·오세아니아
America·Oceania
리본공연

4) 소북공연

소북공연은 높이뛰기, 다리 벌려 2회치기, 다리 벌려 3회치기, 무릅 들기, 북 쳐다보기, 북치기, 중등꺾고 2회치기, 중등꺾고 북 빼기, 천리(부산)마, 한다리 올리고 2회치기, 한다리 올리고 3회치기, 한다리 올리고 북 빼기, 한다리 올리고 천리(부산)마가 있다.

높이뛰기 / 다리벌려 2회치기

다리벌려 3회치기 / 무릅 들기

북 쳐다보기	북치기
중등꺾고 2회치기	중등꺾고 3회치기

중등꺽고 빼기

천리(부산)마

한다리 올리고 2회 치기

한다리 올리고 3회치기

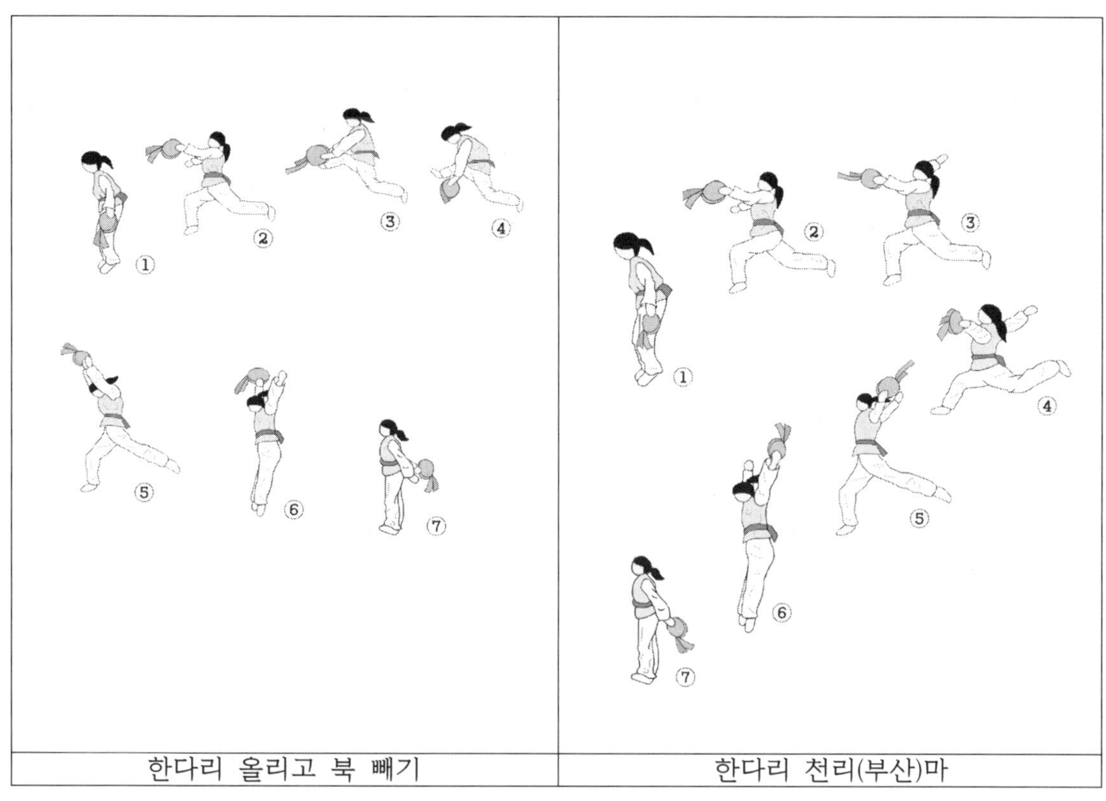

한다리 올리고 북 빼기	한다리 천리(부산)마

소북공연

5) 링 공연

링 공연은 지름 80cm되는 철사링에 오색 레이스를 달았다. 그 구분동작은 높이뛰기, 다리벌리기, 다리벌려 링 돌리기, 뒤로 5회 돌리기, 무릎들기, 앞으로 5회 돌리기, 중등꺽고 천리(부산)마 돌리기, 중등꺽기, 천리(부산)마 한다리 빼기, 천리(부산)마 2회 돌리기가 있다.

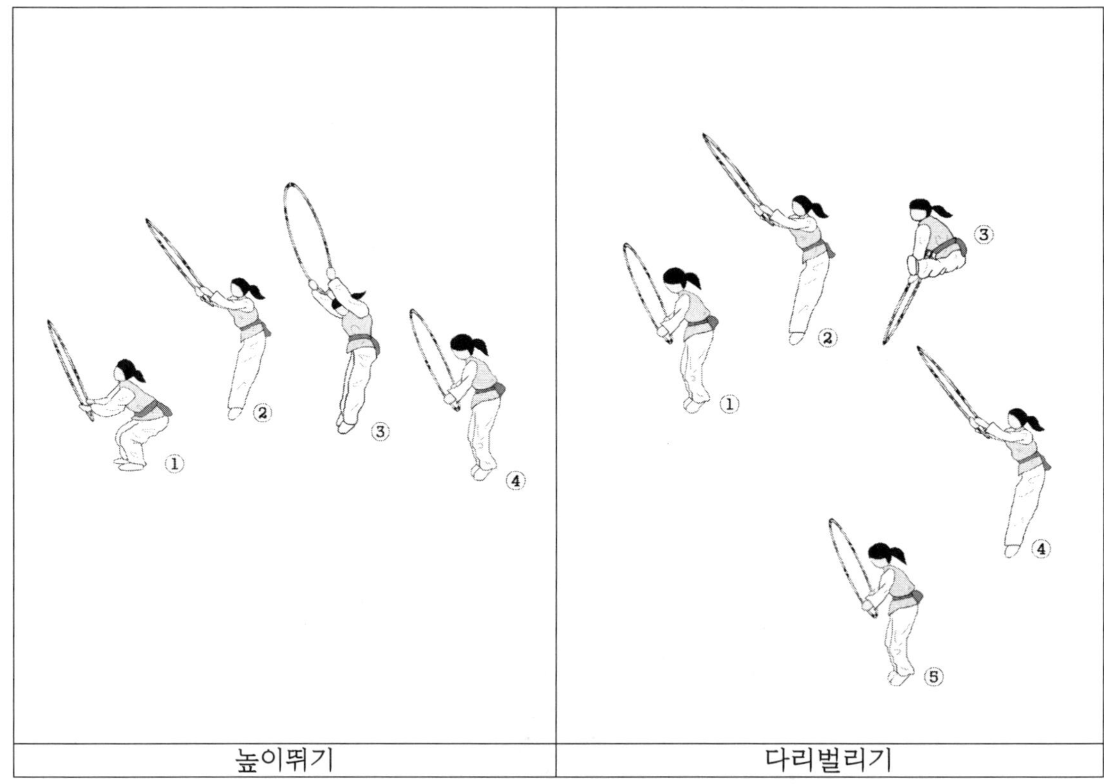

높이뛰기	다리벌리기

다리벌려서 돌리기	뒤로 5회 돌리기
무릎 들기	앞으로 5회 돌리기

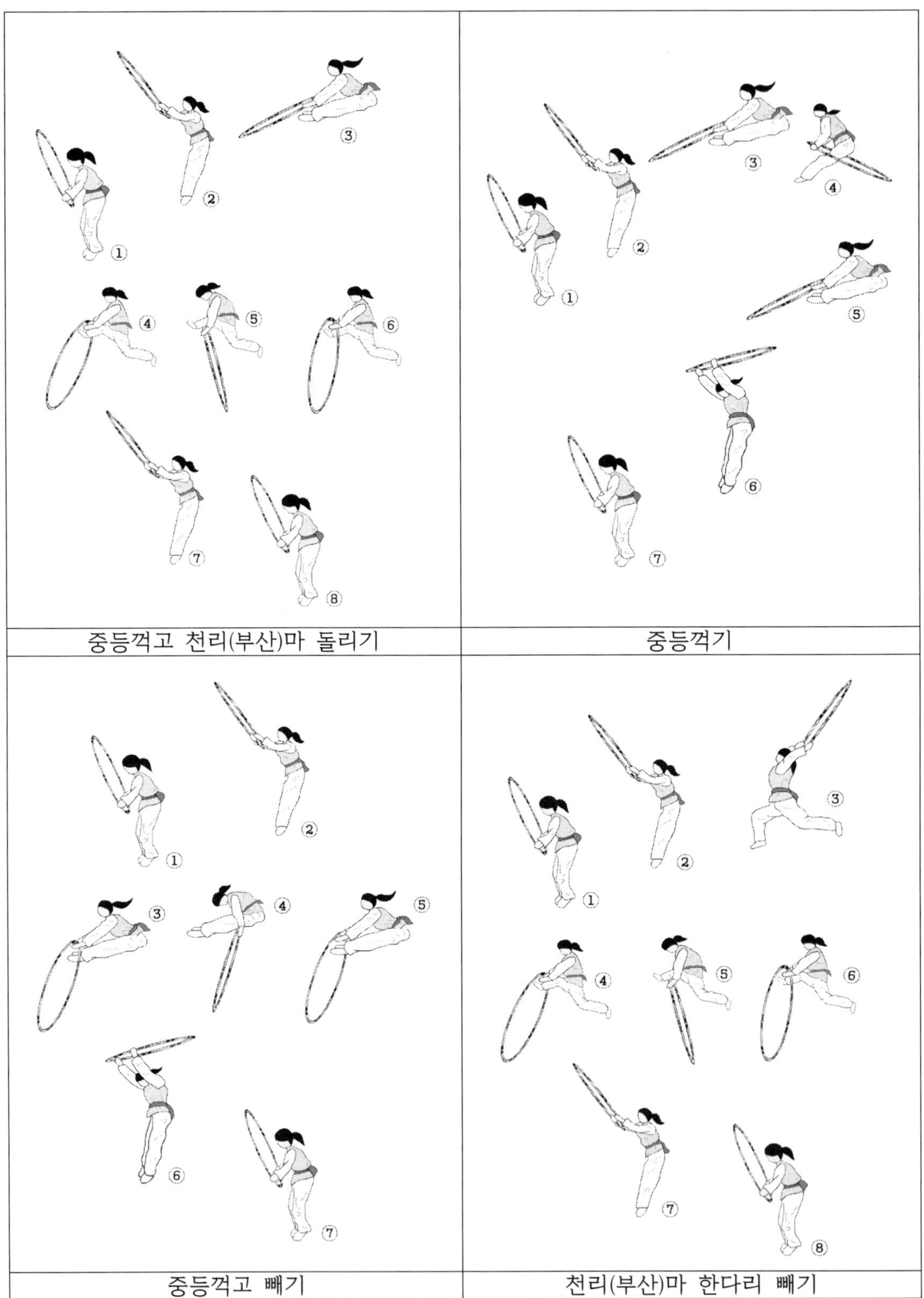

중등꺽고 천리(부산)마 돌리기

중등꺽기

중등꺽고 빼기

천리(부산)마 한다리 빼기

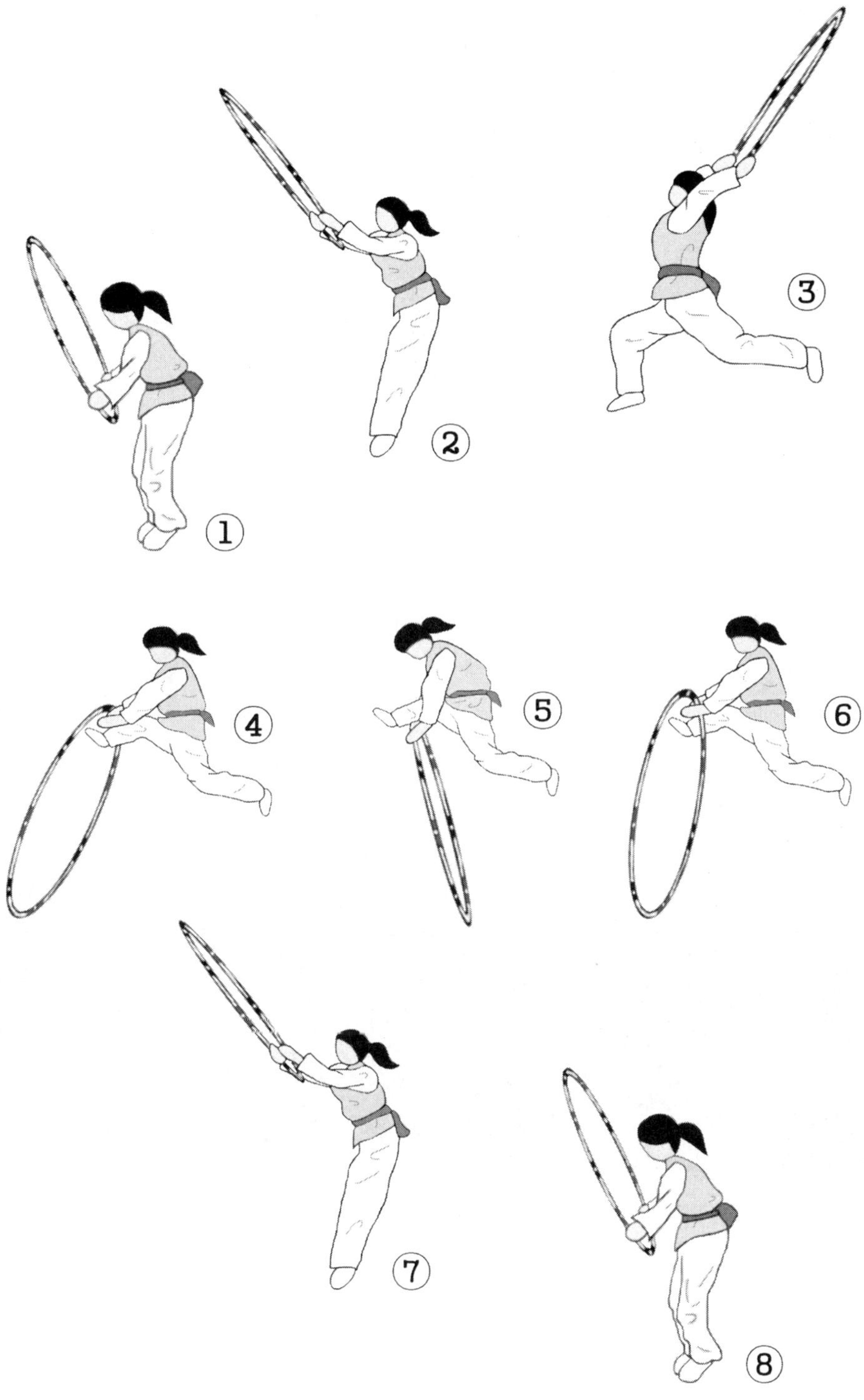

① ② ③ ④ ⑤ ⑥ ⑦ ⑧

천리(부산)마 2회 돌리기

링 공연

6) 줄 뽑기

줄 뽑기는 8m이상되는 줄을 한쪽의 발바닥과 발등으로 줄을 매어 널 위에서 발을 앞으로 갔다 뒤로 갔다가 하면서 줄을 뽑는 것이다. 즉 도약하면서 발을 휘둘러 줄을 뽑아야 한다. 여러 가지 기교를 사용할 수 있되 다만 줄을 발에 감거나 줄을 손으로 쥐어 당기는 것만은 허용하지 않는다. 이는 널판 옆에 줄이 통과되는 고리를 만들어 그 고리를 줄이 다 빠져 나왔을 때 널 공연이 끝나는 것이다. 매우 힘든 동작으로 높이뛰기, 줄 뽑기, 줄을 다 뽑고 나서 마무리 동작으로 중등꺾기, 천리(부산)마가 있다. 마무리 동작은 줄 뽑기가 매우 힘들게 뽑을 경우 생략하는 경우가 있다.

높이뛰기

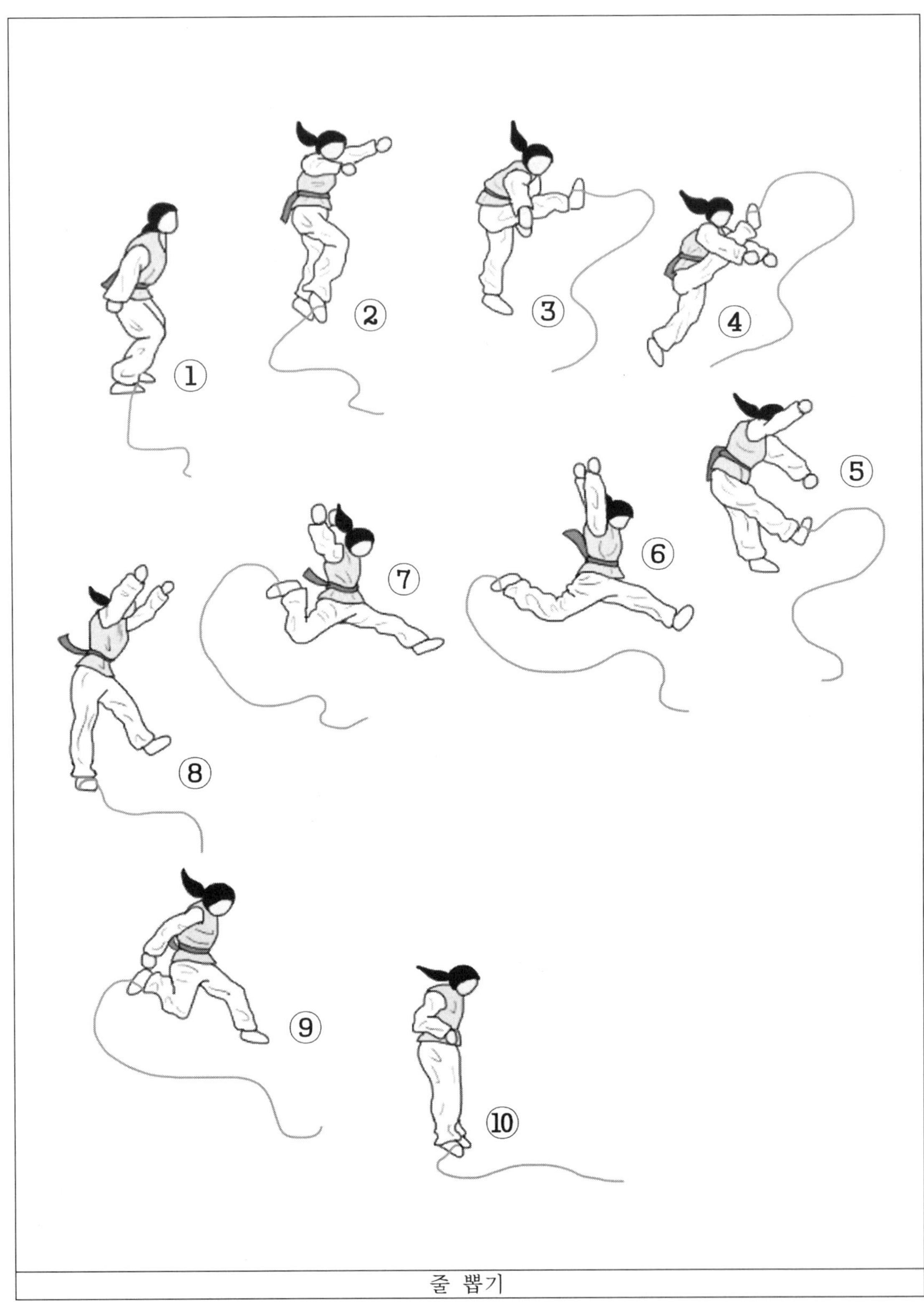

줄 뽑기

줄 뽑기

7) 풍선 터트리기

풍선 터트리기는 6m 이상되는 장대를 널뛰는 2명 외에 2명의 단원이 널 발판 옆에서 세워서 잡아 주어야 하고 널뛰는 단원은 기본동작을 마치고 장대에 붙여 있는 풍성 5개 이상을 아래에서 차례대로 바늘로 풍선을 터트리며 마지막 1개의 풍선 속에는 반짝이를 많이 넣어서 터트릴 때 시각효과를 극대화 하는 공연이다. 이 동작은 옆에서 장대를 잡아주는 단원과의 호흡도 중요하지만 관객과의 호흡도 중요하다. 그리고 마지막 1개의 풍선은 일부러 남겨두고 잠시 한 템포 쉬었다가 박수를 유도하고 터트리는 것도 반전의 매력과 전체적인 분위기에 도움이 된다.

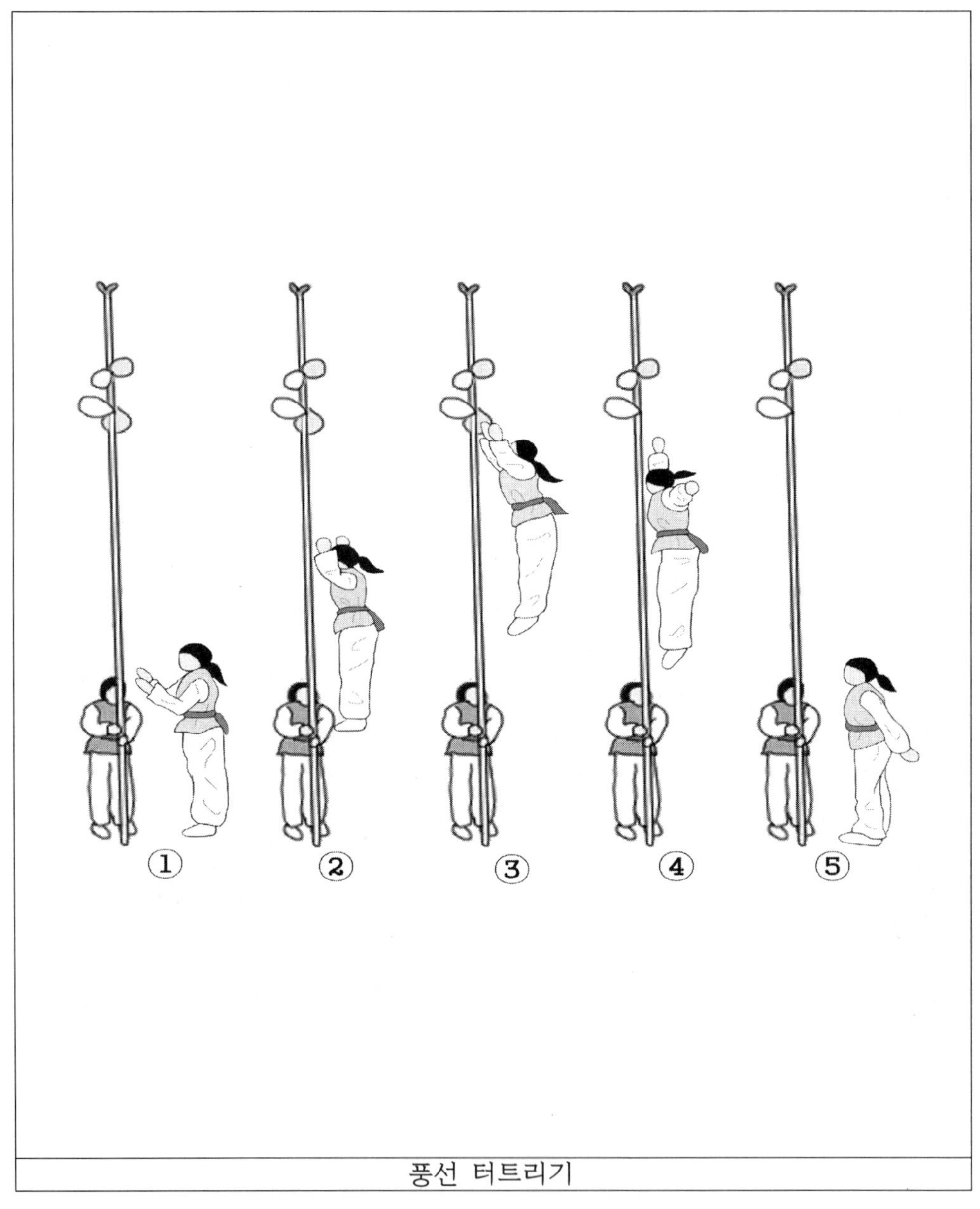

풍선 터트리기

풍선 터트리기

8) 공중회전

공중회전은 널을 뛰면서 높은 도약을 하면 공중에서 회전을 하는 것을 말한다. 공중회전의 구분동작은 높이뛰기, 공중회전, 다리벌리기, 무릎들기, 천리(부산)마가 있다. 여기서 회전은 2회 내지 3회를 한다. 또 회전 방법은 다리 펴 회전과 다리 모아 회전이 있다.

높이뛰기

공중회전	다리 벌리기
무릎들기	천리(부산)마

다리 펴 공중회전	다리 모아 공중회전

9) 박 터트리기

박 터트리기는 10m이상의 장대에 박을 달아 기본동작을 마치고 전체적인 공연을 마무리하는 단계로 널을 박차고 뛰어 올라 손으로 줄을 당겨 박이 터지고 그 속에 현수막과 반짝이가 쏟아져 나오게 한다. 현수막의 내용은 주최측의 홍보용 문구나 관객의 안녕에 관련된 것이다.

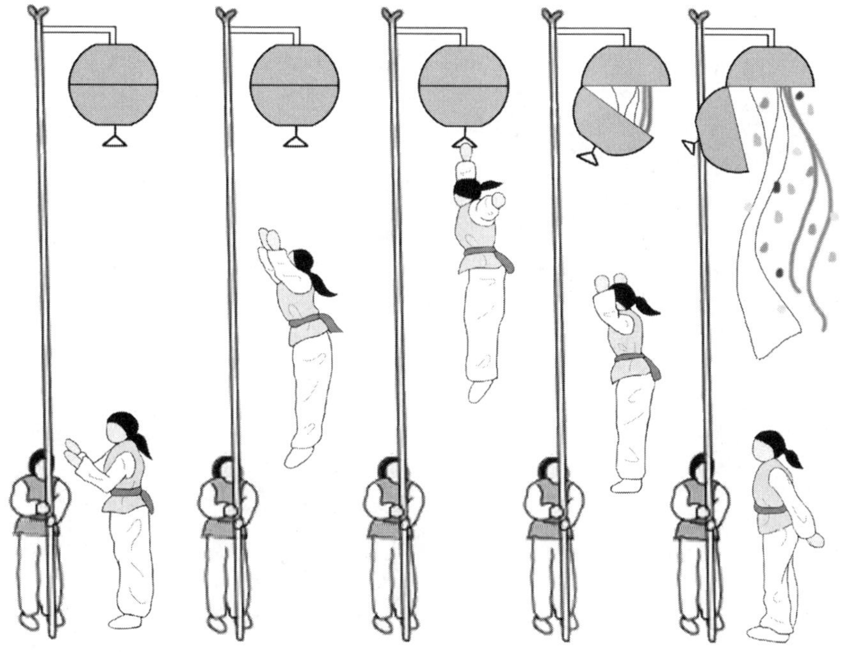

박 터트리기

공연 널뛰기의 공연음악이 자체적으로 필요하지만 현재의 배경음악은 가수가 노래하지 않은 경음악으로 '소금장수'와 '경복궁타령'이다. 배경음악은 널을 뛰는 단원에게 매우 유용한 리듬과 에너지를 준다는 것이 대체적인 시각이고 관객에게도 응을 유발할 수 있다. 널을 뛸 때에 배경음악이 크게 나와야 하고 MC의 멘트에는 블륨을 낮추어야 한다. 또 공연 중 한 종목의 공연이 끝나고 다음 종목으로 들어가기 전에 MC가 멘트를 쳐 주어야 한다. 널뛰기는 고도의 기예와 체력이 요구되는 공연으로 계속하여 단원이 뛸 수가 없다. MC의 멘트도 널뛰기에 관련된 것으로 기본 레퍼토리가 정하여져 있다. 그 부분은 여기서 생략하고 한다.

널뛰기 공연단의 의상 2가지다. 그림과 같다. 댕기와 치마형 색동과 두건을 머리에 두른 조끼형이 있다. 공연 널뛰기의 흥행과 지속적인 발전을 위해서는 릴리패드 아두이노(Lilypad Arduino)를 이용한 무용의상 디자인 연구를 통하여 "공연예술에서 디지털 테크놀리지의 도입으로 표현력의 확대와 시각적효과의 다변화로 인해 기존의 공연예술이 보여주었던 무대디자인의 한계를 극복하고 작품의 상호작용성을 극적으로 향상"84)시킬 필요가 있다.

널뛰기는 다른 나라에서 찾아보기 어려운 한국 여성만의 활발한 민속놀이로 정착되었던 조선시대를 지나 1970년에서 2000년까지는 국가의 경제적 발전에 반대적으로 쇠퇴의 길이라 해도 과언이 아니다. 그러나 현대에서는 우리 것의 보존과 전승

84) KAIST 문화기술대학원 강수련(석사과정)·김아연(석사과정)·김이경(교수) 논문 「릴리패드 아두이노(Lilypad Arduino)를 이용한 무용의상 디자인 연구」, 2011

에 그 가치를 높이려는 분위기가 돋아나고 있다. 민속널뛰기를 무형 민속 문화재로 지정시켜 보존하거나 지방자치단체의 민속행사에 널뛰기 대회나 널뛰기를 공연화하는 노력이 필요하다. 이를 위한 협회나 단체를 구성하여 점진적인 관련 자료의 축적과 제도화가 필요하고 후속적으로 널뛰기 시설과 방법의 표준화사업이 검토되어야 하고 아울러 지속적인 연구와 발전을 기대해 본다.

Ⅵ. 부산

광복 70년이 지났지만 가끔 사람들은 "부산에는 부산 색깔이 없다"라는 사람도 있다. 그래서 그러는지도 모르지만 부산 사직 운동장에서의 야구는 부산자이언츠가 아니고 롯데자이언츠다. 이름만을 이야기하는 것이 아니다. 롯데자이언츠의 연고가 부산이라는 사실은 누구나 알고 있다. 지적하고자 하는 것은 그 성적을 이야기하는 거다. 롯데자이언츠의 성적이 부산시민 바라는 성적이 아니다 라는 것에 더 무게가 간다. 롯데 자이언츠가 1984년과 1992년의 두 번 우승하고 지금까지 우승이 없다. 92년 이후에 태어난 부산의 아이들은 우승을 알지 못하고 있다. 응원만 하고 있다. 사직야구장은 부산의 에너지 발전소라 해도 과언이 아니다. 발전소에서 에너지 생산이 너무도 미약하다. 지금의 성적은 풀이 죽어있다. 부산의 정치 경제 문화 등의 전체적인 분위기도 야구 성적과 비슷하게 흘러가고 있다는 인상이 팽배하다는 지적이 있다. 야구선수로서의 근성과 기질이 보이는 악바리가 몇 안 되어 보이고 의지도 책임도 끊기도 노력도 슬기도 배짱도 약하다다는 것이 롯데 자이언츠 야구의 현주소라는 것이 응원하는 부산시민의 한결 같은 목소리이고 이것이 부산의 현 주소라는 것이라는 것에 의문을 지울 수가 없다. 이 상태로 가다가는 부산시민구단이 필요할지 모르니 분발하여야 한다. 사직야구장의 신명나는 함성이 울려 퍼져야 한다. 부산시민은 가을야구 한국시리즈 우승을 기대한다.

부산의 관문은 김해공항이다. 부산공항이 아니다. 여기도 부산이 없다. 부산과 김해의 지역적 사정을 모르는 외국인은 부산 올 때 당황해한다고 한다. 김해공항으로 가는 비행기로만 알고 있으니 말이다.

근래에 구조된 영화의 전당이나 국립해양박물관을 제외하면 부산에 있는 박물관이나 관공서건축물의 지붕도 한국의 전통적인 미(美)나 부산의 역사성을 가지거나 부산을 나타내는 확연한 의미지가 없다. 비단, 위의 예 3가지만 부산의 색깔이 없다고 할 수 있는 상황은 아닐 것이다. 다른 분야에도 마찬가지라는 것에 우리 시민은 경각심을 가져야 할 것이다.

이러함에 부산 시민들의 애향심과 자긍심을 고취방안에 관광부산의 자랑거리, 부산의 볼거리, 부산의 먹거리. 부산의 상징, 부산의 인물, 부산의 슬로건, 부산의 유래 등에 대하여 살펴보았다. 물론 분야별 다양한 내용이나 인물이 있겠지만 이 지면에서는 부산시청이나 신문에서 기사에서 나온 것들 위주로 옮겨보았다.

부산광역시는 부산 시민들의 애향심과 자긍심을 고취시키기 위해 부산을 대표하는 10가지 자랑거리를 1985년 10월 5일 시민의 날을 맞아 부산 자랑 10가지를 발표하였다.[85)]

85) 『부산 10가지 자랑』(부산광역시, 1999)

① 세계적으로 이름난 해수욕장이 있는 해운대
② 자연경관이 수려한 태종대
③ 부산의 상징 오륙도
④ 시민의 낭만과 내일의 꿈이 서려있는 낙동강 하구
⑤ 부산의 맛과 정취를 풍기는 자갈치 시장
⑥ 국내최대 규모의 금정산성
⑦ 한국 불교 대본산의 하나인 범어사
⑧ 애국충절과 부산정신의 표상인 충렬사
⑨ 지구상의 하나뿐인 UN공원
⑩ 선인들의 정신적 문화유산인 동래야류

여기서 부산 자랑 10가지에는 ①에서 ④의 4곳이 자연 환경적 명승지가 포함되어 있고 나머지 6곳은 인문 환경 부문으로 포함되어 나누어지고 있다.

그리고 아래의 희귀 명소[86]로

- 세계 최대 백화점 신세계 센텀시티
- 세계 최다 비치파라솔, 해운대해수욕장
- 세계 최대 바닥음악분수, 다대포 '꿈의 낙조 분수'
- 세계 유일의 UN군 묘지, 유엔기념공원
- 국내 최초 공설해수욕장, 송도해수욕장
- 국내 최초 해상 조각작품, 송도 고래 조형등대
- 국내 최고 온천, 동래온천
- 국내 최대 산성, 금정산성
- 국내 유일 해상 복층다리, 광안대교
- 국내 최대 횟집 밀집지역, 민락 회타운
- 국내 최초 수변공원, 민락수변공원
- 세계 최초 야외 미술관, 광안리 '바다 · 빛 미술관'
- 국내 유일의 영화광장, 남포동 PIFF 광장
- 국내 유일 헌책방골목, 보수동 책방골목
- 국내 최대 수산물시장, 자갈치시장
- 국내 최대 어시장, 부산공동어시장
- 국내 최대항만, 부산항
- 세계적 철새 도래지, 낙동강하류
- 국내 최대 의료기관 밀집지역, 서면 메디컬 스트리트

선정하였다.

86) 부산시보 제 1383 호 | 기사 입력 2009년 07월 30일

부산발전시민재단과 부산사회문화연구소는 공동으로 부산시민 의식변화를 알아보기 위해 501명을 대상으로 2010년 진행한 시민 설문조사 결과부산이란 정체성을 가장 잘 보여주는 것은 사직구장 응원모습(23.1%), 자갈치시장 모습(20.3%), 해운대해수욕장(16.6%), 광안대교(15.4%), 부산항 컨테이너선적 모습(9.1%), 영도다리(4.5%) 순으로 나타났다. 또 부산사람에 대한 이미지는 무뚝뚝하지만 정이 많고 속이 깊은 사람(51%), 큰 목소리에 사투리(19%), 거칠고 투박(15.1%), 의리있고 잘 돕는다(8.3%), 저항적 기질(6.7%)을 꼽았다. 부산을 상징하는 역사인물은 장영실(33.1%), 송상현 장군(30.6%), 정발 장군(11.9%)을 들었다.[87)]

부산광역시청홈페이지에 가면 부산의 상징으로 시화, 시목 시조, 시어가 있다. 시화는 동백꽃이고 시목은 동백나무이며 시조는 갈매기, 시어는 고등어로 되어 있다. 그리고 부산의 슬로건은 '다이나믹(dynamic) 부산'이다.

그러나 위의 내용에 대해서 선정과 조사만 내 놓고 있는 것이 현실 인 것 같다는 것에 의구심이 지울 수가 없다. 그리고 선정된 일정이 오래되었다는 점과 변화에 대한 것들에 대하여 대처와 검토가 필요해 보인다. 선정위원 구성은 10년 단위 또는 일정한 요구나 필요한 때에는 그에 걸 맞는 연구나 조사 및 선정이 필요하다고 할 것이며 대체적으로 이해가 되게 진행하고 있는 것 같지만 부산시민이나 외래 관광객이 얼마나 알고 있는지? 해당 기관에서는 어떻게 할용하고 홍보하고 있는지, 이에 대한 효과는 어떻게 나타나고 있는지에 대한 구체적인 언급이나 연구가 없다는 점에 주목하지 않는 오류를 남겨서 안 될 것이다.

지명은 정체성, 역사성, 상징성, 대중성이 중요하다. '부산(釜山)'이라는 지명에 대하여 두 가지 측면에서 구체적으로 살펴보았다. 그 하나는 부산(釜山)의 지명 유래와 일제강점기의 지명개편에 대하여 지나칠 수 없었다.

먼저 부산의 지명 유래는 '1402년(태종 2) 1월 28일 『태종실록』에 富山이라는 명칭이 처음 보이며, 『경상도지리지(1425)』, 『세종실록지리지(1454)』, 『경상도속찬지리지(1469)』 등에 "동래부산포(東萊富山浦)"라 하였고, 1471년 편찬된 신숙주의 『해동제국기』에도 "동래지부산포(東萊之富山浦)"라 하고, 같은 책 「삼포왜관도(三浦倭館圖)」에도 "동래현부산포(東萊縣富山浦)"라고 기록해 놓고 있다. 이때의 부산포는 "부자 富"를 사용하였다.'[88)]고 되어 있다. 그러다가 현재 사용하고 있는 부(釜)의 사용은 '1470년(성종 1년) 12월 15일자의 『성종실록』에 釜山이라는 명칭이 처음 나타나는데, 1474년 4월 남제(南悌)가 그린 「부산포지도」에는 여전히 富山이라 쓰고 있어 이 시기는 富山과 釜山을 혼용'[89)]하여 쓰여지다가 이후의 기록은 부산포(釜山浦)로 기록하고 있고 1481년(성종 12)에 편찬된 『동국여지승람』 산천조에 보면, "釜山은 동평현(오늘날 당감동 지역이 중심지였음)에 있으며 산이 가마꼴과 같으므로 이같이 일렀는데, 그 밑이 곧 부산포(釜山浦)이다. 항거왜호가 있는데 북쪽 현에서 거리가 21리다."라

87) 동아일보, 2010-11-18
88) 부산광역시청 홈페이지
89) 부산광역시청 홈페이지

고 하여 산 모양이 가마꼴과 같아 부산(釜山)이라고 하였다.[90] 여기서 부산의 지리적 위치가 나타나고 지역의 형태까지 나타나고 있다.

먼저 지리적 위치는 "오늘날 부산진구 당감동인 동편현을 말하고 부산이라는 산(山)은 현재 좌천동 배후에 있는 증산(甑山)"[91]이라는 것이다. 그런데 위에서 경상도지리지, 세종실록지리지, 경상도속찬지리지, 등에 "동래부산포(東萊富山浦)"라 하였고, 해동제국기에도 "동래지부산포(東萊之富山浦)"라 하고, 같은 책 삼포왜관도에도 동래현부산포(東萊縣富山浦)라 하여 '부산포'는 어디일까 궁금하지 않을 수 없다. 부산포의 위치는 "오늘날의 동구 좌천동과 범일동 바닷가 지역에 해당"[92]된다. 부산포는 수군진영이 있는 부산포 첨사영, 부산진, 부산왜관 있는 지역이 널리 알려지다 보니 '포'를 빼고 '부산'으로 불려 진 것으로 볼 수 있다. 그렇다면 "부산으로 간다고 할 때 부산의 산으로 가는 것이 아니라 부산포라는 포구로 가는 것[93])"이라는 것이다. 지역의 형태가 증산(甑山)이라 하여 좌천동 뒤의 산을 증산이라 하는데 "고로(古老)들은 증산을 시루산이라고 하는데 시루[甑]와 가마[釜]는 같은 취기(炊器)로 금속성의 가마가 나오기 전에는 동일한 구실을 하였던 것이다. 이상의 사실들을 종합하여 볼 때 '산이 가마꼴[釜形]과 같다.'고"[94] 하였고 부경대학교 박화진 교수는 『부산의 역사와 문화』에서 "임진왜란(1592~1598)때 이 부산이라는 산에 왜군들이 성을 쌓았는데 그 성이 무너지고 보니 꼭 시루와 같다고 하여 증산이라고 부르게 되었다라고 말한다"고 정리한 것을 보면 시대[95]는 다르지만 일본의 입김이 들어간 것으로 볼 수 있다. 지역의 형태를 설명하지만 일본으로 여행하다보면 부(釜)자가 들어간 지명은 너무도 많이 볼 수 있음은 의미심장하다고 하지 않을 수 없다. 이 의미심장의 말은 왜인들이 세조 1(1455)년에만 6천명이 조선에 왔는데 부산포에 들어 온 수가 3분의 1만 잡아도 2천명이 된다. 부산포에 상왜가 6천명이나 되고 부산에 항시 거주하는 항거왜인(恒居倭人)들은 지금의 범일동 자성대 부근에서 집단 거주하면서 경작 · 어업 · 상업 등에 종사하면서 세금은 조선에 내지 않고 대마도주에게 내고 사음(私淫)을 하거나 고리대 행위를 하고 거주비로 유포량료(留浦糧料)와 교통비인 과해량료(過海糧料)를 착복하는 행위 등은 일찍이 부산에 대하여 지리나 정치, 외교, 인심 등을 많이 알고 있다는 뜻이 된다. 따라서 부(釜)의 사용에 대하여 4가지 측면에 대하여 추론이 나온다. 이 4가지는 시기와, 장소와, 동음해석, 주로 사용 대상이 그것이다.

시기는 '1470년(성종 1년) 12월 15일자의 『성종실록』에 釜山이라는 명칭이 처음이라 점이다,

---

90) 부산광역시 홈페이지
91) 박화진, 『부산의 역사와 문화』, 부경대학교 출판부, 1998
92) 박화진, 『부산의 역사와 문화』, 부경대학교 출판부, 1998
93) 박화진, 『부산의 역사와 문화』, 부경대학교 출판부, 1998
94) 부산광역시 홈페이지
95) 시대가 달라도 일본 왜구가 조선에 많은 영향을 끼쳤다. 이는 통신사의 파견이 이루어진 것은 1429년(세종 11) 교토[京都]에 파견된 정사 박서생(朴瑞生)의 사절단으로 최초의 통신사의 파견목적이 임진왜란 전에는 주로 왜구 금지요청이 주가 된 것이기 때문에 일본이 부산이나 거제 등 남해안에 많이 들어와 우리 조선의 재물에 대한 노략질을 많이 하였다는 데에 주목 할 필요가 있다.

장소는 1470년과 그 이전에 왜인들의 증산(甑山)을 잘 알 수 있었다. 이유는 지금의 부산 범일동 자성대에서의 항거왜인들이 생활을 하였기 때문이다. 증산에 대한 지명에 대하여 너무도 잘 아는 일본인이 그 장소에서 살고 있었기 때문이다.

동음해석은 부산(富山)의 부(富)를 일본에서 많이 사용되는 지명의 부(釜)자가 사용된 점이다. 조선에서는 이 부(釜)자를 사용하는 지명이 나타지 않음에 눈여겨 볼 필요가 있다. 지금도 일본에 가면 지명 중 부(釜)자 사용 지명은 수백 · 수천 곳은 될 것이다.

주로 사용하였던 대상은 우리 조선에서 사용하던 부(富)가 아니고 일본에서 즐겨 사용하던 부(釜)자가 일본인 이거나 경작 · 어업 · 상업하는 항거왜인이 대상이던 것이 점점 조선인과의 관계가 깊어지는 고리대금, 사음까지 이루어지는 과정에서 조선인까지 부(釜)자 사용 대상이 늘어나간 것으로 볼 수 있다.

이 4박자가 딱 맞아 떨어지는 것을 감안하면 왜인들의 영향이 없었다고 할 수 없다.96)

두 번째로 1910년 일제에 의한 지명 개편은 '제국주의의 팽창적 침략정책과 대륙 진출의 야욕을 품고 조선을 강제 점령한 일본은 부산의 행정구역을 재편하였다. 1910년 종래의 이사청을 폐지하고, 부산부를 설치하여 동래부 전부를 포함시켰다. 그 후 1914년 행정구역 조정에 따라 부산부와 동래군으로 분리'되었다.97)

"1910년 종래의 이사청을 폐지하고, 부산부를 설치하여 동래부 전부를 포함"하였다는 사실에 눈 여겨 보면 일본인이 일본에서 처음 들어오는 곳이 부산이다. 동래부와 부산진청사이나 부산으로 이름을 처음 바꾸었다. 그것이 '부산(釜山)'이 부산시민의 의지에 의한 것이 아니고 일본 책략에 의하여 바꿨다는 것이 문제가 아닐 수 없다. 물론 부산진 청사가 1910년 이전에도 있어 왔지만 과연 그 때 우리시민의 의지로 바꾸었을까? 이는 생각해 볼 여지가 많다. 왜냐하면 그 당시의 일본인이 거주했던 왜관을 살펴보면 초량에 있다가 대청동으로 옮긴다. 부산진청사는 부산진역에 있었다. 초량 · 수정은 광해군 즉 1600년대 초부터 1876년 개항 때가지 왜관에 일본 거류민단이 살고 있었다. 그러던 것이 대청동 미(美)영사관 쪽으로 옮긴다. 1910년 일본이 조선의 식민 사업을 하고서는 일본인이 중앙동에서 내리고 대청동에서 살았다. 이때 "카스막고개 즉 지금의 코모도 호텔 지역은 일본인이나 조선인이 함부로 출입 못하게 경계를 섰다"고 한다.98) 이 감시를 부산진청사에서 하였던 것이다. 일본을 감시하는 곳이 자성대이고 군사 지역 이였으며 이를 관장하는 곳이 부산진청사이고 부산진청사를 관장하는 곳이 동래부이였다. 그런데 중요한 것은 부산진청사는 무관이 담당하고 첨사이고 4품 이하가 장(長)이다. 그러나 동래는 3품 부사가 있다. 결국은 결제라인이 부산진청사의 결재는 동래부사가 하는 것이다. 동래부사는

96) 1470년 이전에 일본이 우리나라에 보내 온 외교문서에 부산(釜山)에 대한 부(釜)자 사용한 기록이 있다면 일본에 의해서 부(釜)자 사용 유래가 명약관한 사실이지만 본 지면에서는 추후 한일관계사의 연구과제의 제시에 의의를 두고자 한다.

97) 부산광역시 문화관광과 홈페이지 부산역사

98) 경성대학교 정경주교수의 전화 인터뷰(2016. 06. 23일 09시)

외교를 담당하고 부산진청사는 일선 군사를 맡은 곳이다. 지금으로 보면 부산시가 있는데도 무역을 많이 하고 외국인이 왕래가 잦은 곳(일본인이 많이 사는 부산)을 시(市) 지명으로 바꾼 것이다. 우리시민의 의지이고 일본에 병합이 안 된 상태에서의 지명이 바꾸었다면 문제가 될 것이 없을 것이다. 일본은 1910년 한국의 정체성을 지우기 위한 고도의 전략이고 '동래'보다는 '부산'에 무게를 더 두고 지명을 그들의 의지대로 진행한 것으로도 볼 수 있다. 조선에서 가장 큰 항구도시 지명을 일본 침략자의 의지대로 지명개편이 되자 일제는 1914년 지명개편을 전국적으로 눈을 돌린다. 일본의 조선에 대한 행정구역 개편으로 군 이름이 97개이고 면이 1,834개와 리 · 동 이름이 34,233개나 된다. 또 새로 생겨난 지명과 두 지명중에서 한글자식 따서 만든 합성지명까지 포함하면 전체의 약 35%에 달한다는 통계자료는 우리의 좋은 감정을 흐리게 한다. 일제가 시행한 지명개편은 불순한 동기이고 그들의 목적이 식민통치이고 영토파악을 통하여 쉬운 수탈에 이용하였다는 점, 우리의 민족정기나 정체성을 훼손하고, 자의적인 한국인의 정서나 감정이 배재되고 침략자에 의해 지명개편이 단행되었다는 점에서 우리의 의지와 상충된다고 할 것이다.

이상에서 부산(釜山)의 지명 유래와 일제강점기의 지명개편에 대하여 살펴본 바와 같이 부산(釜山)에서 부(釜)는 정체성과 역사성에 문제의 여지는 있다고 본다. 적어도 일본이 원했고 일제에 의하여 지어진 도시명은 개명되어야 할 것이다. 지명에는 부산의 문화와 역사성과 부산의 정체성은 물론 현시대적 여건 변화와 미래시대의 변화에 대응과 부산시민의 정서가 반영되고 부산시민의 자긍심을 향상시켜야 하는 방향으로 개명이 필요하다는 의제를 제시하는데 의의를 둔다.

우리나라의 지명 변경으로 성과가 나타난 곳으로 강원도 영월군은 풍류시인 김삿갓 묘역이 있는 하동면을 '김삿갓면', 경북 고령군은 고령읍을 '대가야읍', 경기 광주시 중부면을 '남한산성면', 경북 울진군 서면(금강송 군락지)을 '금강송면'으로 변경하여 관광객이 몰려오고 말 그대로 대박을 터뜨린 사례로 볼 수 있다.

부산(釜山)의 지명에 대하여 후세에 아니, 우리 자녀들에게 부끄럽지 않도록 지금에라도 관심을 가져야 할 것이다. 부산의 지명을 바꾸자는 것에 대하여 반대의 목소리와 부산을 나타내는 글자로 조선시대에는 지형적으로 보자면 오늘날 부산진구 동편현과 동래구의 동래현이 지금의 부산이라고 보아도 될 것이다. 그래서 부산 하면 동(東)자가 꼭 들어간다고 볼 수 있다. 부산지명을 새롭게 하고 창조한다는 뜻에서 창조(創造)의 창(創)의 글자를 따서 합하여 '동창(東創)'으로 하자는 등의 여러 가지 의견이나 대안이 있을 수 있다.

그러나 고려 공민왕 17년(1368), 『세종실록지리지』에는 "東萊富山浦"라 했고, 신숙주의 『해동제국기』에도 "東萊之富山浦"라 했으며, 또 같은 책 「三浦倭館圖」에도 "동래현부산포(東萊縣富山浦)"라고 한 것이 있으니 한자(漢字)라도 변경함이 좋을 듯하다. '부산(富山)'으로 말이다. 이렇게 하면 영어와 한글이 같아 복잡한 행정시스템, 많은 경제적 비용이 덜지 않을 뿐만 아니라 부산(富山)의 '부(富)'가 한자로 재물이

많고 넉넉함을 내포하고 있다는 점에서도 좋을 것이다.

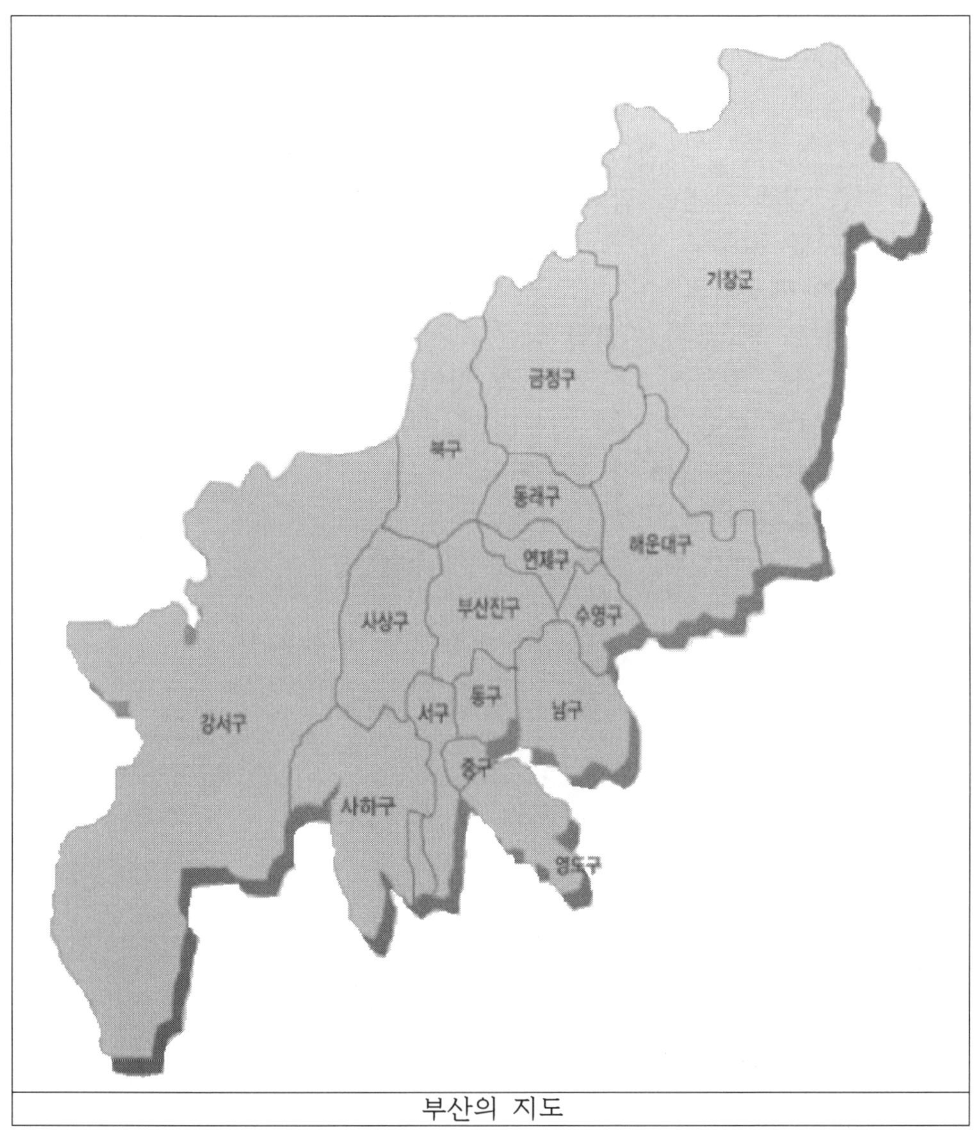

부산의 지도

또 상징성과 대중성에 있어서도 치욕적인 일본에 의해서가 아니라 우리시민의 뜻으로 부산이름이 바꿨었다는 상징이 담겨있고 지금 우리가 살고 있는 부산은 좌천동 뒤의 증산을 뜻하는 가마꼴인 부산(釜山)만이 아니다. 해운대, 강서, 금정, 수영, 서구, 남구 등 16개의 구군이 있고 부산면적(767㎢)은 서울(605㎢)보다 더 넓다[99]. 미래지향성에 있어서도 이에 걸 맡는 이름이 필요하다. 바다나 강가에 있는 대도시이고 수도가 아닌 뉴욕, 상하이, 시드니처럼 수도가 아니면서도 수도보다 더 큰 도시로 성장한 도시이다. 부산(富山)도 그렇게 될 수 있다.

또 부(富)의 글자대로 경제적으로 재물이 많고 수많은 사람이 모이고 다산을 하는 곳으로 넉넉한 도시라는 뜻이 담긴다. 산(山)자는 부산에는 자연발생적으로 산이 많

99) 안전행정부 지방자치단체 행정구역 및 주민등록 인구 (2014년 7월말 기준)

고 앞으로의 발전지역은 산과 항구가 있고 많은 사람들이 모여 사는 곳이 발전 전망이 있다고 맺음말을 통하여 정리 할 것이며 산(山)은 그대로 사용하여도 무방하다고 역설하고 싶은 소견이다. 이는 부산은 이미 세계적 대도시의 지명을 개명하는 데에 비용적인 측면에서도 많은 도움이 될 뿐만 아니라 부산의 역사와 문화를 담은 고유의 이름은 시민들의 자존심과 정체성 회복, 지역 갈등과 혼란 해소, 지역시민 화합에 큰 도움이 될 것으로 기대한다. 부산시민은 '부산(富山)'에서 해 뜨는 아침을 맞이한다는 것에 가슴 깊게 감명을 담아야 할 것이다. 해는 늘 동쪽에서 뜬다. 그리고 앞이 탁 트인 바다를 펼치고 있다. 그곳에서 뜨는 해가 진정한 해다. 왜냐하면 앞에 걸리는 것이 없고 깨끗하고 순수하고 먼저 볼 수 있고 먼저 시작할 수 있으니까. '부산(富山)'! 먼 저 더 큰 꿈과 희망을 담은 도시는 세계를 이끌어 갈 도시로 탄생될 수 있어야 한다. 가슴 벅차게 나아가야 할 것이다.

그래서 부산지의 지명은 한글(부산)과 영문(Busan)[100]은 그대로 사용되더라도 한문은 '부산(富山)'으로 조심스러운 검토가 요구된다.

100) 일부는 Pusan이 있음

Ⅶ. 맺음말

본 ‘부산의 발견’은 부산이 발전하면 좋겠다는 내용이지만 이 발전을 위해서는 부산의 정체성을 확립이 필요하다는 것이다. 이 정체성은 먼 곳에 있는 것이 아니라 부산의 전통민속문화, 새로운 각도와 창의적인 시선, 첨단과 융합에서 부터 출발하여야 한다. 부산의 전통민속문화는 부산의 생활 속에 전승되고 있는 민중들의 전통민속문화를 조사하고 연구하여 고유성을 주체적으로 밝히는 것이고 새로운 각도와 창의적인 시선은 대상화되고 단절되었던 부산의 역사와 문화적 소재를 새로운 각도와 창의적인 시선이 요구된다는 것이다. 첨단과 융합은 앞의 2가지의 제대로 된 결과물을 첨단과 융합함을 의미한다는 것을 살펴보았다.

거시적인 큰 틀에서는 부산발전의 필요성, 그리고 부산이 나아가야 할 길에 대해서 필자의 생활에 있었던 것들을 정리 해 본 것이다. 본문의 내용은 ‘배경’, ‘부산의 축제’, ‘한국전통 · 민속의 발견’, ‘부산의 발견’, ‘부산의 먹거리와 놀이 그리고 부산’으로 설정하였다.

정리한 내용은 다음과 같다.

첫째 ‘부산의 축제’에 대하여 3년 동안의 몇 편의 평가보고서를 옮긴 것으로 정해진 틀에 의한 정형화된 보고서라서 독창적이지 못함에 아쉬움이 있었다. 축제의 발전성과 전년도 대비 개선점에 대하여 기술하게 되어 있었다. 축제의 발전성은 축제 프로그램(콘텐츠), 특이성, 차별성, 축제 운영의 적절성, 축제의 성과가 있었다. 여기서 다시 잘된 점, 부족한 점, 개선 할 점으로 세분화 되어 있었다. 그리고 전년도 대비 개선점은 축제 프로그램과 축제운영의 적절성과 축제의 재정자립도와 독립적 조직체에 대한 내용으로 구성되어 있었다. 부산지역의 축제 성공은 지역경제의 도움과 지역의 단합 및 화합, 지역 문화의 발전과 보존뿐만 아니라 시민의 교육과 교양의 향상은 물론 수준 높은 문화를 향유한다는 것에 염두에 두었다. 축제에는 특산품이나 놀이, 소재나 소품, 무대 등의 어떤 경로 통해서라도 그 지역의 색깔, 즉 정체성의 들어가야 한다는 점에 주목을 하였다.

그리고 두 번째로 부산에 세계인이 몰려오고 부산사람이 잘 먹고 잘 살기 위해서는 부산에 산재해 있는 현대시설이나 전통문화자원을 다른 시각에서 관심을 가지지 않으면 안 된다. 이 관심은 한국전통 · 민속의 발견이다. 이는 한국 전통가옥기술을 활용한 전통조립부스와 전통 곡예 · 묘기의 복원 및 4D기술기반의 융복합 실증공연이다. 이것은 R&D 과제 내용이 될 수 있는 의제로 구상 해 보았던 것이다. 부산이 국가연구개발(R&D)사업에서 분발 하자는 취지로 R&D 과제 발굴과 이를 수행할 전문 기관설립과 기관유치가 요구되고 민간기업도 R&D 수용력을 높이자는 제언 차원에서 위 2가지 내용을 넣어 본 것이다.

세 번째로 ‘부산의 발견’에서는 부산시내에 산재한 각 구별로 지역의 정체성을 입히기 위한 필자의 시각으로 색칠한 내용이다. 널리 알려지고 대상화된 소재에서 다른 각도에서 관심을 가지고 접근하였다. 신문에의 칼럼이고 필자가 부산에서 살고 있기 때문에 약간 객관적 시각보다는 약간 치우친 부산 사랑이 있을 수 있지만 크게 보면 부산의 전통 민속과 현대에 있는 소재에 대하여 순서를 떠나 보존과 전승 그리고 부활에 이어 활성화와 도입이라는 단계로 구성하여 제언하였다.

네 번째로 '부산의 먹거리와 놀이 그리고 부산'은 부산의 먹거리는 사람의 음식만을 의미하지 않고 기념품도 먹거리에 넣어서 제시하였다. 먹거리는 부산의 시조인 갈매기를 형상화하여 만든 '부산갈매기빵'과 부산 김해에서 출토된 파형동기를 기념상품화한 '오복윙스'를 개발하여 보았고 부산의 놀이는 '공연 널뛰기'에 대하여는 용인 민속촌과 부산의 한국민속문화원에의 2곳만 운영하던 공연널뛰기를 용인민속촌에서는 2009년부터 공연단을 운영하고 있지 않고 부산의 한국민속문화원 이하 부속업체에서는 2016년 현재까지 운영하고 있는 관계로 부산에서만의 놀이이고 문화상품화로 정착시키기 위한 전략으로 좀 더 구체적으로 살펴보았다. 부산에서의 정착을 위한 필요성은 여러 가지가지가 있지만 널뛰기의 널판 도약성이 부산여성의 힘찬 도약과 닮았고, 크루즈선의 입항으로 많은 외국관광객이 부산에서의 독특한 공연문화상품이 요구되는 점 등에서 성행될 수 있다고 보았다. '부산'은 이 타이틀을 부산의 발견에 넣고자 고민을 하다가 색다르게 이 단원에 넣었다. "부산에는 부산색깔이 없다"는 말에 이 제목이 입혀졌고 그 근간을 살펴본 것이 제시 되었던 내용이다. 관광부산의 자랑거리, 부산의 볼거리, 부산의 먹거리. 부산의 상징, 부산의 인물, 부산의 슬로건에 대하여 알 수 있었다. 그러나 부산(釜山)의 지명 유래와 일제강점기의 지명개편에 대하여는 저자의 색다른 시각으로 부산의 정체성을 꾀하여 보았다. '부산(釜山)'이라는 지명 유래와 일제 강점기 지명 개편에 2곳 다 우리 국민의 뜻이 아니고 일본에 의하여 시행되었다는 소견에서 신속히 우리의 뜻이 반영된 지명이 나와야 한다는 점을 제언하였고 여러 안이 나올 수 있지만 그것이 '부산(富山)'에 기대해 보았다.

이러한 부산의 발견을 위해 본지에서는 부산의 지형적 특징은 산과 바다가 같이 하는 대도시이다. 앞으로 30년 내지 50년 후부터는 산과 바다가 있는 곳이 대세가 될 것이라는 생각이 든다. 그것도 대도시 내에 같은 장소에 있다면 더 할 나위가 없을 것이다.

인간은 350만 년 전에 두 발로 걷다가 3만 년 전에는 그림을 그리고 동굴과 물이 있는 곳에서 살아 왔다. 많은 시간이 지나서 1만 년 전에는 동물을 기르고 평지와 강이 있는 곳에서 경작을 하면서 정착하며 살았다. 6천 년 전에는 쓰기를 하였고 그러던 것이 산업의 발전과 무역의 증대로 선박을 이용할 수 있는 바닷가의 평지를 삶의 터전을 잡게 되었다. 지금에서의 인간은 단순한 평지에서 개발에 국한하지 않고 높은 곳이나 경치 좋은 곳을 그리워하고 있고 바다의 해양에 대한 대단위 개발을 하고 있는 추세이다. 뉴욕의 1931년에 완공된 엠파이어 스테이트 빌딩과 지금의 듀바이의 부르즈 할리파라는 건물은 높이 810m의 160층인 세계 최대 최고층이다. 또, 상하이의 128층에 632m의 상하이 금융센터가 들어서게 된다. 우리나라도 서울

에 롯데 월드타워가 123층에 555m가 들어서고 있다. 이는 대도시의 평지이고 강이나 바닷가이라는 지형적 특징을 가지고 있다.

해상에서의 생활에 대한 개발도 점차 관심이 높이 질 것이다. 미국이나 유럽의 일부 민간업체의 미래형 해양도시 연구가 활발하게 이루어지고 있고 세계에서 유일한 별 7개짜리 고급호텔 '뷰리 알 아랍(Burj al Arab)'이 바다위에 인공도시를 야심차게 만들어내는 야자나무(The Palm)형 도시개발 공사가 한 참이다.

앞으로는 미래형 해상도시에 대해서도 관심을 가져야 하겠지만 부산은 산과 바다와 도심이 함께 혼재하고 있는 장점을 살려 바다와 산을 이용한 도시 개발에 관심을 두어야 할 것이다. 왜냐하면, 평평함에서 조금 올라온 야트막한 언덕에 있는 곳을 프랑스의 몽마르트 언덕이다. 자랑을 하는 프랑스다. 프랑스의 파리시가 너무도 넓은 평지이다. 파리시 전경을 볼 수 있는 보통의 구조물보다 매우 높게 지은 건축 구조물이 필요하였다. 세느강 옆의 에펠탑이다. 에펠탑은 수십 년 간을 세계의 많은 사람들에게 방문의 손짓을 하여왔다는 것에서도 우리 부산의 갈 길이 엿보이기 때문이다.

우리 부산에는 전통민속 문화자원이 많이 남아 있다고 언급하였듯이 교섭이 많은 대륙의 관문이지만 동래야류, 수영야류, 동래학춤 등의 무형의 재산이 있고 금정산성, 범어사, 충열사 등은 유형의 문화자원이다. 이러한 자원을 잘 활용하는 것은 당연하지만 많이 알려지지 않았던 우리의 문화자원을 잘 활용하여야 할 것이다. 이뿐만 아니라 우리의 환경조건을 십분 활용하여 부산의 과거와 현대 그리고 미래의 가치에 대하여 고민하여야 한다.

부산은 바다가의 도시이다. 바다가의 도시라는 것은 해안이 있다는 것이다. 해안의 배가 들오는 항만을 개발하는 것에서 나아가 해안의 바다 속에 수많은 바닷물고기를 볼 수 있고 바다의 계곡과 수심을 볼 수 있는 미래형 바다 속 관광개발에 관심을 보여야 할 것이다. 또한 부산의 해안은 절벽이 있다. 오륙도 전망대 옆이나 영도구 태종대 절벽 등에도 그리스 산토리니처럼 훌륭한 절경을 관광지로 개발할 수 있어야 한다. 무분별한 개발이 아니라 제대로 된 개발은 최고의 자연보호다. 뿐만 아니라 부산은 수중바다와 산꼭대기를 잇는 시설을 검토 해 볼 필요가 있다. '북두칠성'처럼 산꼭대기들로 연결하는 것이다. 장산, 금정산, 황령산, 봉래산, 승학산, 백양산, 그리고 전망이 보이는 바다 속의 수중으로 연결 등 주요 지역적 안배와 산의 유래와 높이를 고려하여 케이블카나 모노레일, 초대형 디딜방아 등의 구조물을 연결하는 것이다. 다른 도시에서는 흉내 낼 수 없는 상징물로 창조도시로 만들 수 있을 것이다. 그렇게 되면 부산은 세계 최고의 도시가 되는데 지름길이 될 수 있을 것이다.

이상과 같이 살펴 본 내용에서는 '부산의 축제', '한국전통 · 민속의 발견', '부산의 발견', '부산의 먹거리와 놀이' 그리고 '부산'을 살펴봄으로서 이와 유사하거나 새로운 부산의 가치, 부산의 정체성에 대한 과제를 제시하고 부산의 발견이 무엇인가에 대한 지속적인 연구와 발전을 기대해 본다. 그리고 공연 널뛰기와 경기방법 등에 대하여 교육학적 연구와 시설이나 용품에 관한 표준화 작업도 검토가 필요할 것이며 각 단원마다 제시될 사안과 제언 그리고 부족한부분과 문제점들에 대하여 문화·관광정책이나 산업적인 관점에서 연구가 이루어져야 할 것이다. 특히, 1470년 이전에 일본이 우리나라에 보내 온 외교문서에 부산(釜山)에 대한 부(釜)자 사용한 기록 연구 등은 한일관계사적 연구도 기대해 볼 수 있다.

< 參考文獻 >

1. 서사류

『고려사』 권 14, 세가(世家) 예종
『고려사』 권 135, 열전(列傳) 신우

2. 문집류

권필, 『석주집(石洲集)』, 권 8
김려, 『담정유고(潭庭遺藁)』, 권 2
김조순, 『풍고집(楓皐集)』, 권1,
유득공, 『경도잡지(京都雜志)』, 권 2
유득공, 『영재집(泠齋集)』, 권 3
유한준, 『자저(自著)』, 권 5
이규경, 『오주연문장전산고(五洲衍文長箋散稿)』, 권 11
이덕무, 『청장관전서(靑莊館全書)』, 권 2
이민보, 『풍서집(豊墅集)』, 권 5
이학규, 『낙하생집(洛下生集)』, 권 5
이현석, 『유재집(游齋集)』, 권 5
홍석모, 『동국세시기(東國歲時記)』, 12월조

3. 단행본

김광언, 『동아시아의 놀이』, 민속원, 2004
손인수, 『한국인의 교육세시풍속』, 문음사, 1991
도유호 외, 『북한학자가 쓴 조선의 민속놀이』, 푸른숲, 1999
리재호 · 김률철, 『연변조선족 체육운동 산생과 발전으로 본 남북체육교류의 필요성』 2004, p.208
엘리자베스 키스, 엘스펫 K. 로버트슨 스콧, 『영국화가 엘리자베스 키스의 코리아 1920 ~ 1940』, 책과 함께, 2006
유득공 외, 『한국명저대전집 11 : 동국세시기, 열양세시기, 경도잡지, 동경잡기』, 대양서적, 1972
이강로, 『세시 풍속과 민속놀이』, 세종대왕기념사업회, 1988
이학래 외, 『한국체육사』, 지시산업사, 1994
조완묵, 『우리민족의 놀이문화』, 정신세계사, 1996
고려대학교 아세아 문제연구소 육당전집 편찬위원회, 『육당 최남선전집 3』, 현암사, 1973
전경욱, 『한국의 전통연희』, 학고재, 2006
박화진, 『부산의 역사와 문화』, 부경대학교 출판부, 1998

4. 연구논문

임재해, 「民俗硏究의 現場論的 方法」, 『정신문화연구』, 봄호 1984, P66

김선풍, 「재중 한족의 민속놀이 연구」, 『한국민속학』26, 1994

나영일, 황현자, 「중국조선족 전통체육의 전승과 변용」, 『스포츠인류학연구』 3-2, 2008

박환규, 「조선시대의 여성체육에 대한 일 고찰 : 널뛰기와 그네뛰기를 중심으로」, 『논문집』 25, 2002

우배식, 「널뛰기 운동이 초등학교 학습자의 체력 향상에 미치는 영향」, 한국교원대학교 대학원 석사학위 논문, 1999

최미애, 「회화에 나타난 한국스포츠」, 국민대학교 대학원 박사학위 논문, 2006

최상수, 「부산(釜山)의 세시풍속(歲時風俗)」, 『항도부산』 2, 1963

한글학회 편집부, 「[물보] 영인본 1」, 『한글』 216, 1992

Jon Mckenzie(1994), "Virtual reality performance, immerion, and the thaw",

TDR: The Journal of performance Studies 38(4): 83-106, (2001),

Performance or Else: From discipline to Performance, London: Routledge.

Gilles Deleuze & Felix Guattari(1972), L'Anti-Oedipe, Paris: Editions de Minuit, P.243.

KAIST 문화기술대학원 강수련(석사과정) · 김아연(석사과정) · 김이경(교수). 「릴리패드 아두이노(Lilypad Arduino)를 이용한 무용의상 디자인 연구」 논문, 2011

5. 인터뷰

경성대학교 정경주교수의 전화 인터뷰(2016. 06. 23일 09시)

중국 훈춘5중학교 김광천

고려대학교 손소리

중국 연길 지춘란

6. website

http://www.bta.or.kr/(부산광광협회)

문화원형백과, 한국콘텐츠진흥원 문화콘텐츠닷컴(http://www.culturecontent.com)

한국고전종합 데이터베이스, 한국고전번역원(http://db.itkc.or.kr/)

한국민족문화대백과, 한국학중앙연구원(http://encykorea.aks.ac.kr)

한국세시풍속사전, 국립민속박물관 한국민속대백과사전(http://folkency.nfm.go.kr)

http://www.suntent.co.kr

오마이뉴스, http://www.ohmynews.com/NWS_Web/View/at_pg.aspx?CNTN_CD=A0000360155

http://yanbian.moyiza.com

통일뉴스, http://www.tongilnews.com/news/articleView.html?idxno=33128

YouTube.com

http://www.youtube.com/watch?v=IJJxxIF6Z4g

안전행정부 지방자치단체 행정구역 및 주민등록 인구(2014년 7월말 기준)

『부산 10가지 자랑』, (부산광역시, 1999)

http://www.busun.go.kr 부산광역시청 홈페이지

7. 도판출처

BDI 포커스, 전시, 컨벤션, 국제도시 부산의 신성장 엔진, 2012, 1

문화체육관광부,2012,『2012년도 전국 시도별 지역축제 개최계획』

한국관광공사

현무진경(p269) - 현무도원

고려대 민족문화연구원 민속학연구소

펜실베니아 박물관 홈페이지 http://www.penn.museum/

기산풍속도 디지털화첩, 한국콘텐츠진흥원 문화콘텐츠닷컴

갤러리현대 홈페이지(http://www.galleryhyundai.com)

최미애, 「회화에 나타난 한국스포츠」, 국민대학교 대학원 박사학위 논문

엘리자베스 키스, 엘스펫 K. 로버트슨 스콧, 『영국화가 엘리자베스 키스의 코리아 1920~1940』

이충렬, 『오마이뉴스』, 2006년 9월 15일, 「운보의 〈널뛰기〉와 리영희 선생님」 (http://www.ohmynews.com/NWS_Web/View/at_pg.aspx?CNTN_CD=A0000360155)

도유호 외, 『북한학자가 쓴 조선의 민속놀이』, 푸른숲, 1999

8. 방송·신문·잡지

『경향신문』

『동아일보』

『매일경제』

『중앙일보』

SBS 8시뉴스. 2009-11-01

mbc 통일전망대

부산광역시 2014년 축제조직위원회 자료

동아일보, 2010-11-18

부산시보 제 1383 호, 기사 2009년 07월 30일

※ 주요 키워드 : 부산의 축제, 널뛰기, 조선시대, 부산의 상징, 부산

부산의 발견

저　　자 | **권 민 수** 著

발 행 처 | 에듀컨텐츠휴피아
발 행 인 | 李 相 烈
발 행 일 | 초판 1쇄 • 2016년 9월 6일

출판등록 | 제22-682호 (2002년 1월 9일)
주　　소 | 서울 광진구 자양로 30길 79
전　　화 | (02) 443-6366
팩　　스 | (02) 443-6376
e-mail | huepia@daum.net
web | http://cafe.naver.com/eduhuepia
만든사람들 | 기획 · **김수아** / 책임편집 · **이익재,김아름** / 디자인 · **김미나** / 영업 · **이순우**
편집보 · **김다슬,변효진**
정　　가 | **16,000원**
I S B N | **978-89-6356-164-6** (13910)